たたら製鉄の近代史

渡辺ともみ著

吉川弘文館

目次

図表・写真目次

序章　研究の目的と方法

本研究の目的は、第一に、近世たたら製鉄の技術の中で何が明治時代ににつながる技術となり得たのかを見極めたうえで、その技術が大正時代まで曲がりなりにも生き残った理由を解明することにある。さらに現代につながる技術の本質が何であったのかを究明する。そして第二には、和鉄に関わる人々が幕末の開国以来様々な困難と遭遇したそのときどきに、どのような具体的な問題に直面し、それらをいかに克服しようと努力してきたかを詳かにする。

研究の方法は、近世後期、および幕末期の史料から読み取れる諸々の技術要素を抽出し、それを明治、大正期の技術調査資料と対比して技術の解析をおこない、その移り変わりをみていくことを主柱としている。さらに、明治以後の資料については刊本となっている県史などを利用するとともに、たたら製鉄業者の視点で論を進めることを心がける。

本研究では、まず近世たたらの製鉄技術の解明を進め、次いで明治維新後のたたら製鉄の歩んだ道筋を追求する。たたら製鉄の技術を解明するために、範囲を近世後期まで拡大して、原材料と製造装置の地域差および生産性の動態を全国的な視野で把握する。つまり、たたらといえば中国地方、なかでも山陰地方が有名である。だが、東北地方についてはこれまで踏み込んで研究されることが少なかった。本論文は南部領の製鉄技術に特に注目して国内東西の比較を試みるが、この点はたたら製鉄に関する研究の地平をおし拡げるはずである。なおそれに際して、時代と地域によって著しい変異が見られるたたら製鉄に関する用語の統一的な整理を行って、それを基に技術の厳密な分析と解釈をおこなう。

次いで、世界的な製鉄技術の近代化の波に、たたら製鉄がどう立ち向かったかを明らかにすることを眼目としている。さらにそこから、たたら製鉄の技術的伝統が、わが国の製鉄技術の近代化にどのように貢献したかを詳細に論じる。

以上のような枠組みを持つ本研究の論述に一応の見通しを与えるために、ここで以下にその展開の大筋に沿って要点を概観しておきたい。

わが国の鉄の生産が軌道に乗って発展したのは、中国地方では新しい送風装置（天秤吹子《てんびんふいご》）が定着した十八世紀であり、元禄十四年（一七〇一）頃から急激に生産量が増加したものと見られる。一方、東北地方ではその約五〇年後の宝暦（一七五一年～）に入って、中国地方から導入した送風装置（吹差吹子）を一製鉄炉当たりの台数を増やすことによって強化し、鉄の生産が本格的になった。そして、十八世紀以降、和鉄の生産地が原材料に恵まれた中国地方と東北地方に集中するとともに、和鉄製品は全国的に広く流通するようになった。

和鉄は「たたら鉄」といわれる。たたらとは、本来は送風装置である吹子《ふいご》のことであった。* 粘土で炉を築き、吹子で送風しながら木炭を加熱して高温を得ると、さらに木炭と原料の砂鉄を交互にいれていく。すると砂鉄表面の酸化物が奪われて金属鉄が出来るが、このとき炭素が鉄の中に入り込む。本研究は、この伝統的な和鉄生産の中でも、そのほとんど全てを占める砂鉄を原鉱とした和鉄の生産を考察の対象としている。たたら製鉄では、原鉱として鉄鉱石を用いた場合もあった。例えば操業年代六世紀後半から七世紀前半とみられるカナクロ谷製鉄遺跡（広島県世羅郡世羅町）の鉄滓分析から、同遺跡では砂鉄製錬と鉄鉱石製錬の二つの方法によって製鉄が行われていたという（河瀬 一九九〇、一七頁）。また東北地方では、大島高任らが釜石鉱山を開山する数年前に同地区の仙人峠から採掘した鉄鉱で銑鉄をつくっていたことを伺わせる史料が紹介されている〔日本学士院日本科学史刊行会 一九八二、三三二頁〕。

*日本古来の製鉄法についてはその用語が多岐にわたる。その製品の呼称としては、和鉄または一般にたたら鉄ともいわれる。しかし、「和鉄」が製品の一つである「錬鉄《ねりかね》」または「鉄《てつ》」のことを意味して「和鋼」と区別することもある。「たたら」とは語源的に吹子《ふいご》のことであって、「踏吹子《ふみふいご》」を「蹈鞴《たたら》」といった。近世の中国地方では、製鉄場も、製鉄炉も、建屋も「たたら」と称し、「鑪・鈩」などの字を用いた。一方東北地方ではそれらを、烱屋《どうや》、釜《かま》（または灶《ほど》）、押立《おったて》などと独特な呼び方をした。しかし、代表的な史料である『萬帳』では、中国地方と同じように、これらに対して「鑪・鈩」の字が用いられている。以上、総合的に考えて、「日本の伝統的な鉄」という意味で「和鉄」も用いるが、本文では「たたら鉄」の語を中心に具体的な記述を行う。また必要に応じて、各章で用語のより厳密な定義をしたり、用字に適切なふりがなを施すことにする。ふいごにも多くの字が用いられているが、本研究での記述には「吹子」を用いる。

近世以降のたたら製鉄に関しては、技術史、経済史、地方史、民俗学、考古学、冶金学などの立場からの研究は多い。この中で、技術史的な視点からの論稿には、鋼《はがね》とその生産に重きを置いた論述が目立ち、必ずしもたたら製鉄の全体像が明らかにされてはいない。また、経済史的論述を旨とする論稿の多くは、概ね次のような論旨に傾きがちである。つまり、たたら鉄は明治になって大量に輸入された西洋産の鉄に経済的に太刀打ちできずに衰亡の一途をたどり、その洋鉄技術を導入した八幡製鉄所の操業が成功した明治四十年代初めにとどめを刺され、大正十二年頃にはついに消滅した、と。確かに明治以降の衰退の道筋は、大枠のところそうであったかも知れない。しかしながら、逆に、中国地方出雲・伯耆地域のたたら鉄が明治以降の近代化の波にさらされながらも、大正末まで、五〇年余りもその命脈を保ったのはなぜかという疑問が残る。加えて、東北地方でも明治三十年末まで、さらに一部では大正時代まで、ごく僅かではあったが伝統的和鉄生産が続けられていた事実も無視できないのである。

次に、たたら製鉄の代表的研究書の中から、本研究で対象とした近世および現代を扱った製鉄史あるいは産業史の研究成果について述べる。

近世のたたら製鉄業者が残した文書に基づく代表的研究書として、向井義郎氏の「中国山脈の鉄」と森嘉兵衛氏の『日本僻地の史的研究』（下）をあげることができる。それぞれ中国地方および東北地方の製鉄に関する詳細で総括的な産業史であり、生産技術の実態と製品の流通について、その背景となる藩政のあり方にも視線を及ぼしつつ論究している。とくに森嘉兵衛氏の著作は膨大な文書を広く扱った基本書ともいうべき研究書で、これに基づいた継承研究も多い。ただし、その技術説明には解釈に疑問がもたれる記述が諸処にみられる。しかも、それを無批判に引用して論を構成している文献も見られる。

明治の冶金学者として日本刀の科学的研究者でもあった俵国一氏の『古来の砂鐵製錬法』は、現場の技術論と理論の両面から論じた、たたら製鉄技術の研究に関する基本的な研究書という評価を得ている。またこの本は、明治末期に中国地方の実際のたたら製鉄所の操業を観察した記録としても貴重であり、近世文書に見える技術的記述の解析を行う際には比較検討すべき技術書でもある。さらに俵氏が解読した近世たたら製鉄法の古典である下原重仲の『鉄山必書』が収録されている。

製鉄史としては飯田賢一氏の『日本鉄鋼技術史』、ならびに大橋周治氏の『幕末明治製鉄史』をあげることができる。飯田賢一氏は世界の鉄鋼技術の歩みから説き起こし、日本の土着文化の知恵としてのたたら製鉄技術に触れ、その洋式製鉄技術への移行から銑鋼一貫技術の確立を経て日本の鉄鋼技術が世界のトップに立つまでの展開を通観している。飯田氏は「土着文化の知恵」としてのたたら製鉄技術の本質は、日本刀の素材として優れた性質を持つ「玉《たま》鋼《はがね》」とそれを作り出す「直接製錬炉」にあるとしている。しかしこの考え方が強調されると、先に挙げた向井義郎氏や森嘉兵衛氏の近世たたらの産業史の内容とはかけ離れた議論になってしまう。また飯田氏は、洋式製鉄技術への移行および銑鋼一貫技術の確立に関する技術について、自ら責任編集し「洋式製鉄技術への移行」の文献資料に基づいて述べているのだが、海軍工廠がその製品の原料としてたたら鉄を採用した事実にはほとんど触れていない。

一方、大橋周治氏はわが国の製鉄近代化の過程を、産業・技術と社会・経済の両面から解明することを通して、日本資本主義発達史にも従来とは異なった角度から光を当てようとしている。官営八幡製鉄所創設に到るまでの間に相次いで設立した民営・官営製鉄所と陸海軍工廠による製鉄事業との関連を辿る中で、軍工廠の果たした役割を確認している。そこでは、明治時代の出雲・伯耆地方のたたら製鉄が取上げられ、日本刀ではなく軍需としての「玉鋼」が取り上げられている。

飯田氏や大橋氏のように、近代に近い年代を扱った製鉄史の研究では、和鉄は「玉鋼」に代表されるというイメージで論じられることが多い。しかもその「玉鋼」の生産地である山陰の雲伯地域は古代より和鉄の生産地として代表的な地域であり、大正時代にその終焉を迎えるまで抜きん出た地位を保ち続けた。それゆえ、たたらといえば山陰地方の「玉鋼」という印象が助長される結果となった。しかしながら、近世から明治に到るまで、中国地方で鉄の生産高が最も大きかったのは、山陽地方では備後、山陰地方では石見である事実を見逃してはならない。

奥村正二氏によれば、人々の生活を支えてきた鉄製品はすでに一〇〇〇年も昔にほとんど出揃っており、近世になってから加わったのは鉄砲だけあるという。それらの鉄製品には、鋳物もあれば鍛冶作業による鍛造品もあって、それぞれ原材料となる鉄が種類によって使い分けられていたのである。奥村氏はこの視点にたって、自著『小判・生糸・和鉄』のなかで、鍋釜・打刃物から大砲に至る鉄製品としてどのような材料鉄が使われているか、またそれらの材料鉄の製造法がどのようなものであったかを焦点とし近世の産業社会を簡明に描き出している。

以上先人の研究を批判的に検討してその成果に学びつつ、本研究では決して「玉鋼」と日本刀だけではない、近世たたらの製品と生産技術の全体像を明らかにしたのち、とくに雲伯地区のたたら製鉄が明治から大正時代まで生き残った理由を解明する。その過程では、明治中期から海軍工廠が各種のたたら鉄製品を特殊鋼の原料として採用した事実に特に着目し、近世のたたら鉄がどのようにして現代的な最先端の製鉄技術につながったのかを解明する。

第一章　たたら製鉄とは

本章では、たたら製鉄の全体的な工程と技術の内容をあらかじめ明示することを目的とする。たたらの先進地であった中国地方を例にとり、明治時代の奥出雲のたたら製鉄について、原料となる砂鉄や木炭の生産の概要についても述べる。たたら製鉄とは、粘土で築いた炉の中で原料の砂鉄と木炭を燃焼させ、砂鉄を三～四日間かけて熔融して、各種の鉄製品を得る製鉄法である。原料の砂鉄は、主として山を掘り崩し、流水で土砂を洗い流し去る独特の比重選鉱法によって得ていた。

一　砂鉄製錬の概要

十八世紀半ば頃（宝暦の頃）に完成したたたら製鉄法の技術は、明治時代にもほとんど変化せずに引き継がれた。その象徴としての奥出雲の吉田村にある「菅谷鑪」は、寛政四年（一七九二）の建設以来、大正十年代まで操業した。現在では、そのたたら場全体が国の重要民俗文化財として保存されている。

出雲国は、古くから特に良質の砂鉄の産地として知られていたが、近世においては周辺の伯耆・美作・備中・備後・安芸・石見などとともに主要な鉄産国であった。奥出雲の製鉄に関する地域特性については後から詳しく述べる予定であるが、まずおよそ次のような特徴があった。

松江藩は、鉄山《てつざん》業（製鉄業）を強力に保護して、財政上大きくこれに依存する巧妙な政策をとった。鉄山師《かなやまし》と呼ばれる鉄山経営者も少人数に制限し、その結果、出雲の鉄山師は広大な山林、農地を有する大地主に成長していった。例えば、仁多郡三八カ村の鉄山《かなやま》（たたら用炭木山）関連の山地利用は、仁多郡の上阿井村の桜井家、大馬木村の絲原家および杠《ゆずりは》家、竹崎村の卜蔵《ぼくら》家、亀嵩村の伊豆屋家、飯石郡吉田村の田部《たなべ》家と、合わせて六家の鉄山業に絞られている〔横田町誌編纂委員会 一九六八、三四四頁〕。このうち、田部、桜井、絲原の諸家は、伯耆の近藤家とともに、大鉄山師とよばれる経営規模にあったといわれる。

砂鉄製錬、すなわちたたら製鉄法は、昔から「たたら吹き」といわれた。図1に、明治時代の奥出雲で行われた、たたら製鉄の工程の概略を示す。

その生産工程は、およそ、㈠砂鉄の採取、㈡木炭生産、㈢たたら場（原始的な熔鋼炉での製錬作業）、㈣鍛冶場の四工程に大別することが出来る。鉄山師はこのすべてを一貫経営する場合と、たたら場または鍛冶場のみを単独経営する場合とがあった。出雲の場合は殆ど一貫経営か、あるいはたたら場と鍛冶場とを併せて経営していた。一貫経営以外の場合は、砂鉄の採取と炭焼きには専門の職人のほかに多くの農民が従事して鉄山師に売り込んでいた。労働面では、たたら職人、鍛冶職人は特殊な組織をもった山内《さんない》労働者が中心となっていたが、それは農民の農閑稼ぎを必ず伴うものであった。すなわち、製鉄に関する労働は、たたらの原料となる砂鉄採取や炭焼き労働、出来上がった銑《ずく》、鋼《はがね》などの製品の運搬労働等々、あらゆる面にわたっており、山村における農家の最大の兼業労働でもあったのである。

山内とは、たたら操業にかかわる人々の仕事場と住まいを含めた集落を意味した。島根県飯石郡吉田村の「菅谷鑪」の例によって具体的にみていこう。山内には、たたら炉のある高殿《たかどの》を中心に元小屋《もとごや》、錭場《どうば》、鞴場《ふいごば》、内洗場《うちあらいば》、木炭《もくたん》

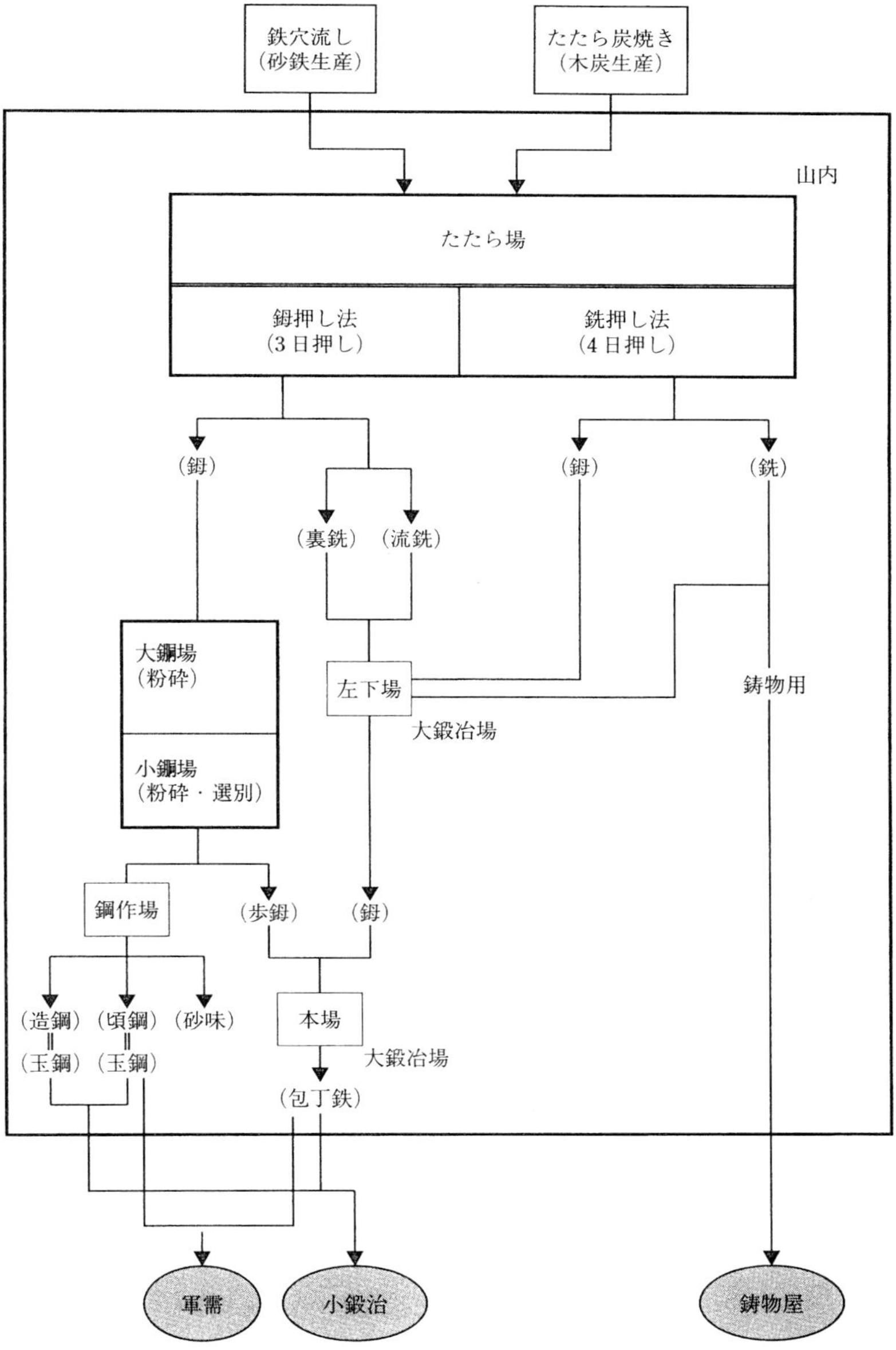

図1　たたら製鉄の工程（工藤治人『和鋼に就いて』1935年，4頁を参考にして作成）

蔵《ぐら》、鋼造場《はがねつくりば》、鉄蔵《てつぐら》、米蔵《こめぐら》、大鍛冶場《おおかじば》があり、その他に金屋子神《かなやごのかみ》の祠、それに職人およびその家族が住む長屋などもあって、集落はその全体で構成されていた。山内の形成は膨大な木炭が確保でき、生活用水が豊富で、鉄や食料の輸送に便利であるという条件を満たす場所が必要とされていた。

たたら吹きとは、粘土で構築した製鉄炉に砂鉄と木炭を交互に投入しながら、吹子から絶えず風を送ることによって最高摂氏一二〇〇度位の高温を保持しつつ、砂鉄を熔融して銑《ずく》や鉧《けら》をつくり、さらにそれらを大鍛冶屋で鍛錬して錬《ねり》鉄《かね》とし、鋼とともに市場に送り出すまでの作業の全体をいう。

明治以前には、これら製品が農具・鍋釜・釘類・鋳物・鋳貨・刃物・日本刀・甲冑・銃砲などの原料として使われた。大鉄山師が一種のマニュファクチュア形態で一貫生産をおこなっていた出雲地方の鉄生産量は大きく、全国でも同地区を中核的な鉄生産地たらしめていた。ちなみに、明治十五年の島根県の鉄生産量は全国の五二・四%を占めるという統計がある〔柳浦　一九七一、四一頁〕。

次に各工程についてもう少し詳しくみていく。

二　砂鉄と鉄穴流し

奥出雲では砂鉄を小鉄《こがね》とよぶ。中国地方の砂鉄には真砂《まさ》と赤目《あこめ》の別がある。山陰側の雲伯地方に多い真砂は、黒雲母花崗岩から生じて黒みがかり、チタン、燐の含有量が少ない。山陽側では主に赤目を産するが、赤目は花崗閃緑岩または花崗岩から生じ、少し赤みを帯び、チタン、燐などの含有量がやや多い。

また産出される場所の特性から、山脈丘陵からとれるものを山砂鉄、川からとれるものを川砂鉄、海岸からとれるものを浜砂鉄という分類も行われている。中国地方のたたら吹きでは山砂鉄が主要部分を占め、これに適宜他の砂鉄を混ぜて用いた。したがってその採取方法である「鉄穴《かんな》流《なが》し」が、たたら製鉄業全体にとって重要な意味をもっていた。

伯耆日野郡、出雲仁多郡、同飯石郡などの地域は真砂の主産地であるが、この真砂小鉄を使って鉧を製する方法を鉧押法《けらおしほう》という。これに対し赤目を使って銑を生産する方法を銑押法《ずくおしほう》と呼び、山陽側ではほとんどこれである。

鉄穴流しは山の斜面を掘り崩して砂鉄を採取する方法である。この流し掘りが始まったのは、慶長の頃からとされ、昭和四十年までこの方法が行われた。

この方法では、なるべく南向きで急傾斜をなし、しかもはじめは山頂に近い部分を選んで、ここへ水路を設けて水流を導く。二、三里の遠方から水を引く場合もしばしばであった。このように水路を確保した後、水流に沿う山の斜面の土を、鉄穴師《かなじ》たちが打鍬《うちくわ》*で下方から崩して水流へ掘り落としていく。

*島根県能義郡広瀬町在住の横山茂人氏に、横山家所有の「和田鉄穴」跡に案内されたとき、この「打鍬」を、横山さんは「うちっくぁ」と呼んでおられた。つるはしのように先の尖った長い刃先の鍬で、樫の木の柄も2メートル位あって長かった。持たせて貰うと、持ち上げるだけでもずっしりと重かった。横山氏は両手で柄を持ち、それを横に構えて山の脇腹へ向かって掃うように、刃先を打ち込んで見せてくれた。

この砂鉄を掘る作業場を鉄穴場《かんなば》という。砂鉄を含む土砂はここから下流へ激しい勢いで流されていき、やがてそれは山池《やまいけ》（砂溜りのこと）に到達する。このように、すべて水流を利用して砂鉄を送り出すのであるが、その水路を井《い》手《で》または走りという。さらに次々と階段状に設けられて勾配のついた大池・中池・乙池《おといけ》を順に通過させていく。この間比重の軽い土砂は、水とともに溢れさせて脇の排水路へ放出していくが、重い砂鉄分のみは池底に沈殿する。池の底には板が敷いてあって、作業者がえぶりでこれを上流に向かって掻き起こすと、水流によって砂が次第に除かれて流れ去る。これを繰り返しつつ下流に進むうちに、砂鉄の品位が次第に高まっていく。最後に洗い樋のところで仕上げて、さまざまな純度の砂鉄が採取される。

砂鉄はその種類によって出来る鉄の品種も違い、鉄穴流しによる砂鉄の純度も目的によって制御するなど、たたら製鉄法にとって砂鉄は非常に重要な地位を占めるものである。第二章で詳しく検討する。

三　木炭生産

たたら製鉄には昔から「砂鉄《こがね》七里に木炭《すみ》三里」ということわざがある。これは、たたら場を設置する際の立地条件として、砂鉄が七里以内、木炭は三里以内から運べるところでないと、運賃などコストの関係で採算がとれないという意味である。この慣用表現は、木炭の使用量が膨大であることを示すとともに、付近の木を切り尽くして木炭供給が困難になると、他の場所に作業場を移すというたたら製鉄の特性を示すものでもある。

明治十六年の絲原家文書の一つに「鈩一ヶ所鍛冶屋二ヶ所山積」という表現があるが、この文書はたたら場一個所および鍛冶場二個所を経営するために必要な山の面積を算出し、一つの経営単位を支障なく経営してゆくためには約三九〇〇町歩の山が必要であるとしている。このように鉄山経営に必要な薪炭を確保するために設定されたのが、いわゆる「鉄山《てつやま》」と呼ばれる山林区分である。絲原家は、旧松江藩から与えられていた鉄山師の特権を明治以後にまでそのまま受けつぎ、かっての鉄山《てつやま》を私有林として所有していた〔横田町誌編纂委員会　一九六八、四〇六頁〕。ちなみに奥出雲の仁多郡全山林面積の約五六％が鉄山であった。

山内における木炭製造担当者を「山子《やまこ》」という。山はすべて鉄山師の山、焼く者はそれを割り当てられて焼かされるという方式がとられていた〔島根県教育委員会 一九六八、二五頁〕。焼く者は焼くだけの立場にあり、炭焼きの釜床をつくることも、釜へ行く道を付けることも鉄山師の方で行った。

炭木、つまり炭の原材料は楢の他には栗、ブナ、槙などの雑木で、たまに樫も用いた。炭木の長さは一メートル前後で、これを釜に立てて詰め、上の空いた部分には小枝を詰める。詰め終わったら焚き口から火をつけ、以後だいたい五日間燃やし続けるが、出来上がった炭は半焼けの状態のものもあった。これはたたら場で使うたたら炭（大炭）であるが、鍛冶屋で使う炭は小炭といって、消し炭状のものであった。これは釜などは築かず、露天で燃やすだけで作る炭で、専ら農民が焼いて鍛冶屋へ納めたという。

たたら製鉄に使う木炭は、燃料であるとともに砂鉄を還元する熔剤である。したがって、固定炭素量が多くて、還元性がよく、しかも燐などの不純物を含まないことが望まれた。中国山地は、砂鉄のとれる花崗岩の風化した森林に覆われている。花崗岩を母岩とする砂鉄は鉄鉱石と比較すると不純物の含有量がはるかに少ないが、同じ花崗岩系の森林に生える樹木も燐の含有量が少ないので、それを原木とする木炭を使用して製錬を行えば、不純物の少ない鉄鋼が得られることになる〔島根県木炭史編集委員会 一九八二、三二頁〕。

四　たたらの工程

たたら炉そのものは原始的な製鉄炉には違いない。だが、その築炉技術は並大抵のものではない。既に述べたように、大正十二年に閉鎖した飯石郡吉田村の菅谷鑪《すがやたたら》が、たたら場全体を含む家屋（高殿）ごと保存されている。炉の大きさは、高さ約四尺、長さ九尺前後、幅二・二尺と説明されており、長方形の箱型をしていた。炉壁は酸性耐火粘土で作られていた。高殿の中へはいると、炉は思いのほか小さく感じられた。

その炉の下には「本床《ほんどこ》」という完全な防湿施設が造り上げられている。地下一〇尺乃至一六尺平方くらいの広さに掘り下げて、最下部の半分くらいは角石・小石・柴・莚の層を作って、その上を粘土で上塗りして本床と「小舟《こぶね》」と称する熱や湿気の遮断層が設けられた。この入念な基礎構造は、小舟に薪材を装入して点火し、炉底を十分に乾燥させることを目的として作られた。島根県仁多郡横田町にある博物館「奥出雲たたらと刀剣館」に、この基礎構造の模型が展示してある。この巨大な地下構造物の乾燥作業は昼夜を分かたず四〇〇～六〇〇貫の薪を燃やしながら、少なくとも四〇日から六〇日続けられたという。乾燥が済むと、その灰を本床にも小舟にも敷き固めて、さらに粉炭などを叩き込んだ。そのうえで始めてその上部に炉が築造され、両側に足踏み式の天秤吹子《てんびんふいご》が設けられた。吹子の風は、二〇本近い竹製の木呂《きろ》という導風管を通して、炉の下部に両側から吹き込まれた。菅谷鑪では、炉に直接吹き込む羽口の部分は鉄製となっていて、高熱から保護されるようになっていた。村下《むらげ》とよばれるたたら製鉄の総技師長の技術と、この本床造りの良否とに、たたら製鉄の成否がかかっていたという程、これは重要な設備であった。さらに、右記天秤吹子が中国地方全体に伝えられた十八世紀の中頃から、たたら鉄の生産量が急増したので、この送風装置の進歩はたたら製鉄の生産性を上げることに大きく寄与したものと考えられる。

たたら炉は三～四日の製鉄工程が済んだのちに、地上に出ている部分だけをその都度構築し直していたのである。炉を形成している粘土は、砂鉄熔融の作業中に融剤（造滓剤）として働く大切な材料であったので、粘土の選定は村下の秘伝とされていた。融剤の働きは、砂鉄中のチタンなどの不純物と粘土の成分である珪酸塩とをうまく結合し、炉外に滓（ノロという）として排出することにある。したがって、作業が完成する三昼夜を経過すれば、炉壁が侵蝕されて作業不能に陥るのであった。実際に、たたら操業が終わりに近づくと炉壁の一部が透けて、炉内の炎が見えるようになり、今にも崩れそうになると、作業者は粘土を塗って保繕していた。

たたらの操業は、村下、炭坂《すみさか》（副技師にあたり、村下と二人で砂鉄を入れる役）、炭焚《すみたき》（炭をくべる役）、番子《ばんこ》（吹子を踏む役）など、山内専属の労働者によって行われる。明治時代になっても、吹子は人力によって動かされていた。明治十七年『民行鉱山志料取調書』（絲原家文書）（横田町誌編纂委員会 一九六八、三三三頁）によると、「踏鞴（之ヲ呼テ天秤ト云フ）ヲ其炉ノ前後ニ設構シ両人（職名番子ト呼フ）相対シテ之ヲ踏ミ空気ヲ竹管中ヨリ排送シ」云々とある。なお、絲原家が天秤吹子にかえてトロンプ（水圧起風機）を採用したのが明治二十五年（一八九二）、それを廃して水車吹子を使用したのが明治三十四年（一九〇一）であるという。

たたら炉には砂鉄と木炭が、大体三〇分ごとに交互に投入される。鉧押作業は大別して籠《こも》り、籠り次ぎ、上《のぼ》り、下《くだ》りの順に四期に分かれる。籠り期とは、木炭に点火し、送風によって炉内が高熱化し始めた時期を指す。最初は熔融し易い質の砂鉄（こもり砂鉄という）をタネ鋤にのせて投入し、炉熱の高まりに応じて量を増やしていき、やがて熔融しにくい砂鉄の投入をはじめる。タネ鋤とは砂鉄を炉に入れる道具で、平たい板に長い柄がついている。このほか色々な道具を使うが、それらは村下が自分で作って準備する。

籠り次ぎ期は、籠り期に続く蓄熱期で、炉内温度が相当高くなるので還元も盛んになる。その結果熔滓・熔銑の生成も順調に進む。この期の後半になると、炉内に凝固物を生じ、次の上り期に連続していく。

上り期は、最も火の勢いが強く、炉況が盛んな時期である。これから下り期にかけては、砂鉄や炭の装入が量も回数も多く、吹子の送風度も強化しなければならない。この間に熔融が進み、炉壁下部に湯地穴を明けて不純分（ノロ）を放出する。さらに、熔融によって生成された銑もまた流し出していく。鉧押では、この間に炉底で鉧が成長して大塊となっていく。

鉧押の下り期になると炉壁が火熱によって侵食され、また粘土分が溶剤の役を果たしつつ鉧塊などの生成物のなかに熔け込むので、炉内の容積が大きくなる。それにつれて鉧塊も肥大化し、送風が炉の中央まで届かなくなるので、温度も低下する。しばらくして炉内に残る砂鉄の還元が終わってから送風を停止すると、製鉄の一工程が完結する。このたたら製鉄の一工程を一代《ひとよ》という。一代が完結すると、崩壊寸前となった炉を崩し、中で成長した鉧を引きずり出す。鉧塊は放冷したのち大鋼場へ運び、高く巻き上げた大鋼《だいどう》（大型の分銅）を落下させて鉧塊を破砕した後、付着したノロや木炭を取り除く。炉から取り出した鉧は、重さ七〇〇～八〇〇貫目位であった。鉧塊すべてが鋼ではなく、その表面には銑もついているし、歩鉧《ぶけら》といわれる粗悪な鋼もついている。また、鋼の部分にも、その部位によって良否があった。そこでこれを鋼造場で職人が粉砕し、選別をした。

大鋼の重さは約三〇〇貫ある分銅で、それを水車の力で約三〇尺くらいの高さに引き上げて鉧塊の上に落として砕いた。その作業で、鉧を三〇貫くらいずつの塊にした〔島根県教育委員会 一九六八、四〇頁〕。この大鋼は、宝暦年間に発明されたという〔向井 一九六〇、一七四頁〕。

銑押の場合は、原料の赤目や海浜鉄、川砂鉄が熔融しやすく、湯地口《ゆじぐち》（熔融した金属や鉱滓、つまり湯を取り出す口）からときどき銑を流し出す。この方法でも若干の鉧ができる。

一代が終われば炉体を壊して新たに炉を築造し直し、灰木を焚いて乾燥させた後、また次の操作に入るのであった。

直接製鋼法である鉧押によって得られた鉧のうち、上質鋼はそのまま市場に送ることが出来た。直接法というのは、砂鉄を木炭で直接還元して鉄をつくる方法である。一方銑の方は、鋳物用とするほかは、他の雑鉧（歩鉧）とともに殆ど大鍛冶屋へ送って、錬鉄《ねりかね》を造り、商品化した。錬鉄は通称包丁鉄《ほうちょうてつ》、割鉄《わりてつ》といった。

出雲では、明治以前から銑押法が多かったので、たたら場には二、三軒の大鍛冶屋が付属していた。それに比べて、山陽側では赤目が多く、銑押を主体にしていたので、たたら場の数に比して独立して経営される鍛冶屋数が多かった。とくに安芸においてこの傾向が著しかった〔向井 一九六〇、一七六頁〕。

大鍛冶場とは、このようにたたら場付属の、または独立して鍛冶作業を専門におこなう鍛冶屋のことである。そこでは銑や歩銑などの原料鉄を、小炭を使って加熱し、半熔解の状態にして脱炭し、鍛錬することによって滓を絞り出す作業を行った。

以上、明治時代の中国地方のたたら製鉄には、砂鉄の製錬法として銑押、銑押の二種があり、鍛冶による精錬法として錬鉄造りを加えた三種があった。*

*現在の技術用語では、ここでいう「せいれん」には「製錬」と「精錬」があるとしている。製錬は原料鉱（鉄鉱石または砂鉄）から鉄を作る場合をいい、脱炭法（炉に入れて加熱し、それを鍛冶によって鍛錬すること）で軟鉄（錬鉄）を作る場合を精錬という。

本章では具体的な例として奥出雲の銑押法の工程を取り上げたが、全国的に見れば銑を得ることを目的とした製錬法の方が圧倒的に多かったのである。このことは、第二章以降で明らかにしていく。また、たたら製鉄では、技術的に最も重要なものは砂鉄と吹子である。砂鉄については『鉄山秘書』にも「砂鉄第一は鉄山の基本」という趣旨の表現がある。また、吹子は炉の高温を保って生産性を上げる唯一の手段であった。炉高を高くするなどの炉の改良はほとんど出来ず、吹子の効率を上げて炉全体の大きさを少しでも大きいものにした程度であった。そして、吹子の改良と増強によって労働不足を解消したのである。

第二章　砂　鉄

本章では、たたら製鉄の原鉱である砂鉄について基本的な性状とその採取方法を確認しておく。

製鉄原鉱に適した砂鉄は中国地方（山陽、山陰）と東北地方（とくに太平洋側）に分布し、両地方では近世たたら製鉄が盛んに行われ、明治・大正まで継続した。

天明四年（一七八四）のころ、伯耆の鉄山師下原重仲が著した『鉄山秘書』には、砂鉄の重要性が次のように示されている〔俵　一九三三〈『鉄山秘書』〉三四頁〕。

凡鐵砂か第一の物也、一ニ粉鐵、二ニ木山、三ニ元釜土、四ニ米穀下直、五ニ舟付へ近、六ニ鐵山師の切者、七ニ鐵山諸役人の善悪也。粉鐵を第一ニする事は鐵山の元也、此一物悪ては不成、粉鐵に不詳而は、此仕業不成か故也。

意味は、およそ（鉄山における優先順位は）砂鉄が第一であって、「一に砂鉄、二に木山（炭木山）、三に元釜土（炉用の粘土）、四に米穀安価、五に船着き場の近く、六に鉄山師が有能、七に鉄山職人の良否」である。「粉鐵《こがね》」（砂鉄のこと）を第一にすることは鉄山の基本である。砂鉄が悪くては製鉄が出来ないし、また砂鉄について詳しい知識が無くては成功はおぼつかないということである。この七項目は鉄山経営における重要項目を端的に示すものであるが、その第一に原料砂鉄の質を問題にしているのは、それがすべての出発点として重視されていたことにほかならない。

一　砂鉄の基本的性質

たたら製鉄で使われていた砂鉄は、一般に採取する場所によって山砂鉄、川砂鉄、浜砂鉄、層状砂鉄とよばれて分類されていた。これらについて概要をまとめておく。

〔山砂鉄〕　中国地方には古来より山砂鉄を産した。花崗岩類の岩石は、風化によって各成分鉱物が分離し、砂状を呈した。その砂を掘り崩し、水を用いて谷川を流下し、堰を築き溝を掘り、板樋を作って水洗、淘汰、採集したのである。この地方では砂鉄を「小鉄《こがね》」とよび、山砂鉄には赤目《あこめ》と真砂《まさ》の区別がある。赤目は磁鉄鉱のほかに赤鉄鉱、珪酸鉄またはチタン鉄鉱を含み、砂鉄粒が細かく、色が多少の赤みを帯ている。一方真砂は、磁鉄鉱の外は珪石の粗粒が混じる程度で、他の鉱石を含むことが少なく、色は赤目に比べて黒い。この地方でも、北側の出雲、伯耆には真砂が多く、南の広島県側（備中）には赤目が多く産出した（俵　一九三三、一〇頁）。

東北地方では砂鉄を単に「砂《すな》」とよび、山砂鉄を「マサ」または「柾」とよんだ。しかし中国地方のように赤目と真砂の区別はしなかったようである（田村　一九八七、二〇四頁）。

〔川砂鉄〕　川が急に流速を減ずる様な場所には、砂鉄が堆積しやすい。つまり河川が山間を出て平野にはいるところはもっとも川砂鉄が堆積しているのである。たとえば、出雲の斐伊川は山砂鉄の産地にその源を発しているが、山間を出て平野にはいると、流れがゆるやかとなり、昔は多量の川砂鉄を採取していた。川砂鉄の場合は自然に河水によって淘汰沈殿されたものを採取すればよかった。しかし、川砂鉄は上流各地方のものが混じり合っているから、一定の品質を保有せず、また絶対量としては鉱量も少なかった（福田　一九三二、五頁）。

〔浜砂鉄〕　河川によって運び出された砂鉄が海に入れば、河川としての流速は零となるから、全部そこに沈殿することになり、河口の三角州のような部分に砂層と混じって堆積する。渚には磯波があり海岸流もあるから、一旦河口に沈積した砂鉄の一部は他へ運ばれ、波によって再び海岸の砂浜に打ち上げられる。渚付近にある砂鉄をすべて浜砂鉄と呼ぶが、砂鉄と砂との分量割合は一定しない。例えば、中国地方では日本海の浜砂鉄が石見国や伯耆国で使われた。また東北地方では八戸藩の種市海岸の浜砂鉄が利用された。

〔層状砂鉄〕　洪積層中に存在する砂鉄は、岩手県九戸郡久慈町、大野村付近、および青森県下北郡の北岸一帯に分布するものが有名である。ときには純磁鉄鉱粒と見える程の砂鉄層もあるが、普通に上鉱といわれるものは、半分が砂鉄で、そのうち鉄分としては三七〜三八％程度である。元来磁鉄鉱粒が砂層中に含有されているのであるから、一方は全くの砂層から他方は純砂鉄まで、種々の品位のものがある。そのため、鉱量の計算などは甚だ困難である。

表1　山砂鉄の種類

地方	砂鉄名称	主な母岩と地層	主な鉱物名	主な産地
中　国	真　砂	花崗岩	磁鉄鉱	山陰雲伯地方
	赤　目	花崗岩 閃緑岩	磁鉄鉱，赤鉄鉱，チタン鉄鉱	山陽安備地方
東　北	マ　サ	花崗岩	磁鉄鉱	盛岡南部領
	ド　バ	洪積層	磁鉄鉱，褐鉄鉱，チタン鉄鉱	八戸南部領

註　『萬帳』ではマサは「柾」，ドバは「土場」の字が当てられている．

層状砂鉄のうち、洪積層に属するものは、黒色の磁鉄鉱粒そのままのこともあるが、多くは一部が変化して褐鉄鉱となり、それが磁鉄鉱粒や砂粒の表面を被い、全体を固結して一種の固まりとなっており、「菓子の落雁または粟おこし状」と表現されている〔福田　一九三二、八頁〕。久慈地区を中心として存在していた層状砂鉄を「ドバ」と称していた。層状砂鉄は段丘砂鉄ともいい、海岸砂鉄（浜砂鉄）が汀線の昇降や海水の干満によって絶えず集散していると、そこの地盤が緩慢に上昇すれば段丘砂鉄ができる。段丘砂鉄は洪積世のもので、一部は表層に露出しており、江戸時代から山砂鉄として利用されていた。一方、南部盛岡の鉄生産の中心となった田野畑・岩泉地区では、花崗岩などの風化、分解によって生じた磁鉄鉱の現地堆積鉱床から砂鉄（マサ砂）を主として採取していたようであるが、これらの地区には海岸段丘があり、洪積層を鉱床母岩とする砂鉄も使っていたことがうかがえる。

これまで述べたもののうち山砂鉄について概要を表1にまとめておく。

二　史料に見る砂鉄について

ここでは『鉄山秘書』と『萬帳』から、砂鉄に関する記事を取り出して、砂鉄の種類や鑑別法、あるいは呼び方、値段などについて情報をまとめる。

1　『鉄山秘書』第一「鐵砂并鐵穴之事」より

『鉄山秘書』の著者下原重仲は伯耆の日野郡の出身で、祖父の代より三代続きの鉄山師であり、同書は天明四年（一七八四）に出されたものと伝えられている。

「鐵砂并鐵穴之事」（俵 一九三三〈『鉄山秘書』〉二一頁）には、まず山砂鉄の品質とその見分け方にはじまり、川砂鉄、浜砂鉄の説明が続き、最後に赤目について述べられている。

下原重仲が伯耆の鉄山師であったので、真砂砂鉄と刃金《はがね》つくりに重点が置かれている。以下重要な記述について引用していく。最初に「鐵砂」が出てくるが、これは真砂砂鉄のことで、一々断らないほど中心的な砂鉄であることがわかる。

鐵砂は色浅黄にて、粒少し大に見へて、握り見るに、手裏にこたへて、砂石を握るかことく、火にくへて試に、ばらばらと音有て、はしる物上品とす。右流し取場も山は、白砂山にて大きなる石もはなれす、打崩すにはたやすく崩れ落て、落てはこまかにくだけ、流れては其砂中に鐵砂多有物を、至極最上吉とす、如此宜敷きは稀也。

これは最上質の山砂鉄について述べている。すなわち、色は浅黄色で粒度は少し大きめ、握ってみたとき砂石を感じるという。これは、石英（珪素酸化物）を含んだような感じをあらわしている。そして、火にくべてみたとき、音を立ててはじけるものが上質の砂鉄であるという。このような上質の砂鉄は白砂山から取れるが、大きな岩が割れ落ちることもなく、しかも崩しやすくて細かく砕け、その上水に流したときに砂鉄を多く含有しているようなところが最高であるが、そのような山は稀である、といっている。

次に述べられている中品位の砂鉄は、白砂山ではなく、「山鳥まさ」といって色が赤か青の細かい砂に、土が半分混じったような山や、灰のように柔らかい砂山から採集されるものである。このような砂鉄では釼はつくれない。たまたま「釼吹《はがねぶき》」をしても出来た物は弱くて折ろうにも折れず、釼に鍛えても切れ味が悪い。しかし銑鉄《ずくてつ》はよくできる。なおこのような山から出る砂鉄で、色が青く粒度は小さくて、握ったときに灰を握る感じで手応えのないものは銑鉄も出来ずましてや釼はできないので、大体ものの役に立たないという。このような砂鉄の見分け方は難しく、極上品と下等品を区別することは出来てもその中間を見分けるのは困難だとしている。そして、火にくべてみる試験や、「吹み有無」（吹けるかどうかの試験）を試してみることを勧めている。その「粉鐵に吹み有無を見やう有」とは、砂鉄を手に握って揉みほぐしたときに赤色になるものは銑鉄を吹きやすいと判断する方法である。さらに、揉んだ砂鉄に息を吹きかけてみて、多くが吹き飛んでしまうものは低品質だという。砂鉄は本来細かいものだから、掌の上で揉んでから水中でゆらして洗ってみると、手の筋に染み込んだようになる。そのとき流失が少なくて手裏に溜まるものは「吹みが多い」（品位が高い）のである。以上のように、砂山を見、砂鉄を観察し、その上火や水の試験の結果が揃えば最善である。しかし、この砂鉄の見分け方は数多くの経験を必要とし、最終的には「試し吹」（試験吹き）をしなければならないとある。

次は川砂鉄についてである。

是は粉鐵取流れの末の川端、又は川の中嶋抔の大水出れは川中になり、干水には中嶋川原と成所にて取也、砂中岩かけに、流れ滞り有物を洗ひ上て取也、性よきものなり。鐵砂は性の甚た重き物の粒、至而こまかなる物也、適々大粒に見ゆるは、砂にまきれ付たる故也、粒に大小はなし、重きと軽きとの違計也。

ここでは川砂鉄の性状と採取の方法を適切に述べている。川砂鉄は山砂鉄採取場の下流の川端や川の中州などで、水位が上がると水没するが、水が引くと現れて川原になる様なところで取れるものである。砂中に埋もれた岩陰に滞留したものを洗い上げて採取する。その性状は良好である。砂鉄の粒子は比重がたいへん大きく、かつ非常に細かいものである。時々大きく見える粒子があるが、それは砂に砂鉄粒子が付着しているもので、粒度に大小はなく、比重の大小に違いが有るだけだといっている。続いて「性よきものなり」の理由が述べられており、それは流水選鉱と違って、長い流れの中で自然淘汰されるので、性状不良の砂はすべて流れさるからだという説明がされている。また川砂鉄は銑鉄をつくりやすく、山砂鉄ばかりで吹く鉄山で少し川砂鉄を混ぜてやれば鉄が涌きやすいという。更に川砂鉄の洗い方についても、次のように解説が添えられている。

川粉鐵の洗やうは、水を小水にあてまかせて、手間隙入をいとわす緩々と洗ひ、樋の半分より上は取上けて鉧押にくべる也、樋の尻に溜る所をこもりよりくへて、のほり押の粉鐵に任する也。

ここでは、きめ細やかな洗滌方法について説明している。すなわち、水を少量用いて、手間隙かけてゆっくりと洗うように指示しており、しかも、比重の微妙な違いによって川砂鉄の使い分けまでしている。洗滌する樋の上半分に溜まった砂鉄は「鉧押」に用い、樋の末端に溜まったものを「こもり」（鉄の吹き始め）からいれて、「のぼり押」（立ち上がり操業）の砂鉄として使うとしている。この「こもり」や「のぼり押」については後から炉の操作について述べるので、そこで再びとりあげる。

浜砂鉄の性状と用途については次のように記している。

浜で採取する浜砂鉄はところによって性状のすぐれたものもある。潮にもまれて選び分けられたので砂や石もよく分離されている。石見の職人はこの砂鉄を使って銑鉄をつくるのが上手であるが、鉧は造れない。鐵の性質は柔らかくて弱く、良品は少ないが、細工し易い。もともと浜砂鉄は波に打ち上げられたものなので軽い。真の砂鉄は一度海底に沈めば再び浜には打ち上げられないが、砂鉄は本来細かいということもあって、時には性状のよいものも浜へ打ち上げられる。ここでは、石見で浜砂鉄が使われていたことが分かる。

最後に赤目砂鉄について次に引用するように述べられている。

　備中の国にては、赤土の中より流し取粉鐵あり、あこめ粉鐵と申、實は少なけれとも性合能粉鐵なり。伯州も日野郡の内備中江近き所は取越て吹也、のほり押の粉鐵に是を用る也。鐵吹やうも流し庭と申吹方にて、まさ砂粉鐵を吹とは違ふ也、刃金はなし、若刃金の如く吹けは不折也。この不折重鐵をは切かね迚、延刃金の如く切割て、又吹涌して小割鐵にいたし。

備中の赤土の中から流し取る砂鉄があり、赤目砂鉄という。低品質ながら性質は良好な砂鉄である。伯耆の日野郡でも備中に近いところから取り寄せて「のぼり押」の砂鉄として使っている。その吹方も「流し庭」といって、真砂砂鉄とは違う吹方である。刃金は出来ない。もし刃金吹のように吹くと出来た「重鉄《おもかね》」は折れない。これを「切かね」といって、延鉫《のべはがね》のように切り割ってから、再び（大鍛冶で）加熱して「小割鉄《こわりてつ》」（錬鉄《ねりかね》のこと）にする、と述べている。ここで、「流し庭」と称しているのは「銑押《ずくおし》」のことであろう。銑が湯となって流れ出るのを炉の前の部分で取り溜めるところからこの表現になったものと考えられる。次の「重鐵」は、「銑押」のときに炉の中に出来る固まりで、「鉧《けら》」の一種と考えてよい。その固まりを切り割って取り出すのである。

続いて、砂鉄に関連のある諸事項がまとめて述べられている。まず砂鉄の呼称は、伯耆、出雲、因幡、石見、備国（備中、備後、安芸）では「粉鐵《こがね》」といい、播磨、但馬、美作では「鐵砂」と称したという。次は駄送するときの荷姿と価格についてであるが、一般に一駄は三〇貫と定められ、価格は砂鉄の洗い方（上・中・下）によって異なる。砂を含まない上洗いの砂鉄一駄について銀三匁（銭八〇文で銀一匁として）より高値なら引き合わないと昔からいわれていたという。

2　『萬帳』「銕口」より

ここでは、『萬帳』に見られる砂鉄についての情報を解析したのち、関連する現代文献を参照して東北地方の砂鉄についてまとめておく。

『萬帳』は、岩手県下閉伊郡岩泉町村木（旧陸中国下閉伊郡岩泉村）の早野隆三家所蔵の文書史料である。原文書のところどころに「小松寛平義尚手扣」とあるように、主として割沢鉄山（盛岡藩野田通萩牛村）の経営に必要な覚えを書き留めておき、それを一冊にまとめたものとみられる。小松貫平（のちに早野貫平）は、水戸の出身で、岩泉に来て中村屋に仕え割沢鉄山を経営した。この史料の表紙には「文政三年　萬帳　辰二月吉日」とあり。項目は順不同に並べられているが、ところどころに見出しが貼り付けてあって、まとまった情報が集められているところもある。その中の、「銕口」という見出しのつけてある箇所から砂鉄に関する記述を次に引用する。

一　砂鉄山懸ケ壱山ニ而深サ四五尺程も、弐三ヶ所も掘て、土を碗に入て斗かきをかけ、右土を水ニ而何邊も洗ひなかし、残砂鉄きせる之皿壱つ分有之候ハ、鉄口立可申事

一　白柾者白土山ニ有り、川柾者赤土山に有り、砂細目ニ而黒し、川柾者水ニ而掘らせ候也

はじめの記述は、砂鉄の採取をする場合の評価方法についてのものである。目当ての山を二、三ヶ所（深さ四、五尺）試掘して、その土を碗に入れて平にしてから水で何度も洗い流し、残った砂鉄が煙管の皿（雁首）一つ分もあれば「鉄口」（砂鉄採取場所）の普請を始めてもよいということである。これが、『鉄山秘書』の場合はもう少し具体的な記述になっており、試掘した土をもみ砕いてから水洗したとき、およそ一升の砂に砂鉄が三匁もあればよく、五匁もあるところがあるという。これは〇・四一〜〇・六八重量％に相当する。

次の記述は「柾」にふれたもので、白柾は白土山に、川柾は赤土山にあるという。白柾は、『鉄山秘書』でいえば、先述の「白砂山」から取れる「最上質の山砂鉄」に相当することがわかる。しかし、川柾が同書の「山鳥まさ」から取れる砂鉄に相当するのか、あるいは「赤土」から流し取る「あこめ粉鐵」に相当するのか、はっきりとは分からない。いずれにしても、これらは花崗岩などの風化・分解によって生じた磁鉄鉱の現地堆積層から採取された「柾」砂鉄である。

ところが、森嘉兵衛氏は著書『日本僻地の史的研究』下（後に『九戸地方史』と改題された）に『萬帳』から右と同じ所を引用しながら、次のように全く違う解説を行っている（森 一九七〇、三二五頁）。

小松は砂鉄を選定する方法として、「砂鐵山懸ケ一山ニ而、深サ四五尺程も掘候て、土を碗に入て斗かきをか

け、右土を水ニ而何邊も洗ひなかし、残砂鐵ませての内一つ分有之候はゞ鐵口金に可致候」といい、その砂鉄に白柾をいれて精錬（現代技術用語では製錬）していた。また、「白柾は白土山に有り、川柾赤土山に有り、砂細目ニ而黒し、川柾は水ニ而掘らせる也」といい、白柾は石灰と砂鉄の混合土であり、文政頃には石灰を使っている。川柾というのは明らかでないが、溶剤として使っていたものの一種である。大島高任が洋式高炉生産を行うとき砂鉄と木炭の中に一定比率で石灰を投入しているが、それから四十年も前に石灰を使っていることは小松の精錬法が進歩的であったことを示している。（傍点は筆者による）

まず、文書の読み違いがあり、「残り砂鐵きせるの皿」を「残砂鐵ませての内」と読んでいるところから「砂鉄と白柾をまぜる」発想が出てきたものと推定される。また、北上山地は石灰岩地帯に属することは確かであるが、「白柾は石灰と砂鉄の混合土であり」という根拠にはなるまい。そして「文政頃には石灰を使っている」と、石灰を使って製鉄を行っていたと断定する表現にも無理があろう。また、森氏は川柾も「溶剤として使っていたものの一種」としており、ここでは「柾」が砂鉄そのものではなく「溶剤」として説明されていることに同意できない。

東北地方の砂鉄には、マサ（柾）のほかにドバがあることはすでに述べたとおりである。このドバと思われる「土場砂」の用語が『萬帳』に一カ所だけ見られる。それは、「釜寸法」（製鉄炉の寸法）という控書きに、「指圖」という長さを決める道具が示されており、その寸法指定が砂鉄によって違うことを示した中に「土場砂」と「本場砂」が見られる。

この場合、「土場砂」と「本場砂」では、製鉄炉の木呂の位置を微妙に変えるべきであると伝えられている。この寸法の正確な意味はよくわからないが、砂鉄に二種類あることは確かである。また「本場」とは「たたら場」（製鉄場）のことである。先に挙げた「鉄口」のところに、「本場磨砂」や「本場焼砂」の用語がでてくる。これらは、製鉄場内に設けられた洗い場で磨いた（洗った）砂鉄や、炉の近くにつくられた「砂釜（炉）」で焼いた砂鉄を意味する。したがって「本場砂」とは、これら「本場で処理をした砂鉄」のことであろう。一方、「土場砂」は南部八戸の久慈地方で主に産出する「ドバ」（層状砂鉄）のことであろう。岡田廣吉氏の研究によれば、南部盛岡の割沢鉄山でも近くの切牛にあった洪積層中の層状砂鉄を採用していたことが想定される（岡田　一九八一、六一四頁）。

ここで久慈地方の「ドバ」を中心とした砂鉄についてふれておこう。渓友一氏が大正十五年（一九二六）の夏から秋へかけて久慈地方の砂鉄鉱を調査したときの記録から、「ドバ」と「マサ」についての記述を引用する（渓　一九二八、二七一頁）。

「ドバ」とは洪積層中に層状をなして賦存する砂鐵で、褐鐵鑛で稍堅く膠結され褐色　又は濃褐色を呈するものが多い。

「マサ」は花崗岩地域で、直接花崗岩の風化分解して其場に堆積して居る灰白色の地に、磁鐵鑛粒を散点する花崗質砂で、又洪積層中の所謂「ドバ」で砂鐵粒少なく灰白色の石英、長石の多い部分をも云ひ結局見た目で花崗岩に近い外観を呈するものは皆「マサ」と稱したらしく、今でも左様に用ゐて居る。

當時使用した鑛石は主として「ドバ」で、就中割合に低温度で熔解し易い、赤褐色の酸化鐵の多い、砂鉄鑛を撰別使用し、鐵品位は高いが、前者に比して比較的熔解し悪く、高温度を要する磁鐵鑛の多い黒色の「ドバ」又は「マサ」は打ち捨てゝ鋼鐵の製作等特殊の目的の外には利用しなかった。従って往事に盛んに稼行せられた場所が、案外今日の目を以って見ると低品位の鉱石の場所で稼行の価値のない所であったり、全く古人の顧みない所に、磁鐵鑛の多い、鑛石があったりする。

この報告から久慈地方を中心とした南部八戸では「ドバ」を主として採用していたことが分かるが、実際は領内に花崗岩地質の場所もあり、「マサ」を採取した跡が残っている。この「マサ」も種市海岸などの浜砂鉄と共に大量に消費されたという〔岩手県立博物館　一九九〇、一〇二頁〕。

以上東北地方の山砂鉄についてまとめると次のようなる。すなわち、地質の分布から見ても洪積層が多く花崗岩地帯の少ない南部八戸では、「ドバ」を主体に「マサ」も使われていた。反対に南部盛岡では花崗岩類岩石地帯が広がり、「マサ」を主体としていたが、洪積層の海岸段丘もあり、「ドバ」も併用して製鉄を行っていた。また東北地方の「マサ（柾）」は、中国地方の「真砂」および「赤目」を含む範囲の表層砂鉄である。

三　砂鉄の採取方法

ここでは、まず砂鉄採取法全般について説明したのち、近世以降の史料に残された記録から、地方によりまた時代によって、採取方法のどこが一致し、どこに違いがあったのかを確認する。

1　砂鉄大量採取の始まり

近世以降の山砂鉄の採取方法は、簡単に言えば山を掘り崩して土砂を流水にいれ、砂と鉄の比重の差によって分別する方法である。中国地方では砂鉄の採取場所を「山口」、「鉄穴《かんな》」などといい、その採取方法は「鉄穴流し」といった。東北地方では採取場所を、「鉄口」、「ホッパ」（堀場）、または「カナホッパ」（金堀場）といい、採取方法を「切流し」といった。

それではたたら製鉄の先進地である中国地方で、鉄穴流しはいつ頃始まったのであろうか？　その時期は、『鉄山旧記』によって想定することができる。慶長五年（一六〇〇）に堀尾帯刀が、雲洲富田城へ入部した。帯刀は慶長九年に松江へ引き、同十五年（一六一〇）再び富田城へ入部して、「鉄穴御停止」令を出した（島根県 一九六五、五八四頁）。

一 同（慶長）十五年、御入部、鉄穴御停止

此通砂流込候而ハ、湖水江砂入、年々埋リ、後代ニ至要害之障リニ可相成事眼前也、然時先代懸将《ママ》有テ此湖ヲ埋リ、要害之妨とし候事瑕瑾ナリトテ、鉄穴御停止と申伝候、

大意は、このように砂を流せば、（宍道湖）へ砂が流れ入り、次第に埋まって、要害として障害になることは目に見えているので鉄穴を停止させたというのである。

結局、堀尾帯刀の死後に入部した京極若狭守の時代、寛永十一年（一六三四）になってやっと「往古之通、鑪鍛次（冶）屋御免被仰付、一統奉悦、鉄穴流、鑪、鍛次（冶）屋仕候、」となり、この間二四年も停止していたことになる。宍道湖が埋まるのではないかと心配して鉄穴流しを禁止したという理由の真偽はともかく、大量の砂が流出されたことは確かなことであろう。

次の史料は、慶長四年（一五九九）出雲国仁多郡横田町における鉄穴所有・稼行のあり方を示すものである（横田町誌編纂委員会 一九六八、三九五頁）。

覚

横田村之内ひのくち鉄穴之儀如前々其方へ預ケ置、何方よりいかやう申分候共小も気遣有間敷候、為其一筆令申候、仍如件

慶四壬三月三日　　野由兵衛（花押）

大催甚十郎殿

これは「ひのくち鉄穴」の採取権を大催甚十郎に安堵したものであり、これに続いて「河こがね」（川砂鉄）の採取権も安堵している。

したがって、「鉄穴流し」は慶長年間にはすでに始まっており、前述の慶長十五年「鉄穴御停止」令のころは、鉄穴流しが普及していたものと考えられる。

中国地方で砂鉄が採掘された時期は八月（旧暦）下旬から翌年三月上旬であった。『鉄山秘書』には次のように述べられている。

鐵穴は深山の頂上にて、冬の水にて流し働もの故、普請を念入されば差支多し。其上八月下旬より流し懸り、翌年の春三月上旬迄に流しやむなれは、短日の間計流事也。

鉄穴は冬の間に流すものであるから、関連の普請を念入りにしなければならない。その上、八月下旬から翌年三月までの作業期間であれば、日も短い間に流すことになる。続けて、一瞬も油断なく、差し支えが生じないように手配りをしておくべきである、と述べている。

また、明治時代の鉄穴流しを調べた俵国一氏も、「古来の習慣により秋彼岸より来春彼岸迄とす」と記している。その期間に限定している理由として、この間は農家の仕事が最も暇であるから労力を得るのに便利であると同時に、採掘に伴って流棄される土砂が水田潅漑に与える害も少ないことを挙げている（俵 一九三三、一二頁）。

ところが、東北地方では春の彼岸から冬至の頃に砂鉄採取を行っていたようで、『萬帳』には次のような記述が見られる。

一　鉄口普請

二月中之節より十日目ニ相懸可申事、

尤ひかんニ相成候得者普請致し候而も宜敷者也

一　鉄口働之者冬至より五日目ニ鉄口よりあけ可申事

すなわち、砂鉄採取場所の普請は（春の）彼岸になれば始めてもよいこと、そして砂鉄採取職人は冬至から五日めに作業を終了することがわかる。

また岩手県上閉伊郡大槌町の前川文書、「野田瀧沢鐵山六吹定目帳（宝暦五年）」にも、「砂鉄、大炭、小炭、鈩釜《たたらかま》土《つち》、是又八、九、十月迄之内ニ山本へ附上ケ圍可申事。年々三月頃迄鈩吹方差支不申様ニ心懸ケ第一ニ御座候」とある〔渡辺 二〇〇一、六頁〕。

斎藤潔氏は右の理由として、「奥州地方では寒さが厳しくて冬季に砂鉄採取など出来ない」と述べ、江戸時代の記録でも「御鉄山の砂鉄掘り出しは時節があるもので、夏秋中に専ら砂鉄を堀溜め置き、冬中に吹方をする」と紹介している〔斎藤 一九九〇、六二頁〕。

2　史料にみる砂鉄の採取方法

中国地方の「鉄穴流し」については『鉄山秘書』に詳しく述べられているが、東北地方の「切流し」については『萬帳』では断片的な記述しか見あたらない。そこで、まず『三閉伊日記』を参照しながら『萬帳』の内容について検証し、東西の山砂鉄採取法を比較確認する。その場合、明治末期に中国地方を調査した俵国一氏の記録とも比較して、たたら場での仕上げ洗いを含めて検討する。また、東北地方の層状砂鉄の採取方法について考察する。

① 『鉄山秘書』における「鉄穴流し」

『鉄山秘書』第一の「鐵穴流しやうの事」(俵 一九三三〈『鉄山秘書』〉二五頁)からその要点を取り上げてみよう。

まず、「険阻なる」山で、頂上に水が引けて、どちらの斜面へも仕掛けられるところでなくてはならない。それは、最初流してみて具合が悪ければ「山口」(砂鉄の採取場所)を変えるからである。

また、砂山は普通の土より堅く、掘っても崩れにくいものである。砂山にはいくつかの層があって、砂と土の境に筋が通っている。垂直面に対して水平に平行して筋が通っているところでは、容易に掘り崩すことが出来る。

次は「井手」(導水溝)の作り方を細かく述べており、如何に水量の確保に細心の注意を払っていたかがわかる。井手の幅を狭くし、深く掘り下げて、その上に茅や柴で屋根をつけ、降雪や雪崩によって井手が埋まらないよう配慮している。

「山流し場」(砂鉄の採掘場)から下流の「池川」(選鉱場)までの、砂が流れ落ちる谷を「走り」または「宇戸」という。この宇戸に滝があってしかも谷が長い方がいい。滝があれば、砂石は細かに砕けるし、距離が長ければ砂と鉄の分離が促進される。また、水の不自由な鉄穴は、井手の起点に堤を築いて溜め池をつくり、夜間に流れさる水を蓄えておくとよい。

「池川」つまり砂鉄の選鉱場については、「是を七つまはしと申池川の拵也」と絵図を示して説明している。(図2)

本文では「乙池」と「洗ひ樋」について説明しているが、まず絵図の書き込みを見よう。上方の山には遠くから「井手」が廻されており、「山ハふくらに肥たるよし、削り立たることく険阻なるハ底に石アリ」と山の見立ての注意書きがある。「山口穴打」とあるのは砂鉄採取現場のことで、採取作業を「穴打」と言うことがわかる。井手には「添水」といって、別の水流を引いている。下の「池川」の図には確かに七つの池が描かれている。つまり、「谷はん

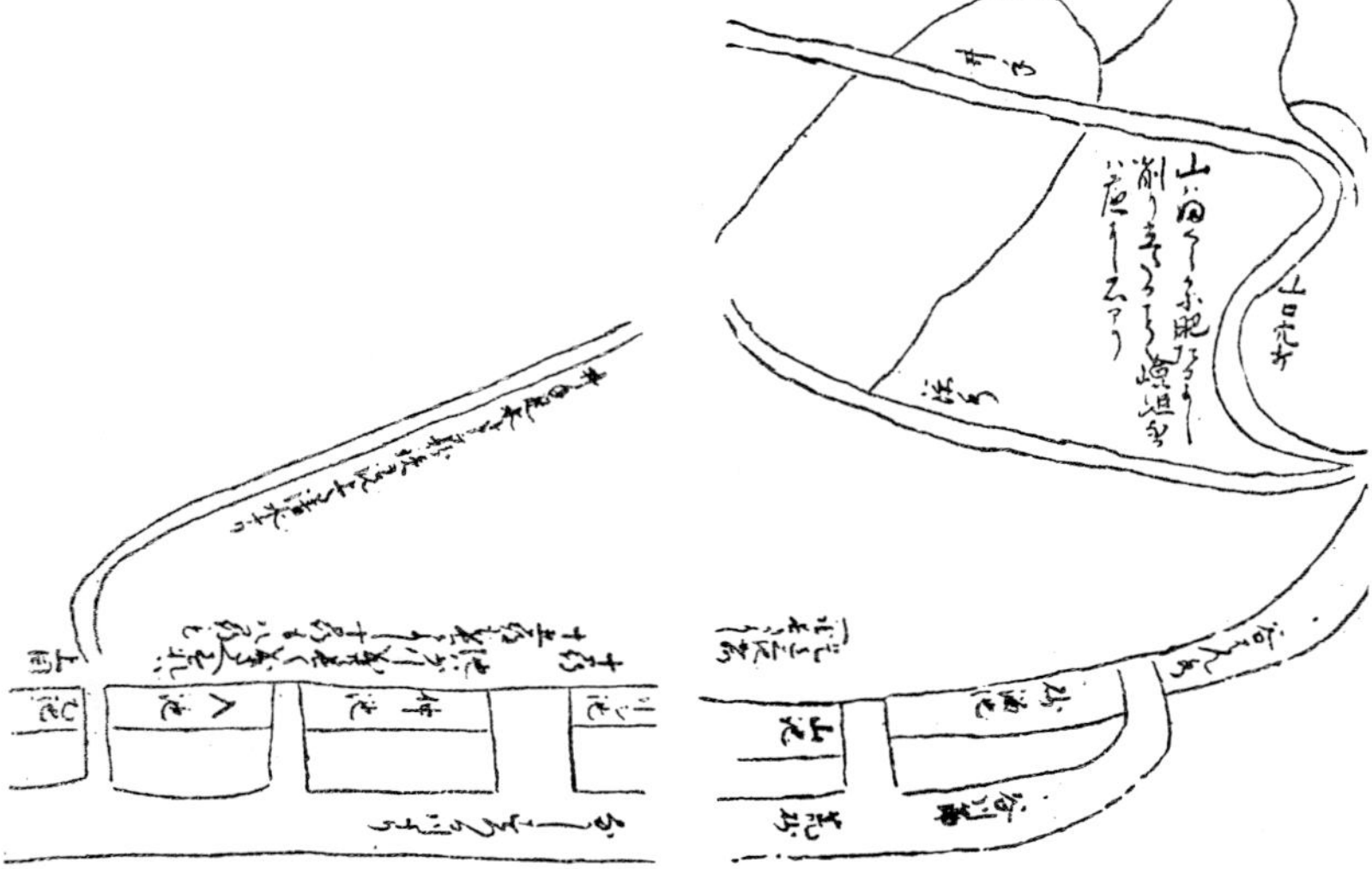

図2　鉄穴流しの絵図（『鉄山秘書』より）

水」（これは他の絵図から「谷ばん水または池」とわかる）、「砂溜池」、「山池」、「引シ池」、「仲池」、「入池」「乙池」の七つである。それに続いて「洗ひ樋」が設置されていた。この洗い樋（または単に樋）の長さは三間半で、底板は継ぎ目なしの一枚板がよい。深さは一尺二寸くらい、底幅は入口側の広いところで二尺五寸、出口側の狭いところで一尺六、七寸である。底板の半ばより上は傾斜をもたせて水の流れをよくし、半ばより下は水平とする。洗い上げた砂鉄は脇の「粉鉄置き場」へ貯め置かれた。砂鉄置き場の底は粘土を塗り、細かい砂を広げてよく踏んでつくり、廻りには茅や菰のむしろで囲うという。

　また、乙池については、入口の幅は三尺五寸乃至四尺、長さは六尋《ひろ》より短くては悪く、長い場合はいくら長くてもよい、とある。絵の中でも、他の池の長さについて、「池は少し成共長く成さへすれバ長かよし十尋も八尋も」と、場所が広くありさえすれば、長さを十分に取ることを勧めている。

　この「池川」の普請は谷川筋に沿って作られていることが絵によって読み取れる。「谷川筋荒砂なかしすつる川ナリ」

とあり、各池で砂と鉄を分離したのち、砂を川へ流していたことがよく分かる。また、仕上げ池とも言える「乙池」のところには、新しい水を引き入れている様子が描かれており、「井手足水ト申テ粉鉄ヲ洗上る清水ナリ」と説明がつけられている。

以上が『鉄山秘書』に示された伯耆国の代表的な鉄穴流しの状況であるが、次に俵国一氏が、『鉄山秘書』の内容とあまり変わらないという日野郡砥波鑪付近の選鉱場を観察した記録から、『鉄山秘書』の記述に追加をしておこう〔俵 一九三三、一四頁〕。

選鉱場の構成は、砂留、大池、中池、乙池《おといけ》、洗樋（または「樋」）などである。砂留と大池は側面に木杭を打ち込み、柴を並べ、底は地面のままとした溝である。中池と乙池は側面は上記と一緒であるが、底部には板を敷きつめる。洗樋の作り方は『鉄山秘書』のとおりである。

採掘場から流れてきた原土砂はまず砂溜に堆積し、そのうち軽い砂は直ちに渓流に捨てられる。沈殿した土砂は鉄分が多く、これを「池上」と云った。次に大池でこれを洗い流せば一層精洗されたものが堆積する。このようにして順次下方へ移しながら精洗を数回繰り返す。中池の上方のものと乙池の中部以上のものは「仕上小鉄《こがね》」とし、乙池の下方のものだけを更に洗樋で洗い上げるものとする。このようにして集めた「仕上小鉄」の鉄分濃度は二〇～二三％程度であった。しかし、明治三十年ころから砂鉄採掘業者が選鉱場の洗樋を使って、更に「中洗」をするようになり、砂鉄粒含有量として五〇％の品位としてから製鉄場（鉑）へ持ち込んだ。その場合、「十一砥に対し費用僅に二十銭位を貰ひ受け」たという。製鉄場では、各選鉱場から集まった砂鉄を、村下《むらげ》（製鉄技術責任者）の指示によって更に「洗船」で精洗して、砂鉄粒含有量として八〇～八五％の品位まで上げてから製鉄原料とした。

② 東北地方の「切流」

東北地方の「切流し」について、『三閉伊日記』では端的にその印象を絵と共に記している。『三閉伊日記』は岩手県九戸郡軽米町の平船家所蔵の史料で（平船 一九八八、三頁）、盛岡藩士（氏名は不明）の出張旅行記であり、絵図入りの記録である。日記は嘉永七年（一八五四）三月二十一日から始まり、五月十日に終わっている。四月五日には、現在は岩手県下閉伊郡田野畑の七滝、中室場、菅野久保というところを見分したとあり、そこで室場鉄山について次の通り記録している。

一　中室場より少し東北の方にあたりて室場鉄山あり

一　鉄砂のある所ヲ見るに、その邊白き砂にて、眼に鉄砂なる事見得されとも、是を流れ水に入れ、其加減を取て樋に流し時ハ、自然鉄砂ハ沈ミて、只の白き砂之分ハ流れる也。ケ様ニ流し候ため、数十里先山々へ堰を廻し、自然山上へ水を揚る也。是ヲ切流しといふ。切流を懸たる水、田に入れハ稲の為よろしからざるため、用水になるべき澤等へハ、其所田地の差支ヲいふて鉄砂を掘らせぬと也。

一　切流しの堰の如く、山上へ水上ケいたし候ハヽ、大躰の所ハ新田開発に可相成と思ふ侭さっと圖ス。

『三閉伊日記』絵を図3に示す。この日記の書き手である盛岡藩の藩士が見分した「切流し」の記事にはいくつかの要点がある。まず、「砂鉄のあるところは白い砂で、一見鉄があるようには見えないが、それを水にいれ、調節しながら樋に流すと鉄は沈んで、白い砂は流れ去る」と「マサ・柾」砂鉄を観察している。次はその水流をもたらすために数十里も先の山々へ堰をめぐらしていることをみて、こうすれば山上へ水を上げることができると気づき、この「切流し」のように堰をつくれば、新田開発が出来るのではないかと考えて略図を残している。さらに、「切流し」の土砂を含む水が田に入る害についても聞き書きを添えている。ここで「堰」とあるのは、本来水を堰き止めることを

図3　室場鉄山関連の切流の絵図（『三閉伊日記』より，平船家所蔵）

いうのであるが、この地方では水路のことを堰・セキといい、中国地方の「井手」にあたる。水路跡を「セキシロ」といい、多くの「ホッパ」跡と共に「セキシロ」が現在でも残っているという（田村　一九八七、六六頁）。

『萬帳』では、砂鉄採取法の全体を記録した部分はないが、「鉄口普請」というように具体的な控書き事項が出てくる。鉄口普請を春の彼岸から始めることは、すでに述べたとおりである。次はその普請に必要な人員について記している。

一　鉄口壱口へ中間共六七人位宛遣、数口壱度ニ普請為致可申事

一　鉄口新古共ニ廿弐三ヶ所も有之候得者、中間千人程も懸候者也、口々江御手代奉行ニ遣候而、普請帳為持日々働書留させ普請仕舞ニ中間働相改申出候事

一　鉄口数弐人取ニ而十五ヶ所も有之候得者、鉧吹続候もの也

一カ所の鉄口に中間《ちゅうげん》を「六七人」くらいずつ配置して一度に数カ所普請をすると、鉄口新旧併せて「廿弐三ヶ所」もあれば、中間の人数は「千人」ほどにもなるという。たしかに、長い導水溝

をつくることを考えたら、「千人」という労働力を必要としたのは当然であったろう。また、これら労働者の勤務記録をとらせ、普請終了後にまとめて提出させていることは興味深い。そして、一つのたたら場で必要な「鉄口」の数については、採取職人が二人の規模で、「鉄口」が一五カ所もあれば、たたらを吹き続けることが出来ると云っている。『鉄山秘書』では、「山口」の鉄穴師一〇人、少なくとも数人をかけて採取するのを常の状態として述べていることからみて、東北地方の砂鉄採取場の規模は中国地方のそれよりも小さかったものと考えられる。

『萬帳』の鉄口普請の次には「堤普請」が出てくる。堤は流水を溜めておく池のようなもので、その大きさによって普請に必要な人員数は違っている。つまり、「幅一間半、高サ五尺」の場合は「中間十五人」を宛て、「幅弐間、高さ五尺」の場合は「中間廿七八人」を宛てている。また、堤の作り方については、「尤堤拵ニ者、地山へ掘付て杭を立へし、上土能除てつくへし、無左候得者下より破候もの也」と注意書きがみえる。つまり、山に堤を掘る時は杭を立て、表土をよく取り除いてから突き固めなくてはならない。そうでないと水漏れがしてしまうと云っている。さらに、堤が出来上がってもすぐには水を入れず、四五日かけて杭元を固めてから水を張るように、そうしなければ杭元が弛んで、少々の出水にも堤が破れてしまうと続けて注意している。

次に出てくるのは「磨場所《みがきばしょ》」である。これは選鉱場のことらしく、「一　堀山と磨場所之間近く致候而ハ砂鉄分り兼候故、相成丈遠くしてよし、尤見斗第一也」と、採取場所と選鉱場の間を出来るだけ距離を取って、砂と鉄の分離をよくするよう見計らいをすることが大事だとしている。これは『鉄山秘書』とまったく同じ見解を示している部分である。

そこでは磨場所の「池」の種類と大きさが、続いて「磨船」の大きさが次の通り示されている。

一　磨場所池

表2　明治時代の砂鉄選鉱場の寸法　　（単位：メートル）

場所＼池		砂溜	大池	中池	乙池	洗樋（樋）
1 伯耆	幅	0.9	0.85	0.76-0.45	0.76－0.45	0.76-0.5
	長さ	9	11	11	11	6.36
	深さ	1.5	1.2	0.3	0.3	0.36
2 伯耆	幅	1.52	0.91	0.85	0.76	0.64
	長さ	12.76	12.76	8.18	7.27	5.45
	深さ	1.1	0.76	0.61	0.61	0.24
3 出雲	幅	1.82-0.4	1.52-1.21	0.9-0.76	1.21-0.61	1.82-0.91
	長さ	12.73	16.36	12.73	10	5.45
	深さ	1.52	0.91	0.61	0.61	0.45
4 石見	幅	2.73	1.21	0.76	0.61	1.06-0.5
	長さ	7.27	8.5	9.09	7.2	5.45
	深さ	1.52	0.45	0.45	0.45	0.3

註1）場所：1伯耆国日野郡砥波鑪付近の選鉱場．2伯耆国日野郡柱ヶ谷鉄穴の選鉱場．3出雲国飯石郡地方の選鉱場．4石見国邑智郡市木村付近の選鉱場．
2）3出雲の大池は「抜込」と称す．
3）二つの数字のあるところは，上手の一番広いところと，下手出口の寸法である．
4）それぞれの池底には，殆どの場合勾配が付けられているが，データを省略した．

幅　弐尺
長サ　上壱番五間　中弐番四間　下三番三間
〆
一　磨船　幅　一尺五寸
長サ　壱丈三尺

「磨場所池」の大きさを、『鉄山秘書』や俵国一氏の調査結果の数字と比較してみよう。

その前に「磨場所池」と「磨船」の違いをはっきりさせておきたい。「池」は選鉱場にある装置で、「船」はたたら場の近くにある「磨小屋」の中に据え付けられた、仕上げ洗い用の装置であると考える。「磨船」は俵氏の調査した「洗船」に相当しよう。また『鉄山秘書』では「押し樋」と称している。この「磨船」は後から砂鉄の仕上げ洗いについて述べるので、再び取り上げることとする。

次に、俵氏が明治末期に調査した中国地方の砂鉄選鉱場の大きさを示す（表2）。これによれば、中国地方の砂鉄選鉱場の「池」の構成は殆ど同じで、大きさと形は場所や「鉄穴」の規模によって微妙に違いがあることがわかる。

『鉄山秘書』では、乙池の長さは六尋より短くては具合が悪いとしている。「尋」の具体的長さが、現在の「間」とおなじに約一・八メートルと考えてよいだろうか？　同じ場面で「尋」と「間」を使い分けているので、もう少し短い寸法をあらわしていたのかも知れない。したがって、七メートル以上ある明治時代の乙池の長さは『鉄山秘書』の内容にほぼ合致すると考えておきたい。また、「洗ひ樋」の長さは三・五間と明記してあるので、この方は六・三メートルとなり、これも五・四五～六・三六メートルでほぼ一致する。

一方、『萬帳』の「池」が表2のどの「池」に相当するかといえば、寸法からみると、中池、乙池、洗樋に相当し、上手から下手へ「壱番池」五間＝九メートル、「弐番池」四間＝七・二メートル、「三番池」三間＝五・四メートルとなる。これは表2の4石見（石見国邑智郡）の選鉱場池の規模にほぼ見合う大きさである。

しかし、中国地方では池の数が五であり、『鉄山秘書』の例では「七つ池」であったことから比較すると、『萬帳』に書き留められた池の数は三で、砂鉄選鉱場の規模は小さかった。また、池幅も二尺（〇・六メートル）と一定で、長さもやや短く、全体として簡易なものであったと考えられる。

ここで再び「磨船」について考えてみよう。「磨《みがき》」は精洗するという意味であろう。「本場磨」や「磨直し」の用語がみられる。先述したように、磨船の大きさは「幅壱尺五寸長サ壱丈三尺」で、〇・四×三・九メートルの矩形として書かれている。

これに対して、『鉄山秘書』の精洗用「押し樋」はもっと大型で、形も違ったようである。すなわち、「幅は入口で弐尺六寸、出口で一尺六寸余り、長さは三間半」で、（入口幅〇・七八、出口幅〇・五メートル）×六・三メートルと細長い船の形をしていることが分かる。

さらに、俵氏の調査によれば、明治末期の精洗装置は「洗船」といい、「伯耆国、出雲東部にては其形ち長目にして、出雲西部、備後、安芸、石見などにおいてはその形楕円形に近し」とある（俵 一九三三、二七頁）。これは伯耆、出雲東部は真砂砂鉄をよく産し、残りの各地は赤目砂鉄の産地として知られているので、砂鉄の仕上げ洗い装置にも差が見られるのかも知れない。実際、選鉱場付帯の「樋」とたたら場付帯の「洗船」は、形も大きさもほぼ同じであったようであるが、「樋」の勾配は真砂と赤目では微妙に変えており、真砂の方が少し急勾配にしていたようである（俵 一九三三、一八頁）。

砂鉄の精洗の仕方も地方によって異なっていた。「伯耆国砥波鑪にありては、三十分毎に一回〇・二八一瓲（二駄半）を洗ひ一日の工程五瓲餘（四十五駄）とす」とあり、洗鉱夫が砂鉄を少しずつとって、洗い鍬を使って雑石や砂を流しながら反復洗滌する。そして砥波鑪の「洗船」の長さは七・二メートル、底には勾配が付けられている。この場合二駄半（〇・二八トン）の砂鉄は洗い上がり一駄半（〇・一七トン）となり（歩留は六〇％）、品位（砂鉄粒の含有量）は八〇％程度となるという。

また、「石見国那賀郡價谷鑪は銑押作業を為し、濱小鐵を主なる原料とせり、その洗ひ方は一回の洗量一瓲餘（十駄）にして」とあり、比較的少量の水を用い、順次混ぜながら上手から下手の方に砂鉄を移していき、二回ほど反復洗滌するという。價谷鑪の「洗船」は長さ五・一メートルで勾配は付けられていない。一時間の工程で〇・七九トン（七駄）の洗い上がり砂鉄を得ることが出来、その品位は六〇～八〇％に達する。ここでは、浜砂鉄を洗滌する場合、一回に洗う量は砥波鑪の四倍、かける時間は二倍であり、歩留は七〇％となる。

一方『萬帳』では、上記「磨船」の記述に続いて、砂鉄の仕上げ洗いの方法が次の通り述べられている。

一　本場ニ而砂鉄一船ニ壱斗宛磨、一日ニ三石五斗磨候定法也、依而朝飯前ニ五船、昼前ニ十五船、昼過ニ十五船ニ而極上々ニ磨、三石五斗出来候者也本場（製鉄場）では砂鉄を一船（一回）あたり一斗の割合で洗滌する。一日には三石五斗洗滌するのが決まりである。すなわち、朝飯前に五回、昼前に一五回、昼過ぎに一五回よくよく洗滌して合計三石五斗仕上がるとしている。したがって、この一日あたり「三石五斗」は精洗後の砂鉄量であるとみられる。その「上々ニ磨」いた砂鉄が、仮に上記砥波鑪と同様に品位八〇％とすれば、重量は約七七〇キロと計算される。これに対して、砥波鑪では一日に四五駄（約五トン）洗滌して歩留六〇％とあるから、精洗後の砂鉄は二七駄分（約三トン）となる。したがって、『萬帳』にみられる陸中国下閉伊郡割沢鉄山の「磨船」の大きさも作業規模も中国地方の「洗船」よりもかなり小規模であったと考えられる。そして、この「磨船」では價谷鑪と同様に、「一　濱砂寄砂之儘ニ而附取本場磨ニして七懸ニへる也」と、浜砂鉄をそのまま受け入れて、本場で精洗すると、歩留は七〇％であったという。

また、この本場磨での作業について「一　砂場へ者きもの者かせ申間敷事、尤本主ニも草履ニ而も者かせ申間敷事」とある。意味は、砂場では洗職人に履き物を履かせてはならない、本主《もとす》（たたら場の事務方）にも草履さえ履かせないということである。履き物に砂鉄が付着して持ち出されることをさけようとしたものであろうが、原料砂鉄を大切にして、如何に無駄を省こうとしていたかが窺われる。それは、鉄山の経営者が変わる時には、「鉄山引移之節者、鉄蔵并路ち通り為掘為洗可申事」と、鉄蔵や通路の土からまでも、砂鉄を回収したくらいで、砂鉄が如何に大切な資源であったかと認識せざるを得ない。

3　層状砂鉄の採取方法

最後に層状砂鉄の採取方法について概要を述べる。既に砂鉄の基本的性質について述べたが、層状砂鉄は、太古の海岸砂鉄が地盤の上昇によって洪積層中に出来たもので、段丘砂鉄あるいは海岸にあれば海岸段丘とよばれ、砂鉄層としては三〇％程度以上の砂鉄を含んでいた。

久慈地方は層状砂鉄の主な産地として有名で、その砂鉄を「ドバ」と称し、江戸時代は山砂鉄として採取されたが、大正、昭和の時代にも一部鉄資源として利用されたことがある。既述の通り、「ドバ」は褐鉄鉱が磁鉄鉱の表面を覆っているために一種の固まりとなっており、それを崩すと砂鉄粒はごく小さいものであったようである。田村栄一郎氏は、「その特徴として鉄分の含有量は最高品位（二〇～五〇％）を示すのであるが、砂鉄粒は一般の砂鉄に比して粉《こな》鉄《てつ》といってよく、更に磁性も弱いために選鉱をせずに使用しなければならなかった」と述べている〔田村 一九八七、二〇四頁〕。この場合、「粉鉄《こなてつ》」は微細な粒度の砂鉄を表現しており、磁性が弱いというのはチタン酸の含量が大きい意味であると解釈できる。また、選鉱せずに使用したというのは昭和にはいって現代的製鉄法によって製鉄した場合のことを指している。いずれにしても「ドバ」は、「マサ」と全く同じ「切流し」によって採取することは出来なかったようである。

久慈地方を探査した渓友一氏が見た砂鉄採掘跡は、浅いすり鉢状の窪地や溝状の独特の地形であったという。さらに「ドバ」の採掘については、次のように記述している〔渓 一九二八、二七一頁〕。

採掘は、ほとんど全部露天掘りで上土の厚い所、又は地形の関係上、稀に坑内掘が行はれた。久慈町小山及元山では可成り大規模な坑内掘が行われたものらしく地表から試掘竪坑を掘り下げたり、坑道を新たに開鑿したりすると全く豫期せざる所で舊坑道に會する事が屡ある。

また、田村栄一郎氏は「ドバ」の採掘に関して次の様に紹介している〔田村 一九八七、二〇四頁〕。

久慈砂鉄の「ドバ」は採取地も限られていて、鉱量と含鉄量は膨大にして優れておったものの、「白柾」の露天掘に比して、坑道掘や「たぬき掘」（品位の高い砂鉄だけを掘りとる）によることが多かった。

この二つの記述からいえることは、「ドバ」の場合には、坑内掘もしくは坑道掘りが行われていたという点で、すべてが露天掘であった「マサ・白柾」とは違うということである。現在でも「ドバ」の露頭が残っていたり、すり鉢状や溝状の採掘跡が見られるのであるから、「ドバ」も露天掘が行われていたことは確かであろう。

また、「ドバ」は洪積世の海岸砂鉄からできた段丘砂鉄である。田村栄一郎氏は、久慈町元山の砂鉄現場で働いていた人々から、砂礫や貝殻などの化石も混在していたので、それらと砂鉄を含む砂とをふるい分けるために水洗いの方法をとったと聞き取りをしている〔田村 一九八七、二〇二頁〕。実際、浜の小石が小山のように積まれていたともいう。この「ドバ」がもともと「浜砂鉄」であったということは、その洗滌方法を考える上で重要なヒントを与えてくれる。

渓友一氏は、上の「ドバ」の採掘法に続いて「切流し」について次のように記述している。

露天掘は表土の浅い地形の所を撰んで、先づ表土を除去し、然る後に切流《キリナガシ》に依って砂鐵の採集撰別をする。切流の為めには、數里の間導水溝を設けて居るのを見る。切流には幅三尺、長さ二間位の木製の枠を普通三段にして斜に置き、此の中へ採掘した砂鐵を入れて、水を流しつゝ、丁字形の棒で、攪拌して、土砂を流す。重い砂鐵は木製枠の中に残って採集され、輕い土砂は流失する。

渓氏のこの記述がどのような情報をもとにしていたのかは、具体的に示されていないが、久慈地方の製鉄に関する文献の提供を受けたという〔渓 一九二八、一三七頁〕。したがって、この短い記述から「ドバ」の洗滌方法を推定するのは無理があるかも知れないが、既に述べた「マサ」の「切流し」とは微妙に違っているようにみえる。

数里の遠方から導水溝で水をひいてくることは同じとしても、渓氏のいう「切流」には三段に拵えた木製の枠がつくられていて、「ドバ」をその中へ持ち込むように表現されている。それは『萬帳』にあった「磨場所池」で直接洗滌することに相当する。たしかに、「ドバ」は太古には浜砂鉄であったので、砂鉄含量が高く、距離の長い「堰」（導水溝）の中での撰別過程は必要ないと考えられる。また「ドバ」が非常に微細な粒子であったことは、勢いよく洗わずに緩々と丁寧に洗滌する方が適していたのであろう。

木枠の幅は三尺で、「磨場所池」の二尺より広いが、長さは二間で一番短い『萬帳』の「下三番池」より更に一間短い。「本場磨」用の「磨船」（たたら場所属の洗滌装置）は幅一尺五寸、長さ壱丈三尺（二間余）であるから、むしろ「磨船」を広げた形に近い。割沢鉄山では、浜砂鉄を直接受け入れて、「磨船」で洗滌して「濱磨砂」と称していたのである。

以上の要点をまとめると、層状砂鉄（「ドバ」）が露天掘りだけでなしに坑道掘りがおこなわれていたこと、またその生成起源が浜砂鉄にあることから砂鉄の品位として三〇％程度であること、加えて性状が微粒であるため緩い流し水で洗滌したものと推察したことなどである。

第三章　たたら製鉄の生産技術

本章では、たたら製鉄によって生産される製品について説明したのち、ついで史料に見られるたたら製鉄の操業方法について現代科学の視点から解釈し、国内東西の比較を行う。最後にたたら製鉄の生産性における技術的評価について述べる。従来の生産技術に関する解説は中国地方、とくに雲伯の例を中心に行われている。そのため、鋼造りの生産技術に偏る傾向にあった。全国的に見れば圧倒的に中国地方のたたら鉄の生産量は多く、雲伯はその中では最も長く生産を続けた地域であったので、情報が多いことは確かである。一方、東北地方の南部領でも他領へ盛んに輸出する程の生産量を上げていた。そこで、本論では全国的視野で生産技術を論ずる方針をとる。

一　生産される製品

次に示す図は、たたら製鉄の生産工程と製品を簡潔に示したものである（図4）。

まず図の説明をしよう。中国地方のたたら炉の操業方法には、鉧押法《けらおしほう》と銑押法《ずくおしほう》がある。鉧押（または鋧押《はがねおし》）には山砂鉄の真砂が使われ、鉧塊《けらかい》を造ることを目標としている。しかしその反応の過程で必ず銑を生成する。鉧塊は鐧場《どうば》で打ち割ってから、鋼造場《はがねつくりば》で鉧塊の中に生成した鋼を取り出す。その後に残った歩鉧《ぶけら》は、銑とともに大鍛冶場へ回される。大鍛冶場は左下場《さげば》と本場《ほんば》にわかれていて、二段階で脱炭操作のための鍛錬をする。最終製品は錬鉄《ねりかね》で、中国地方では割鉄《わりてつ》とか包丁鉄《ほうちょうてつ》と称する。一方、銑押法には山砂鉄の赤目を主体にし、川砂鉄や浜砂鉄も使用される。この方法では銑を造ることを目的とするが、ともに鉧も生成するのを避けることは出来ない。したがって、銑押法では出来るだけ鉧の生成を抑えることが技術の要諦となる。生成した銑は、一部をそのまま鋳物用としても出荷するが、大半は鉧と一緒に大鍛冶へ回して包丁鉄を造るか、あるいは専門の大鍛冶屋へ販売する。

東北地方では、中国地方の銑押に当たる方法を一般的な「鉄吹《てつぶき》」（あるいは単に「吹《ふき》」）としているが、「中国流」などの呼称も史料にみられる。山砂鉄としてはマサ（柾）あるいはドバ（土場）があり、前者は花崗岩の風化・分解によって生じた堆積物で、後者は洪積層中に存在する層状砂鉄であることはすでに述べたとおりである。このほか、川砂鉄も浜砂鉄もあり、これらを配合して用いていた。東北地方では、銑に当たる製品を鉏鉄《あらてつ》（荒鉄、荒鉏《あらそ》）といい、もっぱらこの鉏鉄の生成を目的としたが、必然的に鉧様のものも出来、それを鍲鉄《しなてつ》と称した。東北南部領では、鉏《あら》は鋳物用にも出荷するが、大半は他領へ延鉄《のべてつ》の材料として出荷し、一部を鍲《しな》とともに鍛冶屋（東北では単に鍛冶屋と称したが、機能は大鍛冶とおなじ）で錬鉄を製造する工程をとった。これも中国地方と基本的には同じである。

東北地方では錬鉄《ねりかね》のことを延鉄《のべてつ》と称した。また、僅かながら東北地方でも鋼《はがね》を製造した例（中村家文書『室場鐵山貫高書上帳』（森　一九七〇、五二二頁））もあるが、その量は三年間で五〇〇貫匁程度で、微々たるものである。

図4では、たたら場に付属している大鍛冶場を、一つの工程として示しているが、大鍛冶場だけを独立操業している場合も沢山ある。その場合は上述のように山元の製錬場

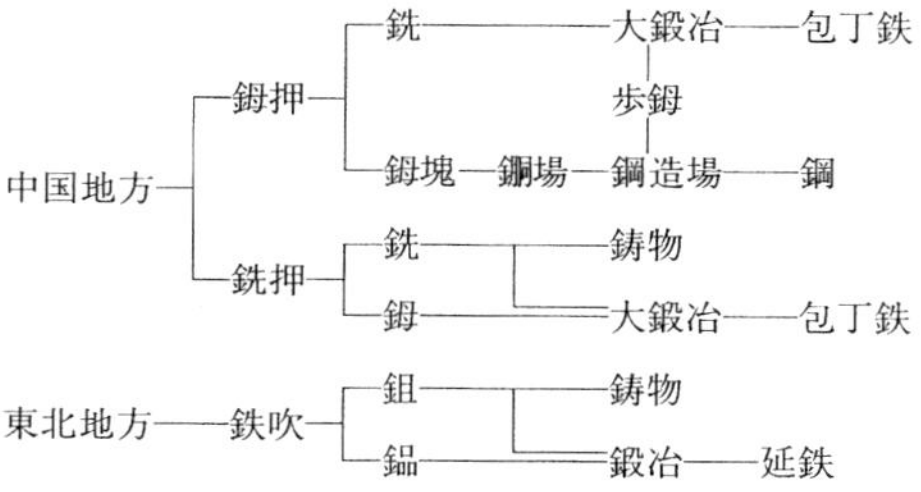

図4　たたら製鉄の生産工程と製品

（たたら場）から、銑あるいは鉏を出荷していた。

ここで、東北地方の製品である鍢、細鉄（細鉏）などの用語について整理しておきたい。まず鍢について荻慎一郎氏は「鍢鉄は鉧状で炉中に残る粗悪な銑鉄」と説明している〔荻 一九九〇、一二〇頁〕。また、森嘉兵衛氏は鍢も鉏の一種との認識を示している〔森 一九七〇、五八三頁〕。「鉏《あら》」は「銑《ずく》」と同じで、現代製鉄法による「銑鉄《せんてつ》」とも同じと考えてよく、熔融状態（湯という）となるから、たたら製鉄では鉱滓と同様に炉外へ流出させることができる。鍢は図4に示すとおり、銑押の「銑」と共に生成する「鉧《けら》」とおなじで、炉中に不熔解物として残るものである。製錬の反応中に、生成する鉄の中に取り込まれる炭素量が三〜四・五％に達したものが「銑」であり、「鉏」である。この炭素量に達すると熔融状態になるのであって、「鉧」や「鍢」の炭素量は三％以下であるから不熔解物となる。そればかりか、いろいろな炭素量を含む鉄が混在し、鉱滓も含んでいた。もちろん流れ切れなかった「銑」や「鉏」に相当する成分も「鉧」や「鍢」の中に残った。要するに「鍢」はいろいろな鉄の混合物であって、「粗悪な銑鉄」とはいえない。

次は「細鉄《こまてつ》」または「細鉏《こまあら》」に関する問題である。森氏は、「藩から細鉏を多く上納するよう指令があったとき、細鉏は炉内で自然に出るもので意識的に生産できないから増加上納は困難であると答申している」と記述している〔森 一九七〇、五二二頁〕。ここで森氏は「答申」に関する史料を示していない。そこで史料から細鉄の意味を検証しよう。

まず、『萬帳』には次のように「鉄鉾」（鉄を砕く作業）に対する賃金が記されている。

一　藏之鉄鉾

荒鉏十貫匁　現　五文　割賃割鉏也

〆

鉏　壱俵荷作り給代現　弐文

細鉏十貫匁　現　三文　　鉡賃流鉏也

この記述から次のことがわかる。荒鉏（鉏鉄）一〇貫目の割賃は五文で、細鉏一〇貫目の鉡（砕）賃は三文であり、炉から流れ出た鉏鉄を砕いていることを窺わせる。ここで割賃と鉡賃に差をつけているのは、労働量に配慮してのことであろう。この史料から、「細鉏」は「荒鉏」を割ったのち、さらに砕いて細かくしたもの、あるいは流れ鉏鉄を砕いたものと考えられる。南部領から他領へ鉏鉄と共に細鉄を販売しているところから、「炉の中で自然にできたもの」だけを集めて出荷したと考えるのには無理がある。

『鉄山秘書』にも「炉の中で自然にできたもの」とみられる鉄について「裏銑有れは引き出し水に漬、火尻の小間鐵悉く拾ひとりて、高殿の内を掃除シて」（俵 一九三三〈『鉄山秘書』〉五三頁）とあり、ここでも「小間鐵」の用語が使われている。

以上により、細鉄あるいは細鉏とは、砕くという工程を入れて製品サイズを小さくしたものと、炉の中で自然にできた小型の鉄類と二種類あり、鉏鉄の商品としては前者の「細鉄」が充てられていたものと考えられる。

二　たたら製鉄の操業法

ここでは、たたら製鉄業者が伝える史料にみられる操業法について、明治以降の現代的科学知識による調査報告書と比較しながら解析する。

史料として製鉄技術について最も広範にかつ詳細に述べられているのは『鉄山秘書』である。著者の下原重仲は伯耆の鉄山師であったので、その製鉄法は当時の伯耆を中心とした中国地方のものであり、鋼造りに関する記述が中心になっている。

東北地方の製鉄技術を伝える代表的な史料としてあげられる『萬帳』は、盛岡南部領の割沢鉄山で、実務的責任者をつとめた小松貫平の「手扣」記録である。したがって、本人の必要による記事を次々に書き留めたもので、技術の全体を記したものではない。

東北地方の製鉄操業法の全体を記したものとしては『高島翁言行録』をあげることができる。これは、嘉永二年（一八四九）頃に盛岡南部領の境沢鉄山を経営した高島嘉右衛門の回想録である。

時代が下がって、大正十年頃まで鳥取県日野郡（伯耆）で鉄山を経営していた近藤家の近藤壽一郎氏の『日野郡に於ける砂鐵精錬業一班』も優れた史料的価値がある。この書は日野郡史の一部として起草したもので、すでに現代的科学知識もとりいれて記述されており、たたら製鉄最後の実際的な操業法を伝えるものである。

現代的調査報告書としては、明治末期に中国地方、とくに鳥取県を中心に現地調査した俵国一氏および山田賀一氏の、それぞれ著書ならびに論文をとりあげる。また昭和十年（一九三五）に操業された靖国鈩（島根県）での操業記録を扱った小塚寿吉氏の論文も参照する。

1　中国地方のたたら操業

『鉄山秘書』には「天秤鞴を居へ、其翌日釜塗也、一夜焼て、翌日仕掛をする」とあり、操業の前日に「釜塗」、つまりたたら炉を造って、一晩焼き、翌朝操業にはいるのである。以下、『鉄山秘書』の内容を中心に、たたら操業の手順のあらましを見ていく。

実際の製錬作業が行われる炉は「釜」とよばれ、『鉄山秘書』には「元釜」、「仲（釜）」、「上（釜）」に分かれた図5がある〔俵 一九三三〈『鉄山秘書』〉九三頁〕。

図5の左にある「釜」は、地上に出ている炉の部分で、その下には膨大な工事を伴う地下構造がある。とくに中国地方ではこの地下構造が重視されたようで、「床の事」および「上小舟と申物拵る事」という記述がみられる。「釜」はたたら操業の一工程（一代《ひとよ》という）が終了すると壊して作り替えたが、地下構造は長年継続して使われた。地下構造については、たたら炉全体の印象を把握するために昭和十年代に復興した靖国鈩（島根県）の地下構造および炉の全体図〔小塚 一九六六、一七六五頁〕を掲げることにとどめる（図6）。

炉全体の中で元釜は特に重要である。理由は二つあって、元釜の部分に「保土穴」と称する風穴を開けることと、「元釜土」の成分が製鉄反応に直接に関係していることである。

まず、「保土穴」とは、「木呂」（導風管）を通じて炉内に吹子からの風を送り込むところで、そこを羽口《はぐち》という。木呂と羽口の隙間は粘土で固めて、風が漏らないようにする。その導風管の装入角度は、炉内の温度をいかに保つかという点で微妙な調節が必要であり、きわめて重要であった。したがって、保土穴のあけ方は村下の秘伝とされていたため、『鉄山秘書』にも詳しい寸法取りには触れていない。

次は「元釜土」であるが、この土の成分は、砂鉄と直接反応して鉄滓をつくるために消費されるのである。そのため、図6に見られるように横断面は朝顔形につくり、下部の炉壁を上部より厚くする。一代《ひとよ》（製錬作業の一工程）の終わりにはこの炉壁が消費されて、炉底の面積が広がるのである。したがって、この原料の一部ともいえる「元釜土」の選定には特別の注意を払わなければならなかった。『鉄山秘書』における「元釜土の見様」の内容は次の通り

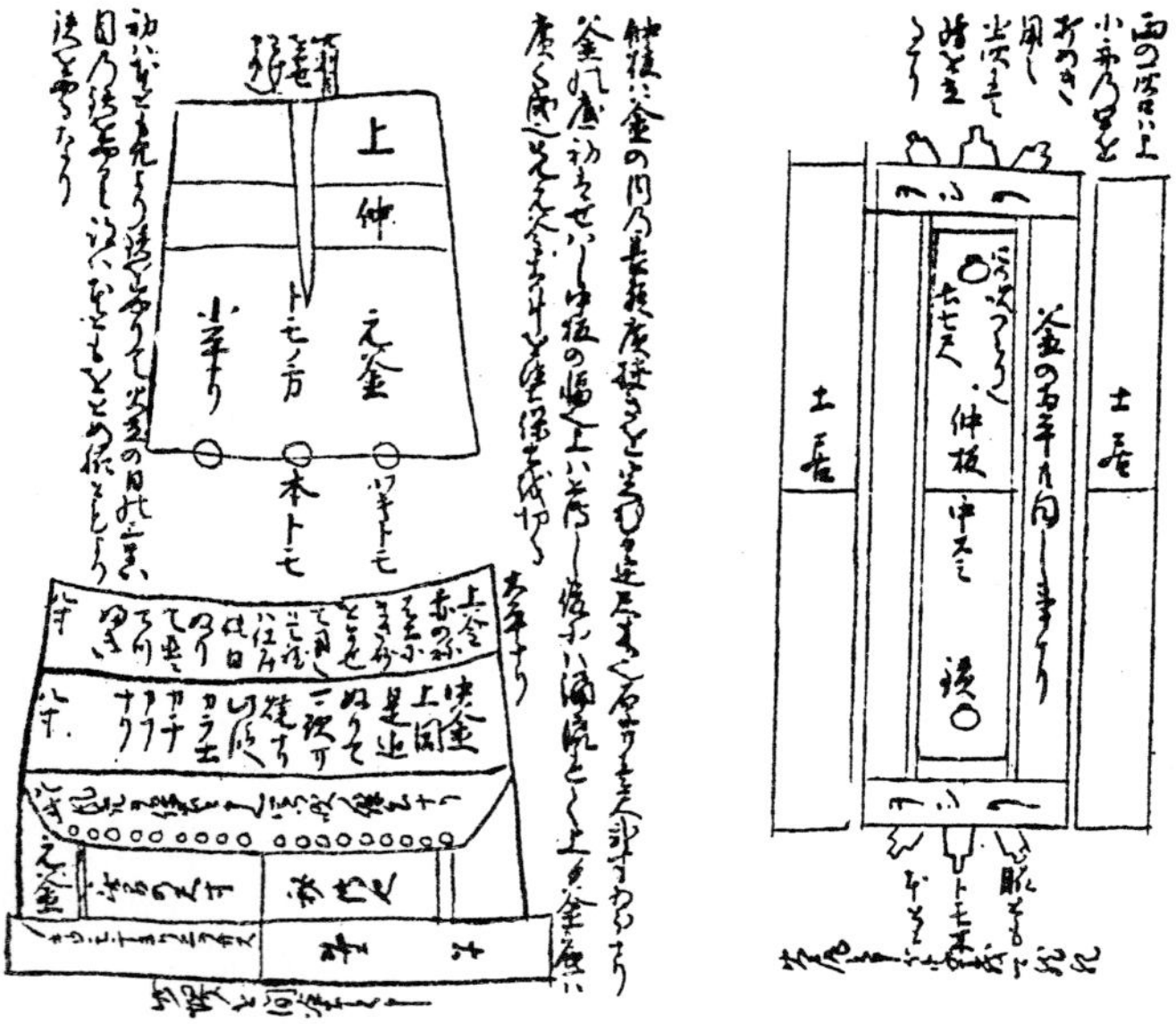

図５　「釜」（たたら炉）の図（『鉄山秘書』より）

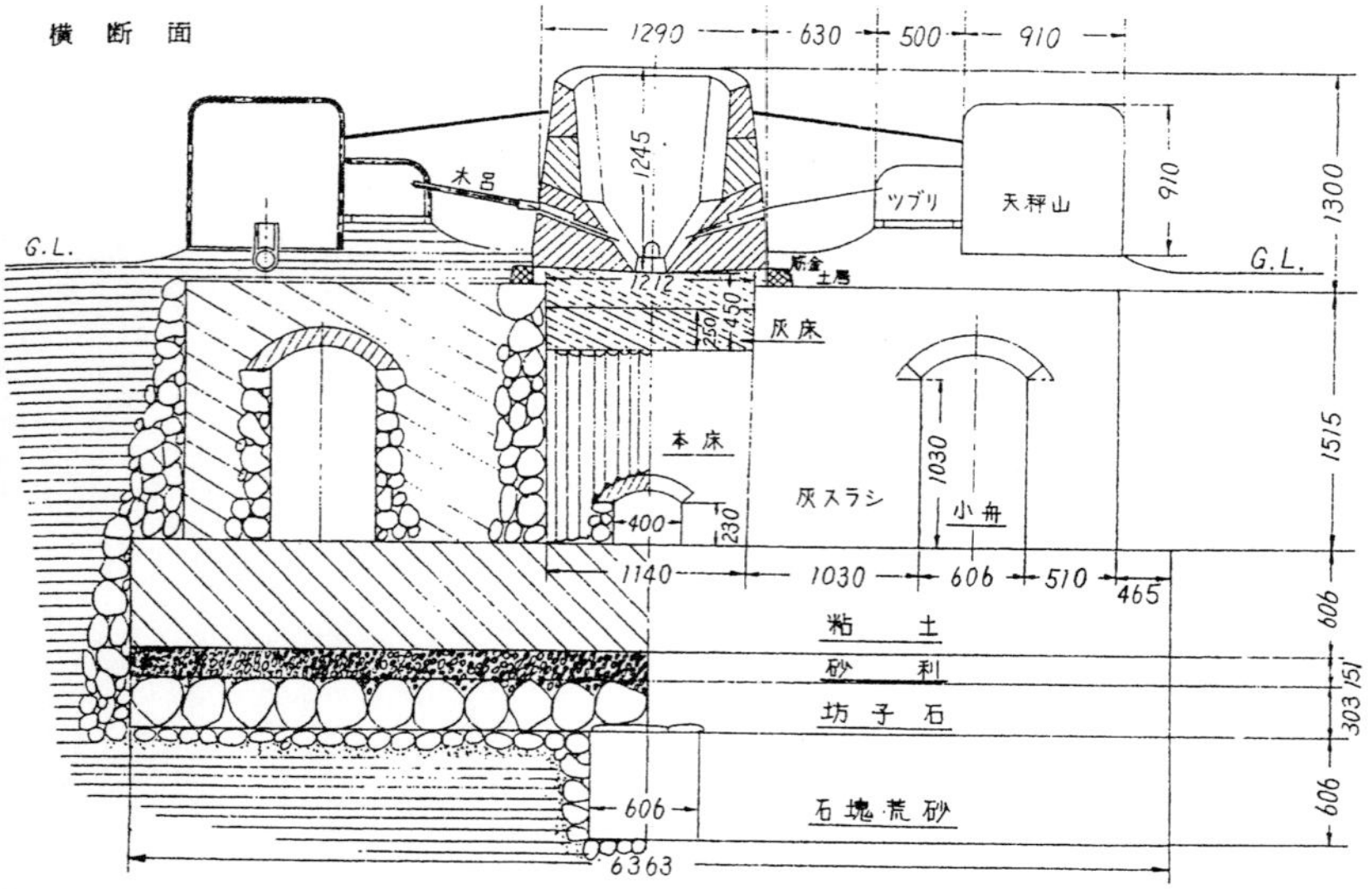

図６　靖国鈩の地下構造および炉の横断面図（小塚 1966，1765 頁より）

である。

元釜土は砂鉄と同類で、鉄穴から砂鉄と一緒に出ることもある。砂成分が少なく粘りけのある土で、握れば石を握る感じの、掌を開いても固まったまま立つようになるものがよい。色は白がよく青はだめ。大粒の砂は混じっていてもよいが、岩石のかけらは少量でも有害である。試験的によく粉砕し、水で練って握り固めた後、焼いて叩いてみて、粉化しにくい程度に強いものを良しとする。また水晶砂の混じるものはなおよい。

以上の内容から石英を含んでいる土、つまり珪酸塩を成分としているものがよいことがわかる。

実は『萬帳』にも同様な記述があり、「本釜土目利致候ニ者握て見へし、ざくりざくりとなるのかよし、もやりもやりとしてべさめくのハわるし」とある。続いて「かたく志免しにきりて、炭火ニて焼ても見る也、くたけてハ阿し也」と述べている。

つまり、元釜土を鑑定するのには、握ってみよ。ざくりざくりとするものはいいが、もやりもやりとする感じはわるい。続いて、よく水で濡らして握り、炭火で焼いてみよ。そのとき砕けてはいけないという。以上からみると、珪酸塩系の角張った石が混ざっていて、握るとざくりとした感触があり、水で濡らして焼固めた時に崩れないのがいいというのであるから、『鉄山秘書』の内容と殆ど同じとみてよい。いずれにしても、元釜土を重視していたことがよくわかる。

以上で準備が整い、炉の操業に移るが、『鉄山秘書』の「従是當世流踏鞴鐵吹様之次第」(当世流たたら炉操業法〈俵 一九三三〈『鉄山秘書』〉五一頁〉から天明期の伯耆におけるたたら吹きを見ていこう。それは「釼押《はがねおし》」(鉧押《けらおし》)操業の記事である。

『鉄山秘書』の内容は、①「仕掛ヶ朝」の火入れまでの準備、②火入れとこもり、③銑《ずく》流し作業(銑押《ずくおし》操業にあたる）、④「釼鐵押」（鋧押操業）、⑤釜出し（鋧を引き出す作業）、⑥後始末について詳細に述べられている。以下に、内容ごとの概略を示す。

①火入れまでの準備　　まず「粉鐵焼釜」で「こもり砂鉄」を焼く。前日焼き上げた釜の掃除をしてから、上釜用の釜土をつくる。吹子の整備をして仲釜の上に上釜を塗り継ぐ。火おこしにかかる。一方吹子の整備をする。木呂を並べて、風配りを置く場所全体を塗る。この場所を頭《つぶり》といい、これを踏んだり鍬を打ち入れてはならない。頭《つぶり》はカシラで、金屋子神《かなやごのかみ》（中国地方の鉄の神）の御頭にたとえられ、木呂はその歯にたとえられて、尊ばれているからである。

②火入れとこもり　　炉床に棹炭を立て並べて詰め込み、その上に塊状木炭をうずたかく盛り上げ、上面をきれいに整える。空吹き担当の番子が吹子を踏み始める。村下は金屋子神に祭文を唱え、高殿（たたら場の建屋）内を塩で清めてから、第一回目の砂鉄装入を行う。「然而二まい子一斗指て」番子が交代する。つまり、装塡作業二回を一斗といって番子が交代するのである。区切りの作業時間と装塡回数から計算すると、大体三〇分に一回装塡したようであるから、一斗は約一時間程度であったとみられる。

六回目の装入物が降下し、七回目の装入をするときに、村下は「湯鎗《ゆやり》」で湯口を突き開けて、「初湯」を取り出す。このとき銑が先に出て、すぐに熔融滓が続いてでる場合は砂鉄と炭の装入作業が適正であると判断する。

③銑流し作業　　炉熱の上昇が順調なら、九斗か一石吹いたら「初銑」二〇～三〇貫を得る。それから四斗吹くと二回目の四〇貫目位を得る。また五斗吹くと三回目の出銑で約六〇貫、次は七斗吹いて四回目の出銑で約八〇貫、次は七～八斗吹いて五回目で一〇〇貫目以上の銑を、次いでまた八斗吹いて六回目の出銑は一二〇貫以上、そして三日目の朝の「やり切の銑」（最終の出銑）は、多いときには三〇〇貫目以上もでる。以上を表3にまとめる。

④「釼鐵押」（鋧押操業）　　やり切りの銑を出した後、湯口の補修をおこない、熔融滓を流しきって、釼押にはい

表3　番子交代回数(斗)，装入回数(2回/斗)と出銑量との関係

回	初	2	3	4	5	6	最終
累積斗数	9～10	13～14	18～19	25～26	32～34	40～42	「やり切」
累積装入回数	18～20	26～28	36～38	50～52	64～66	80～84	
累積出銑量(貫)	30	70	130	210	310＜	430＜	730＜

る。ここでは荒炭だけを入れて、粉炭は入れずに、勢いよく炎がでるようにする。加える砂鉄は焙焼砂鉄だけを、炉長の壁際にだけ装入する。熔融滓はできる限り炉外に流し捨てて吹き、三日目の夜の六斗吹きまで砂鉄を装入する。それ以後の三斗は木炭だけを装入し「せわり」に取り掛かる。「せわり」とは炉中に成長した「重鐵《おもかね》」（鉧におなじ）の背中が見えるまで、その上に乗った砂鉄や滓が残らないように燃焼し尽くす操作を指している。

⑤釜出し　番子が三交代する間に「上せわり、中せわり、底せわり」（鉧塊の上の木炭面が上から底に向かって次第に低下）して行き、炭が炉の底にほんの少し残る状態になったら、「釜出し」に取り掛かる。上釜は取り除いて後から再利用できるように保管する。残りの「仲・元釜」は両側へ残らず取り除き、炉内の燠《おき》を散らして冷やす。ここで休憩する。長短の梃子を梃子枕におき、鉄梃子で鉧の片方を一気に刎ねあげ、その下に釜土を置き、さらに炭灰を敷く。反対側を同様に刎ねあげて入れ物をする。そのまま夜が明けるまで冷却。鉧を「折小屋」（鋼場ともいう）に移し、打ち割って鉧（鋼）を取り出す。

⑥後始末　炉のあった場所を掃除する。裏銑（鉧塊の裏に固着した銑）があれば引き出して水冷する。炉の両端にある「小間《こま》鉄《てつ》」（残留小鉄片）を残らず回収する。高殿内の清掃。灰木を焼いて灰床をつくる。「釜塗」をして、前のように一晩釜焼きをする。その翌朝にまた火入れをする。

以上はいわゆる「鉧押」の内容を示しており、出銑量は詳細に記されているが、鉧塊の重量については記録が見あたらない。そこで、『鉄山秘書』の地域、伯耆国にある近藤家の記録から、銑の量に注目して調べてみよう。まず、明治三十一年頃、砺《と》波《なみ》鑪とみられる鉧押操業を見学した俵国一

氏の記録によれば、操業中に炉外へ抽出した全銑量は二一一貫、鉧塊の重量が七四九貫と記録されている〔俵 一九三三、七五頁〕。さらに近藤家の近藤壽一郎氏が、砥波鑪だけではなく、近藤家全体の「鉧押」一代《ひとよ》（三晝夜）の生産量をまとめて示している。それによると、鋼類四五五貫、鉧一六〇貫、銑六二〇貫、合計一、二三五貫で、各製品の割合は、鋼三七%、鉧一三%、銑五〇%となる〔近藤 一九二六、一四頁〕。

近藤氏の記録では出銑量が六二〇貫で、『鉄山秘書』の記述（流れ銑だけで七四〇貫以上）よりも大分少ない。また銑は全製品量に対して約五〇%を占めているのである。『鉄山秘書』に出ている数値を天明の頃の操業値として、一代の全体量をどう見るかの問題は依然として残るが、仮に天明期の銑量が全体の五〇%とすれば一代の生産量が一、五〇〇貫を超えることとなる。

いずれにしても、『鉄山秘書』の時代の「釼鐡押」は、銑を充分に流しとる方向で操業され、明治・大正時代の「鉧押」は、銑の生成をより抑えて、鉧塊の成長を早くから促し、より多くの鋼を生産する方向で操業されたものと考えられる。

次に俵国一氏による明治三一年の操業見学記録と、昭和十年の靖国鈩の操業に立ち会った小塚寿吉氏の記録から、近代の鉧押法の操業四期の中身を確認する（表4）。

砥波鈩では天秤吹子を使っているのに対し、靖国鈩では水車吹子を使っている。小塚氏は靖国鈩の炉内温度を測定した結果を「炉頂で九〇〇～一〇〇〇℃、炉心で一二〇〇℃、羽口面で一五〇〇℃」と記録している〔小塚 一九六六、一七七〇頁〕。

表4からまずわかることは、第二期の籠り次期までの時間が違う。砥波鈩では、火入れから一〇時間五〇分過ぎた初日の午後には「上り小鉄」をいれている。また、下り期の時間は砥波鈩の方が長く取っている。

表4　鉧押法の工程表

1　靖国鈩（島根県仁多郡横田町）の操業記録（昭和十年）
小塚寿吉［一九六六　一七七〇頁］より作成

工程	所要時間	内容
籠り期	七・五時間	まだ炉温が上がっていないので挿入した砂鉄は全部炉底壁と反応してスラグ（滓）になり、これが炉底に熱を籠もらせる役目をする。そのため、この場合の砂鉄は特に熔けやすいものを用い、これを「籠り小鉄」といって、砂鉄でも特別扱いにされているものである。
籠り次期	七・五時間	炉温も次第に上がり、炉底には滓だけでなく、銑もだんだんにできては来るが、それでも熔けやすい方が望ましいので、「籠り小鉄」を四〇％前後混ぜた砂鉄を使う。
上り期	一八時間	炉底には銑、滓、共にあり、十分熱も籠もってくるので、次の下り期で鉧を作って行くための鉧種を作るべく、少々熔けにくい砂鉄（真砂砂鉄）を入れていくのであるが、炉況も活発になり、焔の色は初め赤黒かったのが段々光を帯び、山吹色に輝き、炉底壁も次第にくわれて、炉底も広がっていく。
下り期	三六時間	この間に大きく鉧を発達させるので、前期の終わり頃から、この期にかけては装入物の降下も早くなる。これに従って装入間隔も短くし、砂鉄の量も毎回多い目に装入していく。

2　砥波鈩（鳥取県日野郡阿毘縁村）の操業記録（明治三十一年）
俵国一［一九三三　七三〜七五頁］より作成

工程	所要時間	内容
籠り期	六時間	送風開始後五三分で漸く炉内の燃焼が盛んになり、籠り小鉄を炉頂に沿って二列に入れてから木炭を加える。この装入順序で作業を繰り返す。三時間一〇分後火焔暗赤色。炉内の火勢弱く、火焔の高さ〇・六メートル。四時間四〇分後炉内に柄実（滓）と銑を見る。銑を表側より抽出し、滓は流し放す。
籠り次期	五時間	籠り次小鉄装入開始。火焔の高さ〇・九メートル。炉壁は底に近い部分が次第に熔かされる。
上り期	一七・五時間	約十一時間経過後上り小鉄の装入開始。柄実の流出量合計約一・二瓩。十二時間経過後の火焔の高さ一・二メートル。炉壁の下部は次第に薄くなり、炉の中央に鉧ができはじめる。羽口が熔けて送風に対する抵抗が少なくなり、風量は一層増す。番子の踏み数も一分間当り三四回と上昇。
下り期	三九・五時間	二八時間半経過後下り小鉄の装入開始。踏み数三七〜三九回に上昇。炉の崩れを防止。炉頂の火焔は暗黄色が少なくなり紫火焔が見られる。炉内の反応盛んで、小鉄や木炭の装入量

計	六八時間	を増加。炉内温度が上昇し、火焔の高さ二～二・五㍍に達し、白光を帯びる。四十六時間半経過後銑、柄実を取り出す。（やり切）踏み数を減じて三三回とし、火焔の色暗赤色となり炉内温度が下がる。小鉄装入量を減らす。炉内の鉧が成長し、炉は長さに沿い左右二分する。五七時間経過後、再び踏み数を増加し、四〇回とする。もっぱら柄実を取り捨てる。約六七時間半経過後小鉄装入せず、木炭のみ装入。炉壁はますます薄くなり、操業不能となる。炉を壊して鉧を引き出す。
計	六九時間	この期の終わりに近づくと、炉壁がくわれて段々に薄く、ついには五㌢厚位にまでなってしまい、最早操業が続けられなくなるので送風を止め、炉を壊して鉧を引き出す。

まだ十分に炉温が上がらない最初の時期に熔解しやすい「こもり小鉄」をいれると「炉壁と反応して滓が出来、それが炉底に熱を篭もらせる役目」を果たすという小塚氏の説明は、まさに「籠り期」の意味を正確に伝えている。この炉壁の粘土（釜土）の成分である珪酸塩と砂鉄が反応して鉄滓を造る反応は発熱反応で、炉内の温度を高く保つことに有効である。ここで、釜土の重要性を再確認することが出来る。

俵国一氏の記録によれば、天秤吹子の踏み数を変えて温度の調整を図っていたようで、その温度変化を炉頂から立ち上がる火焔の高さや、その色で判断していたことが分かる。すなわち籠り期には炉内の温度を確保することによって、全工程を継続的に良好な状態で経過させるために非常に重要な最初の数時間である。火焔はいまだ高くなく、その色は暗赤色である。それが次第に火焔が高くなっていく。靖国鈩の場合、二日目の上り期も終わりになると、約三〇時間近く経過したことになる。小塚氏もこの時期には「焔の色は山吹色に輝く」と表現しており、炉頂まで高温が保たれていることがわかる。砥波鈩では二日目の午前中に「下り小鉄」を入れて早々と下り期を迎え、真砂砂鉄を大量に入れて本格的な鉧作りにかかるために、下り期の時間を長く取っている。まず天秤吹子の踏み数をあげて砂鉄の熔解を助ける。そのとき火焔は暗黄色から紫火焔に変わるというが、これによって還元焔が十分に出ていることがわかる。炉内反応が一番盛んな状態で、火焔の高さが最高の二・五メートルにまでおよび、色は白色を帯びるようになる。時間は最初から四〇時間を過ぎた頃最後の銑を流し切り、そこからは鉧の成長をはかる。すなわち、吹子の踏み数を減じて炉内温度を下げるのである。すると火焔の色は籠り期のように、再び暗赤色となる。このときから砂鉄の装入量を控え、もっぱら鉄滓を流し出すために再び吹子の踏み数をあげ、最後は砂鉄を入れずに木炭だけ装入して反応を完結させる。

以上鉧押操業の区分と砂鉄の使い方について述べたが、最初の「籠り期」に使う「こもり小鉄」は最も熔解しやすい性質がもとめられ、最後につかう「下り砂鉄」は熔解しにくいが鉧塊を作るのに最も適した純粋な真砂砂鉄が用いられることが確認できた。また、『鉄山秘書』に出てくる「釼押」では、銑の流し取り量が大きいことに注目しておきたい。それに比較して、明治末の「鉧押」では鉧塊の生成を早めるために真砂砂鉄の装入時期が早められたようで、流し銑の採取量は少なくなっている。

鉧押操業にはこもり砂鉄が必須の材料となるが、その籠り砂鉄がない場合はどうするか。『鉄山秘書』には「下に谷鬮川場多く鬮置て、三番口、四番口、五番、六番も鬮ためて粉鐵取也。この谷鬮の粉鐵、こもり粉鐵に用ひよき物也」と述べている（俵 一九三三〈『鉄山秘書』〉三〇頁）。つまり、砂鉄選鉱場で精洗中の砂混じりの砂鉄を使うとよいという。

砂の成分である珪酸塩は反応をたすけ、炉内の温度を高く保持することが出来る。そして、大正七年に近藤家の吉鑪（鳥取県日野郡印賀村）を調査した山田賀一氏は、砂鉄の精洗の程度を三～四種類に洗い分けている例を次のように報告している（山田　一九一八、三六一頁）。

「籠り小鐡」　砂の混入率二〇％内外
「籠り次小鐡」　同じく二〇～一五％
「上り小鐡」　同じく一二～一三％
「下り小鐡」　同じく一〇％以下

この砂の混入量を調節する目的は砂鉄の熔解度をかえることにあると考えられる。砂の混入量が多い方が熔解しやすいので、「籠り小鐡」の砂鉄には最も多くの砂が混入されている。

以上鉧押の要点は、最初の籠り期にこもり砂鉄を使って一気に炉温をあげ、順調に鉄滓と流れ銑を作ったのちに、真砂砂鉄を使って鉧塊を育てることである。

それでは、反対に鉧の発生を出来るだけ抑えて、もっぱら銑の生産を目的とした「銑押」は、どのような操業方法が取られていたのかを検討しよう。

作業の大要は、銑押も鉧押もよく似てはいるものの、基本的な違いは使用する砂鉄と炉の作り方にある。まず砂鉄であるが、銑押には一般に赤目砂鉄を使用した。炉の高さは鉧押の方が約一尺ほど低いといわれているが（山田　一九一八、三六六頁）、俵の調査記録を見ると、地域が変わればほとんど変わらない場合もある。炉の作り方ではっきりと違うのは保土《ほど》すなわち羽口の作り方である。村下は炉の外壁から内壁に向かって傾斜を付けて羽口をとりつけた。俵氏の計測によれば、その傾斜度は鉧押の場合は二六度であるのに対し、銑押の場合は九から一〇度であったという（俵　一九三三、九九頁）。この銑押の羽口の作り方には、操業中を通じて炉底への通風を強く、一定にするための工夫がなされていたことが窺われる。

次に俵国一氏が價谷鑪の操業を見学した記録から銑押の操業の内容をまとめて表5に示す〔俵 一九三三、九四頁〕。銑押の操業は、鉧押同様に、前の一代が終了して再び火入れ前の準備をしてから開始される。炉内に残った木炭粉を取り出し、炭火を入れ、その上に木炭を装入して送風を開始する。このとき操業から三時間は松炭を使う。これは松炭が柔らかくて燃えやすく、その上炉内で適当な「棚」を作り、通風をよくするので炉内温度を早く上げるのに役

表5　銑押法の工程表

價谷鈩（島根県那賀郡下松山村）の操業記録（明治三十一年）

工程	所要時間	内容
籠り	二四時間	一〇分で炉頂より火焔をみる。 五五分経過して一回目の装入（木炭と洗い滓）。 一時間一〇分経過後二回目の装入（木炭と洗い滓）。天秤吹子の踏み数四〇回／分とする。 以後約二五分間隔で木炭および砂鉄を装入する。 三時間一五分経過後初めての柄実（鉄滓）を流出。 六時間二〇分経過後初めての銑鉄を抽出。以後、二—三時間毎に銑を取り出す。
明け押	二四時間	銑鉄抽出口（湯池）を増やして使用。二日目の炉の状態は最も盛んで、木炭および砂鉄の装入量も多くする。各装入時の間をマイゴといい、その終わり頃に炉頂の焔の色をみて、次の砂鉄の装入量を加減する。
降り	八五・五時間	三日目になると吹子の踏み数四九〜四六回／分とする。 鉧の発生に注意し、羽口の前に鉧が堆積しないよう、羽口より下に溜めるようにする。 六二時間一五分経過後大通し（長さ三・三四メートル、半分以上は鉄製で、先は円錐形）や鍵鎗《かぎやり》（長さ一・五二メートル、半分は鉄製で先は鍵状）を使って、鉧の位置を下げ通風をよくする。時々、鉧を湯池から炉の外に引き出すなど、絶えず炉の状況を監視する。 八四時間半経過し、木炭のみ加え、砂鉄を装入せず。その後、最後の銑鉄を抽出する。これをヤリキリという。 八五時間二〇分より炉の破壊を初めて、釜出しを行う。

立つからだという。後は普通のたたら用の大炭を用いる。また、二回目までの装入物は表5にあるように、木炭とともに砂鉄を精洗したときの洗い滓を使う。その後は各種の砂鉄を調合して適当な配合砂鉄を使用する。俵氏が確認した一例は、山砂鉄三割に浜砂鉄七割と少しばかりの洗い滓をいれるという〔俵　一九三三、一〇一頁〕。

價谷鑪の記録はさらに続く。砂鉄はその三分の一が砂鉄焙焼装置で焼かれ、残りは生のまま炉に入れられる。砂鉄を加える前にまず木炭を炉に入れてから、砂鉄を炉頂の長辺に沿ってきちんと二列に載せていく。この順序は先に述べた鉧押の砥波鑪の場合と反対である。價谷鑪では、まず大塊の炭を乗せ、その隙間を小塊または粉木炭で充塡して、専用の鋤で木炭の上面を叩いてならし、砂鉄や洗い滓を載せる土台を作るのである。

銑押では鉧押の場合よりも天秤吹子の踏み数を最初から多くして、もっぱら温度を高めて砂鉄の熔融と還元に寄与するように操業される。表5に示すように踏み数は毎分四〇回からはじまり、「降《くだ》り」になるとさらに踏み数をあげていた。

操業二日目の朝から夜半までを、石見の價谷鑪では「明け押」というが、炉は一番盛況を示しており、炉頂の火勢も強く白熱化した場合が最も調子がよいとされている。もし、その火焰が暗赤色を呈するようなことがあれば、砂鉄の装入量を減じなければならない。反対に白熱化して火花がどんどん上がるような場合は、砂鉄の量を増やして装入するのである。火焰の暗赤色は温度が下がっていることを示し、白熱化した状態は高温度が保たれていることを示す。出雲ではナカビを白昼の色に吹けというが、これは鉧押も銑押にも通ずることである。ちなみに出雲では銑押の三日目をクダリ、四日目を大クダリという。クダリになると西山に日の落ちる色（紫）に吹けというのは、炉の勢いが次第に静まる方向に向かうと火焰の色も変わってくることを示している〔島根県教育委員会　一九六八、七三頁〕。そしてこの時期になると銑押では鉧の生成にことさら神経を使い、村下は常に湯池（銑鉄抽出口）から炉の中を観察して少しでも鉧が炉中に拡大しないよう、炉の底に沈めたり、場合によっては外に掻き出すなどの処置を取るのである。熔銑は、湯場といって直径一メートル、深さ三〇～六〇ミリの凹地を作りそこへ流し入れて冷却する。注入された熔銑は、冷却後に鎚で砕いて製品とした。

操業全体で銑を取り出す時期は、籠り期で約二時間毎、明け押で三時間余毎、降り期で四時間余毎に繰り返された。全操業中に装入した砂鉄総量は、一八トン（四八〇〇貫）で、等量の木炭を使った。これに対して生産できた銑鉄は総計四・五トン（一二〇〇貫）、それに鉧として〇・三三七トン（九〇貫）、製品としては約四・八トン余りを製造したことになる。俵氏はこの装入砂鉄の鉄含有量を五七・二％として、「製品四・八トンでは、原料の鉄分に対して四割五分だけ還元して製品化し、残り五割五分は滓として捨てられてしまうのだ」と述べている（俵 一九三三、一〇五頁）。

以上中国地方の銑押法について、鉧押と比較しながら検討した。銑押は出来る限り高温を保つように操業して、砂鉄を熔解、還元することによって銑を流し取らなければならない。炉内の温度分布が一定しないと低温部が出来、そのために炭素を十分に吸収できない鉄の固まり、つまり鉧が発生する。その鉧の発生を出来るだけ抑えることが銑押操業の要諦であるといえる。

2 東北地方のたたら操業

東北地方では中国地方から伝わった製鉄法が、「中国流」などと呼ばれて行われていた。まず、その具体的な内容を『高島翁言行録』によって検討しよう。すでに述べたようにこれは高島嘉右衛門の回想録である。それによると、嘉右衛門は天保飢饉（一八三三～三九）後、父と共に室場鉄山で半年ほど経験を積んだ後、翌年宮古通の境沢鉄山の事業に携わったという。同鉄山の経営に失敗し、岩泉の中村家に経営権が渡されたのが嘉永五年（一八五二）であるから、嘉右衛門の回想の内容は幕末の南部領境沢鉄山における経験であると考えられる。次に岡田廣吉氏が史料紹介した『高島翁言行録』のテキストから引用する〔岡田　一九八一、六〇八頁〕。なお解析のため、引用文中に番号をつけた。

（前略）翁曰く、吾国にも古来より鉄を製する方法あり、世俗之れを中国流と称す本安芸、伯耆、出雲辺より起りたるものなり、南部辺にも之を倣ひて行はれり。(1)夫れ炉は水気の地中より騰《あが》るを忌むものなるが故に、築造の際幅三間四方深六尺の穴を掘り地盤に石を敷き、数日間之を焼き固め炭を投して其上より舂《つ》き、(2)其上部には赤土にて長さ九尺幅五尺の罨蓋《あんがい》を枕形に築き、その内部を塗るに、元竈土《もとかまつち》と唱る生石にして脆く指頭にて之れを揉めはシャリジャリするものを用ひ、(3)地上より二尺上りたる所にキロ穴と呼ふものを設く。是れは大吹筒より風を通する所とす。(4)此大吹筒は番子と称する人夫四人宛三組に代り合ひ、(5)三昼夜吹き続け、炉の中には菊炭を立てゝ其上に堅炭を置くを以て火力熾盛して火炎の昇騰すること一丈にも及へり。(6)為に元竈土溶けて石の湯と為る。其時を待て火炎の上より平かに砂鉄を撒く時は、此砂鉄赤色に変して沈降し、前記の石の湯を潜るに及んで忽ち銑鉄に化するものなり。(7)其際湯に変せすして残るものを鉐《しな》と稱す。是れを頚長き鶴嘴の如き最も狭き斧の類を以て切り割るに、斧は焼けて吸付くを常とす。之れを防がんが為め切り口に塩を投するに、大いなる音響を発す。斯くの如くして此斧は数挺を備へ置き、冷水に漬して順次交代して用ふ。右切割りたる者を少しく鍛ひたるものを延鉄とす。

次に番号に従って内容を検討する。

（1）中国地方にみられるものに比較すると簡単ではあるが、防水用の地下構造を備えた築炉を行っていたことがわかる。

（2）地下構造（床）の上に長さ九尺幅五尺の「枕形」の覆いを築くとあるが、これが元釜に当たる。まず「枕形」とは、やや裾広がりの形を云ったものと思われるが、内部の形状については触れていない。また、長さ九尺は、『萬帳』にある「釜寸法」と同じである。幅は『萬帳』では外寸で三・六尺で、これは中国地方の炉とほぼ同じであり、「五尺」は高島翁の記憶違いではなかろうか。また、その元釜に当たる部分は赤土で作り、内部だけを元釜土で塗ると云っており、中国地方では元釜すべてを元釜土で作ることから比べるとここでは簡素化している。しかし元釜土の内容は「指頭にて之れを揉めはシャリジャリするもの」と明らかに珪砂を含むものをあらわしており、製錬中に熔解して融剤の役目を果たすべき性質を備えている。

（3）キロ穴を二尺上がったところに設けるとしているのは間違いであろう。二尺は元釜の高さに相当する。羽口の位置、つまり「キロ穴」の位置については『萬帳』に「指圖寸法」という記事がある。まず、「指圖」とは「釜の中きろ穴と土際との間の尺ニ用ゆ、大工の傳授者也」と、指圖は羽口の位置をきめる道具で、技術責任者が傳授されるものとある。「指圖寸法」は三寸三分から五分の記述があり、これは先に述べた石見国價谷鑪の銑押炉築造法の羽口位置に近い。

（4）大吹筒は「大天満」（製鉄用吹差吹子）のことであろう。番子が四人、三交代で作業するというから全員で一二名の、四合吹（炉の両側へ二台ずつ吹差吹子を設置する）を示している。

（5）三晝夜吹き続けるとは七二時間と計算されるが、この回想録の別のところで、「わが国の製鉄法即ち中国流の吹方は、三日三夜使用したる後は、その竈を改築せさる可らす故に、三日目の朝」製品を取り出す、と述べている。これが正しいとすれば、操業時間は最大五〇時間前後となる。俵国一氏の「鉧押」の記録は六八時間、「銑押」のそれは八五・五時間経過後に炉を解体している。『萬帳』ではこの時間をはっきり記していないが、番子の交代回数から計算すると、五〇時間前後である。この操業時間をどう考えるかによって、南部の「中国流」の特徴がみられるのではないか。一方、『鉄山秘書』にも「三ヶ日の朝、やり切の銑を出す」とあり〔俵一九三三〈『鉄山秘書』〉五三頁〕、その時間は約四八から五〇時間と推定され、俵氏の「鉧押」記録でも三日目の朝、四六・五時間経過で最後の銑流しをしている〔俵一九三三、七四頁〕。また、同じく「銑押」記録では、三日目の午後（約六二時間経過後）に鉧塊発生を本格的に抑える作業を始めている〔俵一九三三、一〇三頁〕。そして、「銑押」の「ヤリキリ」は、四日目の午後約八五時間経過後に行っている。

以上の操業時間を勘案すると、南部の「中国流」は、『鉄山秘書』の「當世流踏鞴鐵吹様之次第」で述べられている天明期の伯耆における製鉄法に近く、その銑流しの部分（やり切の銑を出すまで）を伝えているものと推定される。また、炉に「菊炭を立てゝ其上に堅炭を置く」という炭のくべ方も『鉄山秘書』の「棹炭を立ならへ詰て、上に荒炭を炭とりにて、うつ高もりて」の表現に通ずる。

(6)　火焔が勢いよく上がるほど火力が盛んになると、元釜土と砂鉄が反応して「石の湯」、つまり鉄滓が炉内にできる。それを待って、火焔の上から砂鉄を平らに撒くと、砂鉄が沈降していき、滓のたまりを潜ると〔熔融〕銑鉄になる。この過程は銑鉄の出来方を正確に描写している。

(7)　炉の中で熔融しないで残るものを鉧という。この鉧を鶴嘴《つるはし》のような形をした斧で切り割るのだが、斧が焼き付くのでそれを防ぐために切り口に塩をつけると大音響を発したという。この鉧を切り割る作業については『萬帳』には見当たらない。

次に、断片的ではあるが『萬帳』の生産と技術に関する記事を拾って内容を検討しよう。

「四合吹壱釜人数」との見出しのある記事に割沢鉄山の操業の様子が窺われる記述がある。割沢鉄山では一つのたたら場に炉を二つ設置してあったので、「壱釜人数」の表現になる。ここには、「人数」ばかりではなく、四合吹の操業について気づいたことを記してあるので順次検討しよう。ただし各項目は独立したメモのようなものである。

まず職人として四人があげられている。つまり大工（技術責任者）一人、炭盛《すみもり》（副技師）一人、跡押《あとおし》（助手）一人、炭燃《すみもし》一人である。つぎに「本主壱人と中間壱人」とあり、これらは雑用掛と見てよく、番子の手伝いもするようである。それに、番子（大型吹差吹子の差し手）の一五人が記されており、そのほか、二炉の共用で二名（兼子、大炭請取）が加えられている。

続いて番子の交代回数とそれに伴う生産高が次のように記されている。

一、番子籠之日最初一組より春ハ八かたさして一人おりる、二番目一組よりも八かたさして一人おりる、三番目一組よりも八かたさして一人おりる、右之通替々おりて休む也都而、毎日夕飯時ニ三人宛おりる、翌日夕飯時迄休む也、また夕飯時別之者三人おりて覚の日之夕飯時迄休む也、尤冬之日者七かたさして籠之日ニおりる也

一、番子代り一丁場を壱斗といふ也、冬者夜弐石八斗（廿八代り也）、昼弐石弐斗（廿弐代り）さす也、依而夜昼に五石、籠より覚之朝まで十石さす也、

（中略）

番子一代り鉬五貫匁鍿弐貫匁〆七貫匁宛相出候もの也、依而十石さして七百貫匁相出候もの也、

春者昼三十代り夜者廿代り也、依而番子壱代りヲ壱斗半トいふ也都而、夏冬共ニ昼夜ニ五十代り也

一、籠之朝二かた目より種を少々宛まくなり、覚之節者三四かた前迄種を入てそれよりおろし吹

この交代の決まりはなかなか複雑であるが、まず、籠りの日の夕飯時までの時間を一二時間と考える。そして四人一組が三つあるから、「八かたさして一人おりる」が三つ分として、番子一人は約三〇分さして交代する計算になる。

そして夕飯時に三人抜けて二四時間の休養を取るのでその代わりに三人補給したようである。また、季節によって交代の時期を変えていた。

次に「番子代り一丁場を壱斗といふ也」とあり、これは『鉄山秘書』と同じである。ただし一斗の時間は『鉄山秘書』では先述のように約一時間であると推定したが、『萬帳』の場合は短く約半分である。つまり、「晝夜ニ五十代リ也」とあるので、これが五〇斗（五石）にあたり、「依而夜昼に五石、籠より覚之朝まで十石さす也」となるのである。そこで、先の『高島翁言行録』の解析で推定した約五〇時間に一〇石（一〇〇斗）をあてはめると、一斗すなわち一交代は、これも三〇分の計算になる。この中国地方と東北地方の一斗の時間の違いは、天秤吹子と吹差吹子の違いと考えられる。

また、操業の初日を「籠《こもり》」といい、三日目を「覚《おぼえ》」と称していたことがわかる。そして、最後の項目は、籠りの朝には炭だけ燃やし一時間くらいたってから種（砂鉄）を少しずつ増やして加え、最後の「覚之節」は二時間くらい前から砂鉄をひかえて「それよりおろし吹」、つまり炭だけを加えて還元を完結しようとしている。このあたりは『鉄山秘書』や俵国一氏の報告の内容と一致する。

生産量については、割沢鉄山では全工程一〇石吹いて、鉏五〇〇貫匁、鉧二〇〇貫匁計七〇〇貫匁の製品が出来ると記している。この場合の鉏は七一・四%、鉧は二八・六%にあたる。先の『高島翁言行録』（境沢鉄山）の生産量は、「銑六百貫目鉧二百貫目鋼若干の割合」であったとある。

最後は鉏《あら》の生産高を上げるための方法についてのまとまった記事があるので、次に引用する（解析のために番号をつけた）。

一、釜の中炭落着床さかり候事阿り、左候得者火勢よわく鉏か出来ぬ也、段々火勢調へ候得者本のことく鉏相出

候もの也(1)
一、寒暑ニても番子出精致候得者鉏鉧貫高相出候者也(2)
一、ほせ白ても黒ても悪し候、き、やう色ニ見ゆる時者上々あん者い也、種まき過鉧ふき之節者赤ほせいつる、ヶ様之節者一片二片種をひかへ吹きり、紫ほせを見て段々種を入へし、是を火をくれるといふなり、ほせの先煤色なれハよし(3)
一、種を扣過候得者鉧になる、種か過候得者尚鉧になる、加減大《ママ》一也(4)
順に内容を検討しよう。
(1) 釜の中の炭が燃えてその面がさがることがあると、火勢が弱くなって、鉏が出来なくなる。そのようなときは火勢を回復してやればもとのように鉏ができる。このような状況は、『鉄山秘書』の記述内容と同様で、炭や砂鉄を入れるタイミングを調整して火勢を弱めないようにすることを意味している。
(2) 寒かろうが暑かろうが、番子が頑張ってくれれば、鉏や鉧の生産高は上がる。しかし、寒い時期には鉧が出来やすく、暑いときには銑の生成が順調であったようである。
(3) 焔が白くても黒くてもよくない。桔梗色に見えるときは順調である。砂鉄を撒きすぎて鉧が出来るときは、赤い焔がでる。このようなときは一片《かた》か二片(三〇分以上と考えられる)砂鉄を加えるのをひかえて燃焼しきるのを待ち、焔の色が紫色になってから少しずつ砂鉄を加えるようにせよ。これを「火をくれる」という。焔の先端が煤色になったら(赤に戻らず次第に燃焼が盛んになる方向)よしとする。
先に述べた俵氏の鉧押法の観察記録によれば三五時間半経過した頃「炉頂の火焔暗黄色漸次に少なくなり紫火焔いづ」とある。鉧押法でもこのころは流れ銑を取る時期に当たるので、炉の燃焼状況は盛んでしかも安定していなければならない。したがって、炉から出る焔の色が「き、やう色」(桔梗色)つまり青紫色に保持されることは、炉温が安定化し、還元焔が出ている徴だと解釈される。*これが暗赤色になると明らかに温度が下がっている徴である。

*『萬帳』原文書を筆者は「き、やう色」と読んだが、「き灰色」と読んでいる文献もある(渡辺・荻・築島 一九八五、一二三頁)。また、森嘉兵衛氏は「ききょう色」と読んでいる。「き灰色」は「黄灰色」を連想するが、文字としては「桔梗色」が正しいと考えて考察した。

(4) 砂鉄をひかえすぎると(燃え尽きて火勢が弱くなるから)、鉧が出来る。反対に砂鉄を入れすぎれば(荷重が大きくなって)一層鉧になりやすい。加減が第一である。

以上四項目とも、温度を高く保持して出来るだけ熔融状態の鉏を沢山得るための方策を述べており、炉の火勢を維持しながら、砂鉄の加え方に注意することが鉧を作らない方法であるとしている。

三　たたら製鉄の生産性

ここでは本章をまとめる意味でたたらによる製錬技術の生産性について述べる。まず最初に、第二章の砂鉄についてもう一度まとめてから各地のたたら鉄生産量について考察する。

一般に、中国地方の山陽地方には赤目砂鉄が、山陰の雲伯地方には真砂砂鉄がとれ、それぞれ赤目で銑押を行い、真砂で鉧押を行ったとされてきた。しかし、いずれも母岩を花崗岩としており、真砂と赤目がはっきりと分類できるものと、その中間に近いものとがあったものと考えられる。一方、東北地方にも花崗岩を母岩とする「マサ」があったのであるが、これには「真砂」の中でも一番その特徴を持つ成分のものから、「赤目」の特徴をもつものまでをも含んでいたものと考えられ、結局「花崗岩の風化した砂鉄」はすべて「マサ」と呼んでいたのである。さらに、東北地方には洪積層に砂鉄含有量の高い層状砂鉄が存在し、これも山砂鉄として利用された。この「ドバ」と呼ばれる層状砂鉄は、元を正せば一万年以上前の浜砂鉄が洪積層の中に存在しているのであって、成分の一部が熔解しやすい褐鉄鉱に変質しているのである。ということは、「籠り期」の砂鉄としては非常に適した性質を持っていることになる。

以上砂鉄資源としては、東北地方には花崗岩系と洪積層系の二種類があり、中国地方では花崗岩系の砂鉄だけであったといえる。そして、中国地方でも雲伯地方では花崗岩系の砂鉄の中の微妙な違いをうまく活用して「釼吹」や「鉧押」という製錬法を作り上げた。一方、東北地方で花崗岩系の同じ性質を持つ「マサ」があったにもかかわらず、「釼吹」をほとんど行っていない。鉧に相当する鉧鉄が出来たら、それを鍛冶場に送って延鉄の原料とした。しかし僅かではあるが鋼を生産した記録もあるので、その知識はあったものと考えられる。

東北地方では、最も盛んに製鉄を行った南部領でも、その砂鉄製錬は『鉄山秘書』にある伯耆国の製錬法の「銑流し」の部分にあたることがわかった。この伯耆国の「たたら鉄吹様」は、始めに流せるだけ銑を流し取って、その後で「釼吹」を行うのである。しかし南部では、熔融した鉏を取りきって、鉧が大量に生成しないうちに操業を中止するという方法で、したがって操業時間も短かった。操業時間の短い理由として、炉材や炉の作り方などさらに追求すべき点は残されている。

伯耆国の「たたら鉄吹様」は、明治期の雲伯地方の「鉧押」につながるのであるが、銑の生成を出来るだけ抑える方向に向かい、鉧塊と鋼を多く作るように工夫されている。これは第七章で述べるたたら鉄の軍需への対応と関連しているものと考える。

次にたたら製鉄の一工程当たりの生産量を表6に示す。

このデータからたたら製鉄の生産性を考察してみよう。生産性をあらわす指標としては、まず合計生産高を見る必要がある。次に目的とする鉄の比率が高く、反対に望まない鉄の比率が低い方がよいとみる。つまり、銑押なら「鉧比率」あるいは「鋁比率」が指標となると考えるのでこれに注目する。この比率は低い方が目的とする銑あるいは鋁の生産量が大きくなるので望ましい姿である。一方、鉧押の場合は目的とする鉧塊中の鋼の量が多いことがよいのは当然であるが、銑の量が多いからといって生産性が劣るとは言えない。つまり銑はそのままでも、また鍛冶屋で鍛錬して地金（庖丁鉄、延鉄）として、主力商品とすることが出来たからである。

全鉄生産量は銑押の方が四日押であるから、三日押の鉧押よりも多い。また、生産量は送風装置の種類と規模によって違うことがわかる。すなわち、明治二十年代以降に中国地方で採用された水車吹子が最も生産性が高いのは明確である。伝統的送風装置の中では天秤吹子が優れている。南部領の吹差吹子はその台数を増やすことによって生産性を上げており、この事情は中国地方でも天明期には同じであったと『鉄山秘書』にも述べられている。表6の中で、銑押では八合吹き（南部松倉鉄山）だけが、

(構成比率〈%〉)		備　　考
鉧・鋁	鋼	
130(12.5)		土井［1983：94］(1駄＝26貫で計算)
255(21.0)		島根県［1966：399］(田部家文書)
90(7.0)		俵［1933：104］
150(9.1)		近藤［1926：11］
200(28.6)		早野家文書『萬帳』
330(29.3)		森［1970：465］(中村家文書)
40(9.8)		森［1970：495］(中村家文書)
200(25.0)	若　干	岡田［1981b：607］(『高島翁言行録』)
92(17.0)		森［1970：559］(元屋文書)
59(12.7)		森［1970：587］(元屋文書)
260(33.3)	39(5.0)	土井［1983：94］(加計家文書)
345(34.8)	195(19.7)	横田町誌［1968：334］(絲原家文書)
450(45.5)	300(30.3)	島根県［1966：399］(田部家文書)
266(27.5)	293(30.2)	俵［1933：86］
300(21.7)	480(34.8)	山田［1918：376］
230(18.6)	385(31.2)	近藤［1926：14］

境沢は宮古通．No. 9〜10 は八戸南部領である．鉧押はすべて中

した）．

表6　たたら製鉄一工程の生産量比較

種類	No	鑪・鉄山	年度	送風装置(吹子)	生産高〈貫〉および 合計	銑・鉏
銑押	1	備後藩営鑪(基準)	宝暦 4	天秤吹子	1040(100)	910(87.5)
	2	出雲八重滝鑪(田部家)	～明治 16	〃	1215(100)	960(79.0)
	3	石見價谷鑪	明治 32	〃	1290(100)	1200(93.0)
	4	伯耆近藤家鑪(平均)	明治 22～	水車吹子	1650(100)	1500(90.9)
	5	南部割沢鉄山(中村家)	文政 3	4 合吹き	700(100)	500(71.4)
	6	南部松倉鉄山(中村家)	文政 11	8 合吹き	1125(100)	795(70.7)
	7	南部大嶽鉄山(中村家)	弘化 4	2 合吹き	408(100)	368(90.2)
	8	南部境沢鉄山	嘉永 5	4 合吹き	800(100)	600(75.0)
	9	八戸大野鉄山玉川鑪	天保 5	2 合吹き	544(100)	452(83.0)
	10	八戸大野鉄山葛柄鑪	天保 6	〃	464(100)	405(87.3)
鉧押	11	安芸茅野鑪(見積)	寛政/明和	天秤吹子	780(100)	481(61.7)
	12	出雲鉄穴鑪(絲原家)	～明治 17	〃	990(100)	450(45.5)
	13	出雲菅谷鑪(田部家)	～明治 16	〃	990(100)	240(24.2)
	14	伯耆砥波鑪(近藤家)	明治 32	〃	969(100)	410(42.3)
	15	伯耆砥波鑪(近藤家)	大正 7	水車吹子	1380(100)	600(43.5)
	16	伯耆近藤家鑪(平均)	明治 22～	〃	1235(100)	620(50.2)

註 1)　銑押の No. 1～4 は中国地方．No. 5～8 は盛岡南部領で，割沢と松倉は野田通，大嶽は田名部通，国地方．
2)　送風装置の 2, 4, 8 合吹とは，吹差吹子の台数を示す．(中国地方では四ッ吹子などと称した)
3)　生産高はすべて貫に統一した．No. 1 & 11 は駄＝26 貫で計算した（赤木 1982a：22-23）を参照
4)　生産高欄の（　）内は合計を 100% とした構成比率を示す．

中国地方の天秤吹子にほぼ匹敵する生産高を示している。しかし、問題は番子の人数である。八合吹きとは、四合吹き二炉のことである。『萬帳』には、四合吹きの番子の数は一五名ということが述べられているので、八合吹きは少なくとも二四名から三〇名は必要であったと考えられる。これに対して、表6にあげた天秤吹子の番子の数はいずれも六人であった。

　次に銑押欄の「鉧または鉏比率」について考える。この指標に関する技術要素は、砂鉄の種類とその使い方とをあげることが出来る。さらに使い方の中には、砂鉄の配合と温度維持の問題があったであろう。特に熔融しにくい砂鉄で銑または鉏を作

る場合はこの温度の問題が大きかったと考える。銑押で最も「鉧比率」の小さいのは石見價谷鑪であるが、石見は赤目の主産地であり、安芸国へ赤目砂鉄を輸出していたほどである。また、石見の職人は浜砂鉄をうまく配合して銑を吹くのに長けていると、『鉄山秘書』でも述べられている。近藤家の場合は水車吹子でこれもよい成績をあげている。

一方東北地方の場合は「鉐比率」が中国地方の「鉧比率」よりも高く、それも特に割沢鉄山、松倉鉄山が高い。いずれも盛岡南部領野田通にある中村家の代表的鉄山である。中村家の生産実績表から見られる平均的「鉐比率」はさらに高く、割沢鉄山で三六・八％（文政十〜十四年）〔森　一九七〇、四五一頁〕、松倉鉄山で三七・二％（文政六〜十二年）〔森　一九七〇、四六三頁〕である。一般に寒冷期には生産高が落ち、「鉐比率」が上がる傾向がある。松倉鉄山のデータは文政十一年八月の一〇回の製鉄表から一工程の平均値を出したもので、最も条件がよいときのものである。盛岡南部に比較して、八戸南部の大野鉄山では二合吹きでありながら生産量も多く、「鉐比率」は低い。これは「鉏吹」に適した久慈地区のドバ砂鉄が多く使われていたことによるものと考えられる。また、大嶽鉄山は田名部通にあり、ここもドバの産地であり、砂鉄には恵まれていた。ところが、田名部通にはよい元釜土がなく、中村家では野田通から運んだとも云われており、大嶽鉄山の経営は短期間で終わったようである。

鉧押欄の安芸茅野鑪《たたら》は、赤目砂鉄の地域における鉧押の例になり、銑の構成比率が六一・七％と高くなっている。それ以外は、いずれも雲伯地域の鑪であり、雲伯は真砂砂鉄の代表的産地でありながら、一方では赤目と赤目に近い「籠り砂鉄」も使いこなしながら鋼、鉧、銑の三種類の製品を生産していたことがわかる。ここで鉧押の「鉧比率」に注目すると、盛岡南部の「鉐比率」はそれに近いことに気づく。これは「真砂」と「柾」が共通した性質を持っていたことを考えれば当然のことであろう。事実野田通には純粋な「真砂」と同じ成分の「柾」のでる砂鉄採取場所もあったのである〔岡田　一九九九、二八頁〕。

以上表6のデータは、史料にみられる少ない例であり、現実はもっとばらつきも多かったものと考えられるが、およその傾向はつかめたものと考える。このように、たたら製鉄の生産性は原料砂鉄の種類とその使い方によって大きく変わるが、さらに大きな影響を与えるのは送風装置であった。

第四章　製鉄用吹子の変遷

本章では近世から明治に至る製鉄用吹子について、全国的な変遷の過程を明らかにすることを目的とする。

『倭名類聚抄』では、「鞴」の訓は「布岐加波《ふきかわ》」となっている。「フキカワ」が「フイゴ」の語源であることと共に、古代の吹子が「皮吹子」であったことがわかる。さらに、『延喜式』の木工寮の年料についての記事に「鍛冶吹皮料の牛皮十五張」と書かれていて、この見方を裏付けている。

中世の絵巻とされる「大槌烱屋鍛冶絵巻」（岩手県大槌町小林清志氏蔵）には、製鉄用の皮吹子が描かれている。

さらに近世に近くなると、鍛冶屋はもちろん、金銀銅の精錬・加工の場合にも、一般に箱吹子が用いられた。しかし、規模の大きい鋳物の溶解炉や製鉄炉には踏吹子がもちいられた。さらに中国地方では製鉄炉用の踏吹子が改良されて天秤吹子となった。一方、踏吹子あるいは小型の箱吹子から大型の吹差吹子（製鉄用）に変わり、さらに天秤吹子へと変わった地域もあった。図7に『芸州加計隅屋鉄山絵巻』（複製国立歴史民俗博物館蔵）を引用する。

東北地方へは中国地方から踏吹子が伝わったが、やがて吹差吹子も「出雲流」として伝わり、南部ではこれが主流となった。しかし、これとは別に仙台北部地区では、踏吹子が幕末まで使われ、幕末には一部天秤吹子が使われた形跡もある。一方、幕末になると、東北地方では吹差吹子を独自の水車吹子に改良した。

製鉄作業では原鉱（砂鉄または岩鉄）を熔解するために、炉内を高温に保つことが必須要件となる。それゆえ、送風装置（吹子）は生産性をあげるうえで不可欠の用具であり、その性能の革新によって鉄の生産が大いにあがり、市

図7 天秤吹子による銑鉄生産（『芸州加計隅屋鉄山絵巻』19世紀前半）

場に流通する鉄の量も増大した。

武井博明氏は、近世中国地方の製鉄用吹子について『鉄山秘書』の記述内容を中心に論述しているが、吹差吹子の起源については森嘉兵衛氏の東北地方の製鉄に関する論文を論拠として引用している。だが、向井義郎氏がその森論文に批判を加えつつ、仙台地方の吹子の変遷について新たな見解を発表している。そこで、本論文ではこれらの論文に依拠しつつ、中国地方および東北地方の製鉄用吹子の変遷について東西を比較しながら全体像を明らかにしていく。ただし東北地方については鉄山の経営状況を含めて、やや重点的に製鉄用吹子の解析を行う。

一 『鉄山秘書』における用語・用字法について

「たたら」という言葉は、本来送風装置を意味するものであったが、のちに製鉄場の建物・作業場全体をあらわすこととなり、『鉄山秘書』では後者には、多々良・鑪・高殿・蹈鞴の四種の字を当てている。『鉄山秘書』には鉄山を「タタラ」というのは正しくないとの趣旨を示す記述がある〔俵　一九三三〈『鉄山秘書』〉六頁〕。その大要は、「普通はタタラとは吹子のことである。建物は元来はタカトノ（高殿）というべきなのであるが、祭文では火のタタラとなっている。鋳物師たちは今でも正しい呼び方で、吹子をタタラといい、小屋は小屋という。鉄山では何時からこうなったのか、タタラとは鉄山のことであると皆がいうようになった。タタラとは踏吹子で、今の鋳物師の吹子のことである。昔は鉄山でも踏吹子を用いたが、今ではこれは使用しない」と述べている。

次に「フイゴ」について検討しよう。これには、鞴《ふき》・吹《ふき》・鞴子《ふいご》・韛子《ふいご》・吹子《ふいご》などの字を当てている。なお同書では、フイゴをフキともよび、鞴・吹の字を当て、フイゴと呼ぶ場合には鞴子・韛子・吹子の字を用いているようである。

最後に「蹈鞴」の用字についてであるが、『鉄山秘書』ではこの字をタタラとフミフキの二つの別々の言葉に当てている。例えば前者では「こもりとは蹈鞴《タタラ》の仕掛をして、鐡吹初るをこもりと申也」、また後者では「徃古ノ高殿《タタラ》蹈《フム》鞴《フキ》ノ古跡アリ」、「蹈鞴《ふみふき》多々良《たたら》」などの例があげられる。さらに、「四《よ》つ鞴蹈鞴《ぶきたたら》」「二《ふた》つ鞴蹈鞴《ぶきたたら》」のように「〜鞴を備えた蹈鞴」という意味の用字もある。ここの用字では、タタラはたたら炉を意味している。他方、フミフキは踏吹子である。

以上の整理をもとに、本論では論旨を明快にするために、一般記述の用字として「吹子」の字を用いる。例えば、「踏吹子」「吹差吹子」「天秤吹子」「水車吹子」などとして、以下これらの送風器について検討していきたい。

二　吹子の種類と構造

この節では、近世初頭から製鉄に用いられた吹子として、吹差吹子（大型箱吹子）、踏吹子（板踏吹子）、および天

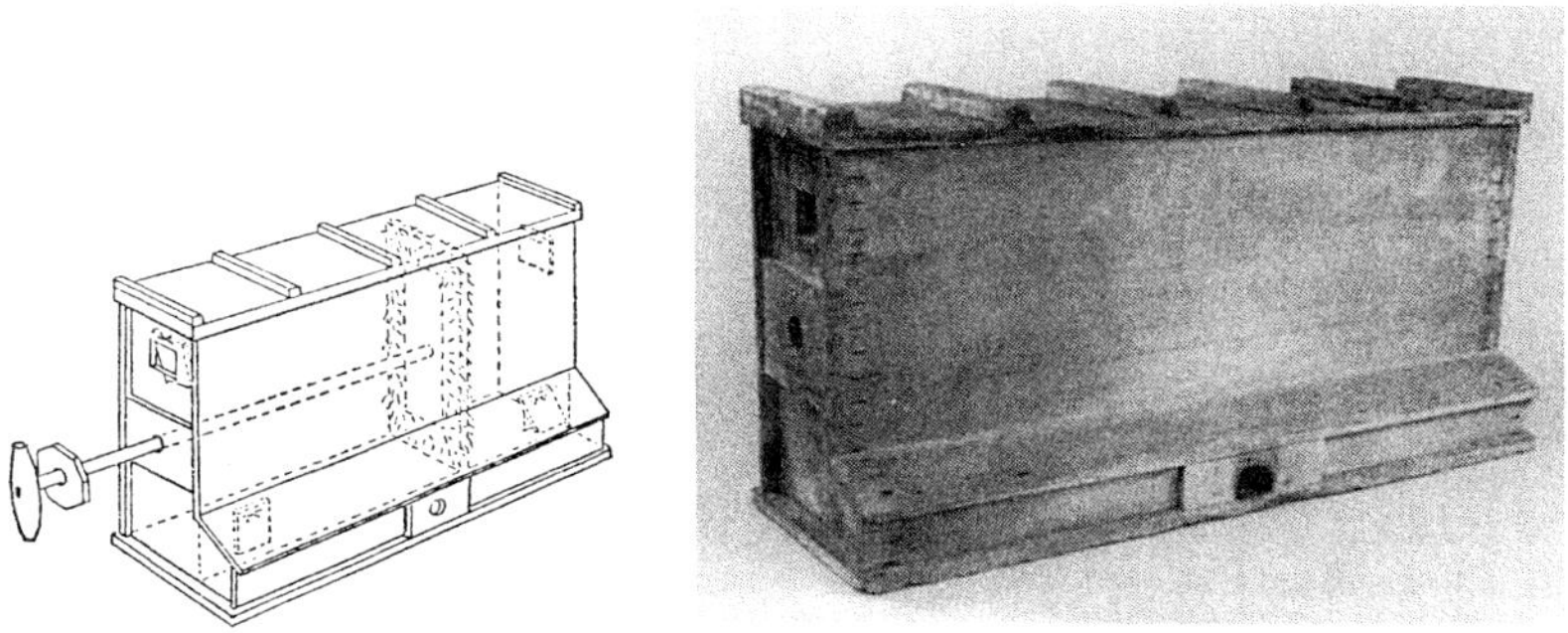

（今井泰男『鞴〈ふいご〉』1993年より）　（東北歴史博物館『仙台藩の金と鉄』2003年より）

図8　吹差吹子

秤吹子の構造の概略を説明する。

1　吹差吹子

箱の中の活塞（ピストン）の板を動かして空気を押し出す方式の吹子で、このピストン板を「シマ」という（図8）。シマ板の周りには風漏れを防ぐために毛皮を張るが、『鉄山秘書』では「指《さし》ふいこは狸皮を用来たれる歟」とし〔俵　一九三三〈『鉄山秘書』〉六頁〕、吹子に用いる狸皮の選び方についても詳しく説明している。またシマ板には柄がついており、鍛冶の親方は自分で焼き入れの炎の色を見ながら、片手で柄を引いたり押したりして操作をする。

また絵画資料によると、吹子の操作を別の職人が行っている場合もある。吹差吹子は用途によって多様化したようで、『鉄山秘書』から近世中期の実態を知ることができる。すなわち大坂天満、鞴屋町に数十軒の吹子屋敷はあっても、鉄用吹子として推薦できるのは大坂助右衛門の吹子だけで、ほかには使えるものが出来ることもあるのが二軒だけとの評価を述べているのである。製鉄用の箱吹子は長さ四・五尺あるいは四・八尺の大吹子が用いられていたが、大坂天満の吹子という意味で、「大伝馬、大天満」などと呼ばれていた。吹差吹子は必要に応じて二台、四台と台数を増やすことが出来、小型な

図９　製鉄用踏吹子（板吹子）（『日本山海名物圖會』巻之一より）

らば携帯に便利であり、大型でも移動が困難でないという特徴があった。ただし、鉄山用の吹子の始まりは踏吹子で、やがてそれが送風性能のよい大型の箱吹子に変ったようである。次に踏吹子をみてみよう。

２　踏吹子

『鉄山秘書』にも「往昔」は「踏鞴」が使われていたとあるが、その「往昔」が何時のことであったかは明確ではない。今（天明期、一七八〇年代）は、鉄山で「踏鞴」を使わないので古法が分らなくなったとしながらも、「昔踏鞴《たたら》の鞴《ふき》造り様之事」と題してその作り方を述べている（俵 一九三三〈『鉄山秘書』〉一〇五頁）。すなわち、昔は風箱の部分を土台木なしで杭を立て、それを縄で結びつけ、間渡しを付けて壁下地を張り、元釜土（粘土）を塗り上げて作ったという。木部は大工が工作し、嶋板（活塞板）には一寸厚の杉板をはぎ合せ、裏側には紙を渋糊で三重に貼る。嶋板は幅四尺、長さ八尺の大きさで、その中央に樫の轆《くろろ》（回転軸）をつけ、二つの穴をあける。この寸法の「踏鞴」は、普通鉄山では四人踏みであるが、鋳物師は八人乗りと称してこれを一度に八人が踏んでいる。一方鉄山では、踏み手（番子）が八人という場合は四人踏みの二交替制、都合で八人になるという意味である。そして「是も近年は皆板にて指かためにして裏に泥を塗也、右を土鞴共申候、多々良といふは此物の事なり」と結んでいるが、これは当時（天明期）鋳物師が使っていた板踏吹子の説明であろう。図9に「鉄蹈鞴《てつのたたら》」を引用するが、これは六人踏みの製鉄用の踏吹子の図である。「鉄蹈鞴」の表題の下にある説明は「鉄をふくには、ふいごにてハ湯になりにくし、故にたたらにかけて湯にわかすなり」と読める。これによって吹差吹子を踏吹子に換えて銑鉄を流し取ったことが窺われる。

板踏吹子の構造をもう少し詳しく述べると、まず粘土で吹子本体（風箱）の側面も底も固めるか、あるいは側面を厚板で張り、それを粘土で固めるかして、長さが幅の二倍ほどの皿状の本体を作る。中央で本体は二つに仕切られており、その上に、皿（本体）の中にぴったりはまる大きなシマ板を載せる。板踏吹子は装置の規模を大きくすると共に、シマ板を踏む人数を増せば送風量を増大させることが出来たので、大量の鋳造が求められた幕末から近代初頭に盛んに用いられた。後に述べるように、東北仙台北部地区では製鉄用に大型板踏吹子が明治に至るまで使用された。

3　天秤吹子

中国地方ではこの板踏吹子を改良して、さらに送風の効率を高めた製鉄用送風装置が明治時代まで活用された。これが天秤吹子であった。写真1は和鋼博物館に展示されている三宅家（島根県邑智郡石見町）「若杉鑪」の天秤吹子である。

『鉄山秘書』の中では、天秤吹子の概要とその据え付け方法まで図入で詳しく解説している〔俵 一九三三 〈『鉄山秘書』〉一〇六頁〕。その構造の概要は次のとおりである。

写真１　三宅家「若杉鑪」の天秤吹子（和鋼博物館所蔵，著者撮影）

板踏吹子のシマ板を中央で二つに切断し、支点の位置を中央から両端に移して、中央部には踏桟《ふみさん》を付ける。上部に天秤の針口のような物を拵え、槓杆《こうかん》（梃子）棒をおき、その槓杆の両端とシマ板の切断部を鉄棒で繋ぐように釣り鍵をつける。こうして（天秤のように）一方のシマ板が下がれば他方が上がるようにした装置が天秤吹子である。ただし、本体を囲っている板の隙間から風が漏れるのを防ごうと、天秤吹子のシマ板にも吹差吹子同様に狸皮を張った。中央の踏桟に通常は二人の番子が跨り、両足で交互にシマ板を踏めば、板踏吹子同様に送風が出来た。これを四人踏または大天秤といった。シマ板の長さは五尺、幅は四尺で、裏に渋糊で紙を三重に貼ることは板踏吹子と同様であった。送風の分流には、風口で集めた風を分配する「頭《つぶり》」という道具を用い、そこへ炉の風入穴の数だけ丸竹の節を抜いた管（木呂）を差し込み、扇を開いたような形に広げ、それぞれ先に羽口をはめて炉の風入穴に差し込んだ。この配管部分は炉の熱気から守るために土を塗り固めておいた。そして、炉の熱気を遮って番子を守るために、吹子と炉の間に土で固めた「鞴壁」を立て、その陰で番子が吹子のシマ板を踏んだ（図7参照）。

三　宝暦・天明期の中国地方の吹子

『鉄山秘書』の著者下原重仲は、三四、五年前、自分が十二、三歳の頃大天秤吹子を見たと述べている。したがってに同書を世に出した天明四年には四十七歳くらいだったと思われる。すると彼が鉄山の経営者として様々な情報を集めた期間は、宝暦から天明にかけて（一七五一〜一七八一）のおよそ三〇年間くらいであったものと推定される。この間に中国地方で使われていた吹子の具体的な規模や様式を、『鉄山秘書』の記述に基づいて検討しよう。

『鉄山秘書』にあげられている鑪の送風装置の種類は多く、踏吹子、吹差吹子、天秤吹子、水車吹子などがある。このうち、踏吹は鋳物師にはまだ使われていたものの、先述のように当時はすでに鉄山では使われず、水車吹子は薩摩で使われている方法だと紹介されているにすぎない。当時、中国地方では吹差と天秤が併用されていたことは、「近年は天秤、差鞴《さしふき》東西相交りて普《アマネ》く用之」の表現で明示されている。吹差吹子はその備える数によって「二つ鞴《ぶき》・四つ鞴・八つ鞴」などと呼び分けられ、また、天秤吹子にも大小があったようである。

『鉄山秘書』第三に「大炭切代賃米銭之事」という記事がある〔俵 一九三三〈『鉄山秘書』〉六二頁〕。ここでは大炭（たたら炉用炭）を使う量や値段、山子（炭焼人夫）の焼賃米について次のように述べている。

一　四《よ》つ鞴蹈鞴《ぶきたたら》、大炭貳千貳百貫目位ニ而、一夜《ひとよ》　押有。
一　一人《ひとり》蹈《ふみ》天秤蹈鞴《たたら》、二千四百貫目位、　同。
一　二ッ《ふたつ》鞴蹈鞴《ぶきたたら》、千貳、三百貫目にて、　同。
一　四人蹈天秤、四千貫目餘、　同。

一　八ッ鞴《ぶき》　右同斷、　同。
一　五ッ鞴　三千貫目位、　同。
一　壹人半蹈天秤蹈鞴、三千貫目位、　同。

この史料の「蹈鞴」の用字についてはすで述べた通り「鑪」または「鈩」と同義であり、例えば四つ鞴蹈鞴とは、吹差吹子を四台使ったたたら炉のことである。また天秤吹子については踏手（番子）の人数によって一人蹈とか四人蹈の区別を付けており、吹子の大きさを示している。

吹差吹子の置き方は、二ッ鞴蹈鞴なら炉の両側に吹差吹子を各一基置いたものであり、四つ鞴蹈鞴なら炉の両側に吹差吹子を二基ずつ置いたものである。『鉄山秘書』には、八ッ鞴の配置について記述が見られない。天秤吹子は炉の両側に一基ずつ置かれ、一人蹈なら一基に一人ずつ計二人の番子が送風するもので、たとえば一基に二人ずつ計四人で操作するものを「四人蹈天秤」または大天秤といった。

ここでは種類の異なる種々のたたら炉とそれぞれに付設される吹子の台数を示すと共に、その各々について一夜（代）あたりの大炭消費量［貫］を示している。これによると四人踏天秤吹子と吹差吹子の八ッ鞴とは、共に大炭消費量が四〇〇〇貫で、同程度の規模であったことが窺える。ただし労働力は、前者は四人で後者が八人という違いがある。すなわち、吹差吹子に比べて天秤吹子は労働力を軽減して合理化に寄与する極めて重要な発明であったと言えよう。それにもかかわらず上述のように宝暦から天明期には、伯耆を中心とした地域の鑪では天秤吹子と吹差吹子が併用されていたのである。

それでは、この二つの形態がどのように分布していたのか、さらに踏吹子との関係はどのようであったのか、再び『鉄山秘書』の記述を基に検討しよう。

まず「中東といふは、作、伯の間の事也、大東とは播、但を申、大西とは雲、石二州を申、備中、後、安藝を備州側《ガハ》と申」と定義してから、それぞれの地域で用いられた吹子について次のように記述している（俵 一九三三〈『鉄山秘書』〉九九頁）。

中東（伯耆・美作）には、往古多々良（踏吹のこと）ノ事を見覚へ聞傳へたる者多し、指鞴《さしふき》は西より初りとなん、中東、大東（但馬・播磨）共に指吹子《さしふいご》にて、鐵吹くすへを知らす、西方（出雲・石見）には天ひん鞴《ふき》にて、鐵吹すべを知らさりし也。近年は天秤、差鞴東西相交りて普《アマネ》く用之、然共今以東は指吹差《さす》すへを知たる番子稀なり、西は天秤鞴《てんびんぶき》の踏やふ不調法也、是に中古の遺イ風まだ残る所なり。

つまり、『鉄山秘書』では宝暦・天明以前の吹子の使われ方について、元来、出雲・石見地方では吹差吹子が、伯耆・美作以東の地方では天秤吹子が使用されていたとしている。しかし、出雲でも古くは踏吹子が使われいたものと考えられる。窪田藏郎氏によると、天文十九年（一五五〇）頃の人で出雲の田部家三代目五右衛門が、「差鞴」（箱吹子）を改良し、「土踏吹」を発明したという。さらに、慶安三年（一六五〇）頃の六代目與三兵衛が「土踏吹」を「板踏吹」に改良して生産性をあげたという（窪田 一九七七、四三九頁）。窪田氏は昭和五十年に当主田部長右衛門氏の談話と古文書を参照して記述したと述べている。

その後、何時の頃かわからないが踏吹子が吹差吹子に替わったのであろう。そして、元禄四年（一六九一）に書かれたという『鉱山至寳要録』の「八　鐵錫の事」の中に、「鐵吹きは、銅・銀など吹床とは格別違ひたるものなり、古代はたたらふみ吹なり、近代瓢子《フイゴ》にて吹なり」と書かれており（三枝 一九四四b、三八頁）、この場合は踏吹子から吹差吹子に換わったことを示唆している。

以上、宝暦・天明期の中国地方のたたらでは、吹差・天秤両吹子が混在して用いられ、そのいずれもが踏吹子を源流としていることがわかった。さらに、宝暦・天明期以前の「往古」には、両吹子はその使用地域を異にしており、吹差吹子はおもに西の石見・出雲で、天秤吹子は東の伯耆・美作で使われたこともわかった。それでは、天秤吹子や吹差吹子はいつ頃から始まったのか、次にそれを検討しよう。

四　天秤吹子と吹差吹子の始まり

『鉄山秘書』には天秤吹子の使用が始まる時期については触れていない。しかし三枝博音氏は「この書の著述年代を天明四年とすると天秤鞴発明の年代はおよそ貞享年間（一六八四～一六八八）あるいは元禄年間（一六八八～一七〇四）のはじめ頃ということになりはすまいか」と見解を述べている〔日本科学史刊行会　一九八二、一九六頁〕。また、武井博明氏は加計家文書「寛政九年鉄山諸事壱件」という史料を引用して、「安芸国山県郡では貞享頃に吹差吹子から天秤吹子に変っている」とし、さらに出雲国仁多郡鳥上村の卜藏《ぼくら》家文書によって、同家では「元禄頃に差鞴ヲ改良し天秤踏ミト為」していると三枝博音氏と同様の見解を示している〔武井　一九七二、九三頁〕。さらに、『鉄山旧記』にも「元禄四年辛未より天秤吹始ル」の記載がある〔島根県　一九六五、五八五頁〕。

次は吹差吹子の始まりについて検討する。武井博明氏は、吹差吹子に関して直接触れているものは、先の「寛政九年鉄山諸事壱件」に、文禄慶長（一五九二～一六一四）の頃から「出羽流と言て指吹四挺鑪ニ而鑪を吹」いていたという記述があって、この文書史料しか見あたらないとしている〔武井　一九七二、九三頁〕。また、『鉄山旧記』に元禄四年（一六九一）から使い始めた天秤吹子を、正徳四年（一七一四）に禁止して元の「差鞴」へ戻すように藩から達しがあったとされているので、少なくとも元禄以前に出雲で使われていた吹子が吹差吹子であったことは明らかである。

　さらに武井氏は、森嘉兵衛氏の論文を引用して吹差吹子の始まりを推定している。その森論文には図が示されている〔森 一九六〇、二五五頁〕ので次に引用する（図10）。

　森氏は図10について、「東北地方の製鉄方法を見るに、最も古くは出雲流が永禄頃に入っており、吹子二個を使い、水車吹きと言っている。天正年中には、備前流が入り吹子三基を使って精錬するようになっている」と説明している。武井氏はこの図から判断したのか「ここで吹子と言って居られるのは、何れも吹差吹子である」として、この間接的史料から中国地方の吹差吹子が「永禄・天正期よりさほど遠くない時期に始まったのではなかろうか」と（つまり十六世紀半ば頃と）推定している〔武井 一九七二、九四頁〕。森氏はこの図を岩手県東磐井郡藤沢町の千葉家文書「製鉄書」から引用している。ところが、この文書や、「棟梁方御用留」などを向井義郎氏が検討した結果、幕末に「水車吹」の書込がなされたものと判断し、「慶長から元禄まで使われた吹子は踏鞴《ふみふいご》であり、史料に小型吹差吹子の現れるのが元禄十三年（一七〇〇）頃である」との研究結果を発表している〔向井 一九六四、五〇二頁〕。しかし、この研究結果を導くために向井氏が使った文書の解釈には疑問が持たれるので次節で論及する。

　結局、森氏の論文が向井氏の研究によって否定された以上、その論文を根拠として東北地方に吹差吹子が伝わ

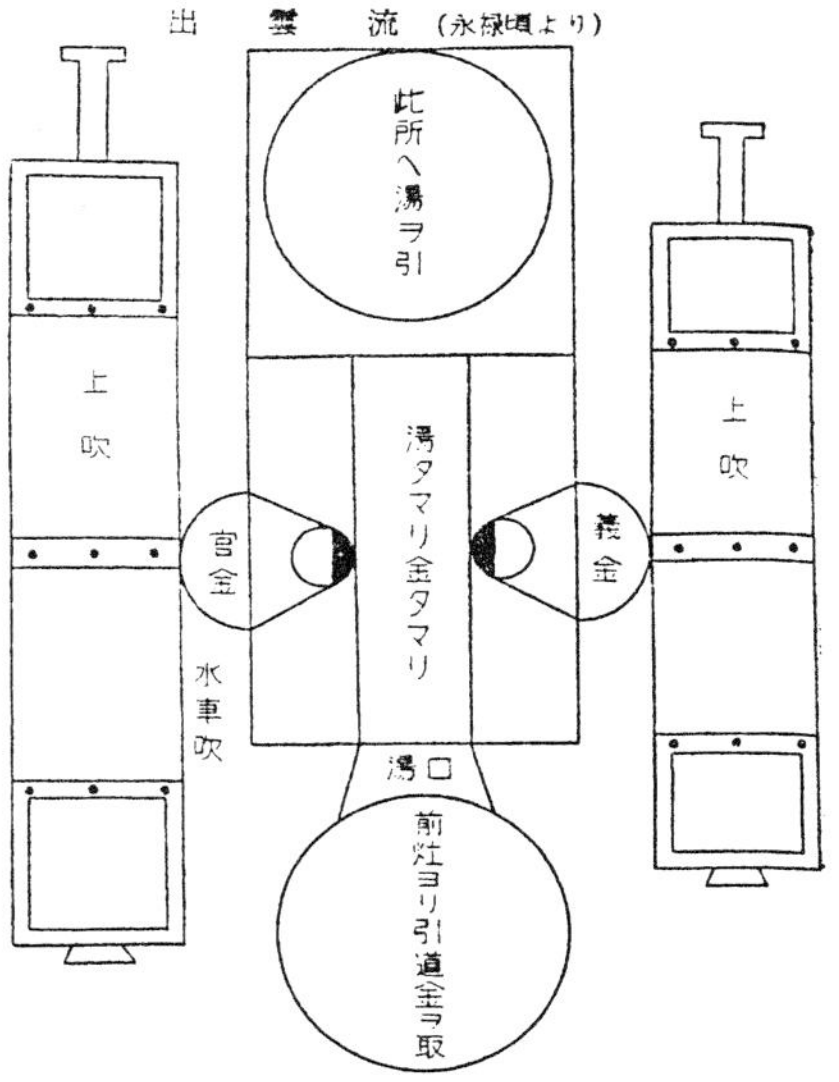

図10 「出 雲 流」（森嘉兵衛「南部の鉄工業」1960年より）

った時期を推定した武井博明氏の推論には同意できない。他方武井氏が示した加計家文書の、文禄慶長の頃から「出羽流と言て指吹四挺鑪ニ而鑪を吹」いていたという記述を尊重すれば、安芸では十六世紀末には吹差吹子四基を使っており、それを「出羽流《いずはりゅう》」と称していたことがわかる。そして『鉄山秘書』には「雲、石ノ二國ハ水入刃金也、此通號ヲハ出羽刃鐵ト申」とあるので、「出羽流」とは出雲・石見の流儀と考えられる。

五　東北地方の吹子

ここでは、向井論文に示された文書の解釈を手始めとして、東北地方の製鉄用送風装置の変遷について考究する。東北地方の鉄の生産は、まず中国地方から仙台領に踏吹子が導入されて以降盛んになった。南部領では、その仙台藩からの踏吹子の技術の導入と同時に、鉄山経営も仙台藩商人を中心に本格化していった。また南部は時を経ずして、中国地区から吹差吹子と考えられる「出雲流」を直接導入した。引き続き、宝暦飢饉の後より南部商人が経営を掌握し、さらに生産量を増大した。こうして宝暦年間に、南部の鉄生産は量的にも技術的にも仙台藩を凌駕し、その地位が逆転した。それればかりか、南部領の鉄は他領へ大いに輸出されるようになった。南部領では、飢饉のたびに労働力を補う目的で吹差吹子の設置台数を上げていき、それによって生産性の向上をはかったものとみられる。

1　仙台藩北部地区の吹子

東北地方の鉄は、近世に入って村方による生産が始まると、特産品としても大きな役割を果たすようになった。それには、当時技術的に先進的な地位を占めていた中国地方からの、いわゆる「中国流製鉄法」の導入が大きく関わっていた。

向井義郎氏の研究〔向井 一九六四ａ〕によれば、中国流を最も早く導入したのは仙台藩の北部地域であった。その導入の功労者は、(一)永禄年間（一五五八～一五七〇）、備中から千松大八郎、小八郎の両人を招いて技法の伝授を受けたという千葉土佐（登米郡狼河原村、後に東磐井郡大籠村に移り定住）、あるいは彼を含む烔屋《どうや》八人衆だとするもの、(二)出雲において製鉄法を学んだ後、慶長十一年（一六〇六）から吹き始めた佐藤十郎左衛門（本吉郡馬籠村）だとするものの二説が有力であった。近世を通じて、千葉と佐藤両系の子孫の技法が、それぞれこの地域の製鉄法の中心をなし、かつ又対立したのである。

多くの流儀があったとされるこの地方の製鉄法の中で、千葉系は「天秤流《てんびんりゅう》」を、佐藤系は「鈩流《たたらりゅう》」を名乗り、代表者がそれぞれの流儀の棟梁を努めていた。ただし、「天秤流」は天秤吹子とは関係なく、「鈩流」と同じく踏吹子であったことにも注意をしておきたい。

続いて、向井氏が踏吹子から吹差吹子へ変わった論拠として引用している文書の内容を検討しよう。まず、同氏が千葉系文書である「製鉄書」の文中に「元禄十三年（一七〇〇）より云々という字句が度々現れるのが注目される」として挙げた例〔向井 一九六四ｂ、五〇一頁〕のうち、特に検討すべき記述について箇条書きにする。

一、備前流鈩板に関する項に「元禄十三年より始マル也……千松大八郎作キ方……然ルニ元禄十三年狼河原村松子沢屋敷フキサシ大工次郎作トイエル者……坂田バン蔵ト云学者ニ向工利左衛門秘伝方并右大工次郎作フキ作キヨ《ママ》秘伝ノ巻フキノ道理ヲ能板ニ写シ板ノ居リ所定法トス……本ハ利左衛門番蔵両人能々クフウシソリ《ママ》トモニ古代ヨリ指シ作キ直ヲス也」とある。

二、「板の作きよう秘伝」の項には「元禄十三年より祖々父利左衛門第一工上手ニ而……是レを用ゆると随分鉄

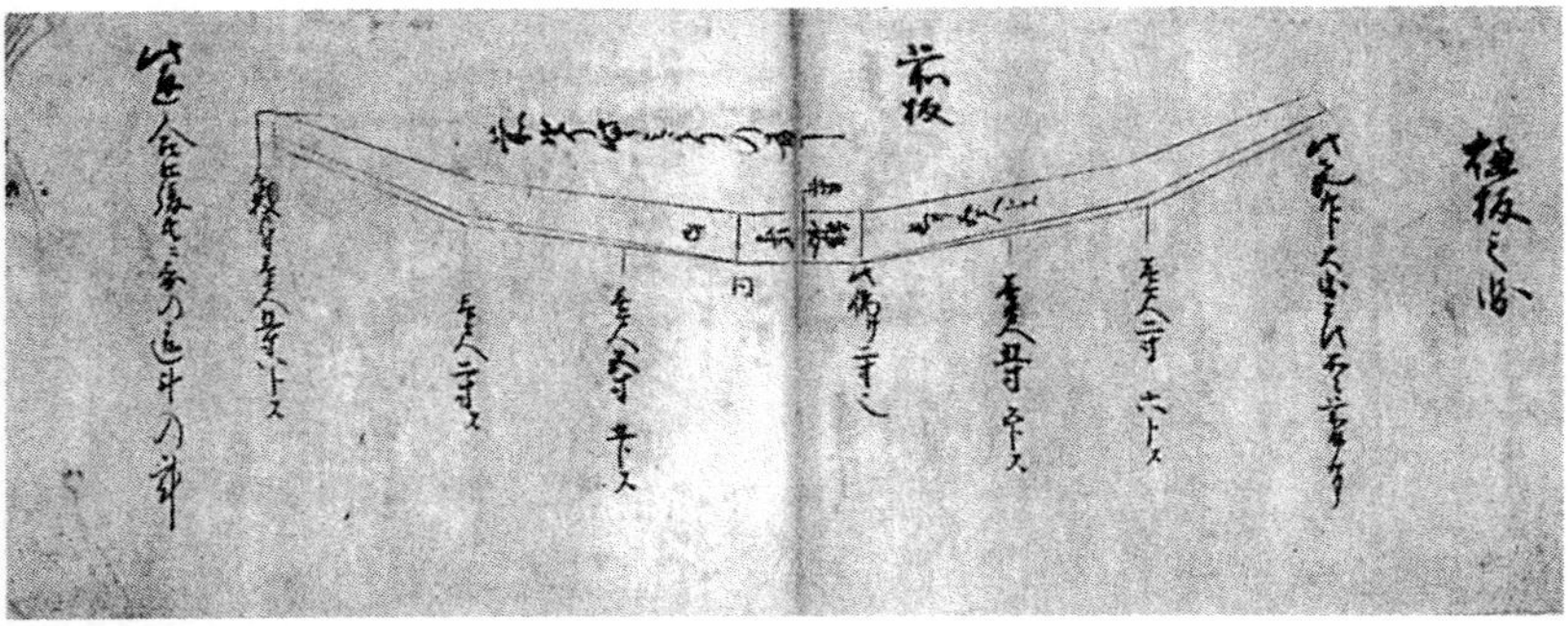

図11　鑪　板　図（「鑪板定法」享保15年～延享2年）

高出増世上之宝ニなりたり……元禄十三年より尺を少シ承片鈩三人吹也両方ニ而六人して吹く」

この内容から次の内容が読みとれる。

一、の「フキサシ大工」および二、の「片鈩三人吹也両方ニ而六人して吹く」について、向井氏は、「吹差大工等の字も現れる処から、吹差鞴が使われていること、それも灶《ほど》の両側に鞴を据え付けるもので、片方三人ずつ計六人吹を行っている」と解釈している。しかし、吹差大工は鍛冶屋の箱吹子（小型吹差吹子）を作るためにも存在しており、その大工が「板」を作るのに関与したことも考えられる。また、もし吹差吹子であるとすれば、一つの吹子を一人または二人で吹くのが普通で、三人で操作するのは不自然である。一方、踏吹子なら踏手が三人で踏んでいるのは絵図にも見られる。例えば、先にあげた「鉄蹈鞴《てつのたたら》」の図（図9）には片側三人、計六人の踏み手が踏吹子をふんでいる。

また一、の「板ノ居リ所定法トス」は、吹子の道理をよく考えて板（踏み板つまりシマ板のこと）を作り、その嵌め具合を決めて「定法」としたと読める。更に、向井氏は同じく一、では「ソリ」の部分を「ソリ《ママ》」として文面に疑問を呈している。これはシマ板の「反り具合」を工夫によって調節して改良したことを示しているものと解釈できる。

この「シマ板」に関しては、馬籠佐藤家の「鑪板定法」という文書との関連で考える必要がある。この文書の紹介者である尾崎保博氏は、同文書より「鑪板図」（図11）を引用しているが、その「鑪板」（シマ板）は強い「ソリ」のある形状を明らかに示している。但し、図11の写真は、東北歴史博物館の特別展に出品された原文書のものである（東北歴史博物館 二〇〇三、三七頁）。

以上により、先に引用した文書から元禄十三年頃に千葉家系の吹子が「踏吹」から「差鞴」に変わったとした向井義郎氏の意見には同意することはできない。むしろ、同文書から抽出した幾つかの文言からは踏吹子の改良を行って鉄の生産高を上げたことを記したものと解釈すべきだと考える。したがって、元禄十三年ころに千葉家系の製鉄技術において大きな進歩が見られたと判断する向井氏の論点には同意する。

2　南部領の踏吹子と吹差吹子

盛岡藩は藩主が南部氏であったために南部藩と呼ばれることが多い。寛文四年（一六四四）に盛岡藩から八戸藩が分出した。これから北上山地北部の製鉄用吹子の変遷について述べるに当たり、盛岡、八戸両藩を合わせて「南部領」とし、必要によって各藩の状況に触れることとする。

ここでは、何時どのようにして南部領へ製鉄用の吹子が入ったのかを明らかにした後、特に吹差吹子が定着した過程を宝暦の飢饉と関連づけながら考察する。最後は天明の飢饉以降の鉄山経営と吹子の関係を追跡する。

(1)　南部領の製鉄の始まりと吹子の導入

少なくとも江戸時代初期の南部では、下北半島田名部《たなぶ》地区で小規模ながら製鉄が盛んに行われていたようである。二代藩主南部利直が、六種類の釘合計八八〇〇本を「いそき可越候也」と、「たつミ」なる人物に命じている文書が残っている〔岩手県立博物館　一九九〇、一二五頁〕。また同じ利直の慶長十一年（一六〇六）の書状によって、下北から盛岡または八戸近辺へ大量の鉄が運ばれていたこともわかる〔斎藤　一九九〇b、四六五頁〕。

承応三年（一六五四）には、田名部と同様に久慈の御蔵の鉄在庫量が記録されており〔荻　一九九〇、八四頁〕、このころから久慈地方の製鉄業が興ったようである。その後田名部にかわって、製鉄地は久慈地方（九戸）に移っていった。寛文四年に八戸藩が成立したことにより、九戸郡の大部分が八戸領となると、盛岡藩では八戸より鉄をしばしば輸入するようになった。

いずれにしても、南部領の製鉄は品質のよい砂鉄の産地であった下北の田名部地区で始まったと考えられるが、当時使われていた吹子は箱吹子などの小型の吹差吹子であったものと想像される。しかし仙台藩の佐藤家の文書によれば、承応元年から三年（一六五二〜一六五四）にかけて、製鉄技術者を南部田名部釣屋浜鉄山へ派遣して「荒鉄吹立《あらてつふきたて》」の指導を行ったという〔佐藤　一九六一、三六頁〕。したがって、この頃には仙台藩佐藤家の土踏吹子による製鉄法が南部に伝わったことがわかる。

また、承応年代の南部領の鉄生産能力については、製鉄一工程（一代または一夜）でせいぜい四〇貫から五〇貫の出鉄に過ぎず、「一夜吹三百貫」といわれた当時の仙台藩の中国流吹方の出鉄量に比べると六分の一でしかなかった〔佐藤　一九六一、三七頁〕。この出鉄量の差から、吹子の変化を窺うことができよう。承応から万治（一六五二〜一六五八）にかけて、仙台藩の佐藤家では鉄の吹方の改良を行っていた。それは「鉧仕懸《たたらしかけ》」（踏吹子）を吟味した結果、「鉧板作様を以鉄吹方可然工夫吟味仕候」と、踏板の作り方を工夫することによって踏吹子の性能を上げていたのである。その工夫に直接手を下していた人物が田名部釣屋浜鉄山に赴いていたのである。

盛岡藩が、分出した八戸藩から鉄を輸入していたのは寛文六年（一六六六）から元禄期（〜一七〇三）までだったようで、それ以後は盛岡藩の下閉伊地区野田通（野田代官所支配区域を指す）で鉄山が経営されるようになり、野田通は幕末に至るまで盛岡藩の製鉄中心地となった。宝永元年（一七〇四）に稼行された仙城山が野田通鉄山の濫觴とされ、稼行人は盛岡新町の山師であったが、仙台の商人（仙台藩では山先《やまさき》といった）が経営に関与していた〔鯨井　一九八四、三一頁〕。したがって、盛岡藩の鉄山は、大型土踏吹子による仙台藩製鉄法と、仙台藩商人資本との密接な関係のもとに発展してきたものと考えられる。

一方八戸藩においては、盛岡藩が自国の鉄生産を次第に軌道に乗せて行くにしたがって、同藩への鉄移出量は極端に少なくなった。それに重なる元禄の頃、同藩では新技術として「出雲流」を二回入れているという〔斎藤　一九九三、七五頁〕。元禄六年の『八戸藩日記』三月二十三日の記録によれば、久慈の四人の者が、出雲流の鉄吹ができる江戸江嶋屋清兵衛を連れてきて、久慈で製鉄を始めたいので、炭木の切り出しと砂鉄採取の許可を申請したということである。しかも出雲流ができるというのだから、藩の為にもなると主張している。これに対して藩は許可を与えた。

次の元禄十六年の記録では、尾州一文字屋四郎兵衛という者が、久慈で一年三〇両の礼金で「出雲吹」を申請している〔斎藤　一九八四、一五九頁〕。しかしこの年は凶作で一度も鉄吹ができず、百姓への前貸し金を回収しない代わりに、礼金を勘弁してもらって本人は帰国させられたとある。

この元禄中に八戸藩久慈へ入った「出雲流」の技術内容は『八戸藩日記』から直接読み取ることはできないが、吹差吹子の技術であったと考える。なぜなら、出雲では元禄四年（一六九一）に天秤吹子の使用が始まったが、それまでは吹差吹子が使われていたからである。そして、「鉄之ふき様出雲同前ニ御座候」とあるからには、吹差吹子をもって製鉄を申請したものと理解される。さらに、『鉄山秘書』によれば、吹差吹子は西の地域（出雲・石見）から始まったとされている。開発されたばかりの天秤吹子が直ちに東北の奥地まで伝わることは考え難い。

元禄十三年（一七〇〇）ころになると、東北の製鉄技術に発展の兆しが見えてくる。これまで述べてきたように、仙台藩では千葉家で土踏吹子を板踏吹子に変えるなど改革に取り組んでおり、佐藤家は大型の土踏吹子（鑪流）を持って南部の鉄山に進出したと考えられる。一方、その南部も同じ頃に出雲流の製鉄技術をも取り入れており、この場合の吹子は差吹と推定される。このようにして、南部領では十八世紀にはいると同時に製鉄技術の進展がみられた。

(2)　宝暦の飢饉と吹差吹子の定着

十八世紀になると、盛岡藩ではそれまで仙台藩など他領の商人が主体となっていた鉄山経営から、自領の商人の経営へと移行していった。まず盛岡藩は宝永四年（一七〇七）に、三陸沿岸地域の商人である前川家の願によって、他領販売権を認可している。そのとき前川家は三千貫の延鉄（中国地方の包丁鉄に当たる）を大槌吉里吉里浦から他領へ移出した手形が残っている（森　一九七〇、二八七頁）。また享保十九年（一七三四）には、野田通沼袋鉄山の経営者が延鉄二万二五〇〇貫を江戸へ移出した。しかし、先述の宝永元年（一七〇四）の仙城鉄山以来、享保期（一七一六～一七三五）に至るまでの鉄山師は、主として城下町商人と他領商人、なかでも仙台藩の商人であった。

さらに元文期（一七三六～一七四〇）になると、三陸沿岸地域の商人が台頭すると共に他領商人が後退し、そして享保十一年（一七二六）以降になると、盛岡藩城下町御用商人により、しかも藩営化した鉄山の経営がはじまった（鯨井　一九八四、三三頁）。

こうして十八世紀半ば、すなわち元文五年（一七四〇）から宝暦の大飢饉（宝暦五～七年〈一七五五～一七五七〉）にいたる時期に、盛岡藩城下町商人、三陸沿岸地域の商人、鉄山近傍の山間部商人による共同経営が定着した。

しかし、宝暦の大飢饉によって野田通鉄山の受けた影響は大きく、「宝暦五乙亥年凶作ニ付、御領分中御鉄山不残休山相成」あるいは「働之者皆死ト申程之由、子・丑二ヶ年休山相成」（野田御代官所「鉄山始」）という状態であったという〔鯨井 一九八四、三四頁〕。このように惨害の帰結として急激に労働力を失い、鉄山の経営形態を一変させる直接の原因となった。すなわち、鉄山を存続させようとすれば、どうしても技術の改良と経営の合理化をはからなければならなかったのである。

八戸藩へまず入ったと考えられる吹差吹子が、盛岡藩の鉄山の記録に現れるのは、宝暦になってからのようである。仙台藩から入ったそれまでの踏吹子や箱吹子に近い小型の吹差に代わる「二合吹」という新技術は、宝暦始から二年間稼行された野田通岩泉村の中室場鉄山の記録の中にみられる〔森 一九七〇、三〇七頁〕。「二合吹」は製鉄炉の両側に大型の吹差吹子を設置した本格的な製鉄法で、生産性をあげる目的で導入された。

以後この吹差吹子の「合数」をあげることによって「南部の鉄」の増産期に入るわけであるが、宝暦の大飢饉に伴う被害よって仙台藩の商人資本も手を引き、技術漏洩に特別の注意を払っていた仙台工《たくみ》もそれとともに去って、踏吹子の技術は以後南部では独自には発展しなかったのであろう。因みに、上記の中室場鉄山の製鉄職人の名前には「工」ではなしに「大工」の肩書きがついている。

さらに、宝暦五年（一七五五）野田の萩牛瀧沢鉄山の経営計画「宝暦五年　野田瀧沢鐵山六吹　亥五月吉日」に、いきなり「六合吹」があらわれた。この鉄山は萩牛瀧沢鉄山で「但、沼袋村之内、宝暦二申年山入、江川より引移、四ヶ年相續、亥年凶作ニ付休山相成候処、請吹与申子ノ春迄兵治良・前川善兵衛相続之由」とある。宝暦五年から翌六年春まで兵治良と共に鉄吹を請け負った前川善兵衛は、上記文書を残している〔渡邉 二〇〇一、一頁〕。

前川はその中で、「六ッ吹壱枚仕上り積り覚」として、経費と製品（荒鉄《あらてつ》）の出来高を見積もっている。つまり、六合吹壱枚（一工程）あたりの出鉄量を六百貫目、その代金を五〇貫文とし、それに要する総経費四七貫五三一文を差し引いた利益として二貫四六九文を計上している。荒鉄は年間一一一枚（回）を吹き出す計画で、だいたい六万六〇〇〇貫目の生産量を見込んでいる。そのうち、三万六〇〇〇貫目を鍛冶屋に渡し、あとの三万貫目ほどは宮古湊から常陸の平潟へ輸出する計画を立てている。また瀧沢鉄山は八軒の鍛冶屋をもち、延鉄も生産することになっていた。だが、この六合吹きが急に拡大採用されたとは考えられない。というのは、宝暦飢饉を機とする労働力不足と借金の返済難によって鉄山師が鉄山経営から手を引き、存続する野田の鉄山は内ノ沢山一山になってしまったからである。しかも宝暦八年（一七五八）以降、この鉄山の経営者は瀧沢鉄山での前川善兵衛の共同経営者であった兵治良と、その子四郎治の単独経営になったのである〔鯨井 一九八四、三八頁〕。

八戸藩でも宝暦五年に、人馬が不足しているので製鉄炉の操業ができないという理由で、二合吹の導入が申請された〔斎藤 一九九三、七六頁〕。

以上述べたように、十八世紀前半に南部領へ吹差吹子が入って、元文年間（一七三六～一七四〇）以降には鉄生産技術の向上が見らた。こうして二合吹によって生産高があがったのだが、その直接の契機となったのは宝暦の大飢饉であった。労働力の不足から生産が落ちて品不足と価格の高騰を招き、それを克服するために、技術と経営の合理化で鉄増産に踏み切らざるを得なかったものと考えられる。この合理化の傾向は次の天明の大飢饉以降に一層顕著となってきた。

(3)　天明の飢饉以降の鉄山経営と吹子の規模

天明の大飢饉（天明二～七年〈一七八二～一七八七〉）の後、南部領では村をあげて鉄生産に主力を注いだとも言えるような大規模な製鉄が行われるようになった。この時期、盛岡藩の鉄山では、一つの鉄山に複数の炉を設置して月に七五〇〇貫から一万貫の産鉄を記録している。これは、中国地方の鉄山の生産量に匹敵するほどのものであった〔野崎 一九八八、二七頁〕。次に具体的にこの事情を見ていこう。

盛岡藩の鉄山は天明飢饉以前、すでに安永元年（一七七二）以降「御手山」または「御手山名義」という藩営形態となり、それが幕末まで続いた。一方、先に出てきた鉄山師四郎治は「御鉄山支配人」に任命され、中村という苗字の公称と「勤中帯刀御免」が許された。

中村四郎治一族は、穴沢村中村屋として天明年間（一七八一〜一七八八）まで鉄山を経営していた。しかし天明の大飢饉によって、生産費は高騰し、製品は売れず、藩からの借入金の返還どころか高額の上納金（税金）さえ支払うことができなくなり、穴沢村中村屋は多年にわたって巨額の資本を投じてきた鉄山の経営権を失うことになった。そして、その中村屋の手代的存在であった岩泉村中村屋の初代理助が、代わって実際の経営に当たることになった。次にこの南部の代表的鉄山師、岩泉村中村家の経営した鉄山の製鉄吹子について追跡してみよう。

宝久保鉄山を経営することになった中村屋理助が提出した「御尋ニ付極御内々申上候事」という史料〔森 一九七〇、三二一頁〕によると、昔の八合吹一カ山の生産量を上げるには今は二カ山を兼営しなければならない、今は二合吹と四合吹であるが、これを以前のとおり八合吹にしたい、という趣旨のことを述べている。また天明飢饉後の鉄不足、鉄価の値上がりに触れ、具体的な数字をあげている。まず「八合吹」の意味であるが、四合吹を二炉設置して、交代で使用することによって連続生産を行う工夫をしていたものと考えられる。次は飢饉の影響で鉄の生産が衰えて鉄が不足し、鉄価が上がっていることが示されている。すなわち、城下での延鉄は以前に比べて約一・八倍に、鉏鉄《あらてつ》は約一・六倍になった。また盛岡藩から常陸の平潟へ鉏鉄を移出していたが、その価格は城下のそれ以上に上がって一・八倍ほどになった。そして、原料としての鉄だけでなく領内での鉄製品も一斉に高値を呼び、以前は三七〇文から八〇文だった「一尺鍋」が当時は六五〇文から七〇〇文もしており、ここでも上昇率は約一・八倍となった。

このように、中村屋理助が八合吹の申請をして許可されたにもかかわらず、実際は砂鉄の調達が思うように任せなかった。また吹子職人の番子は「素人ニ而ハ不相成働故、新規抱相雇兼」という理由で、結局は六合吹にとどまった。番子は連日連夜交代で吹子を吹き続けるきつい仕事で、しかも素人ではつとまらない労働であるが故に、いきなり新しい人間を雇ってすませるわけにはいかないという認識が汲み取れる。しかしながら、ともかく経営規模を拡大した中村屋は、生産量を増大し、市場も拡大して利益を上げることができた。寛政二年の決算書では約三二二〇貫文の純益をあげている（森　一九七〇、三九四頁）。

ところがこの宝久保鉄山は、寛政三年三月全山焼失する悲運に見舞われた。そこで支配人理助は、再建方法として二カ所に新山を開立することを申請して許可を得ている。その一つが寛政四年（一七九二）に新設した万谷鉄山で、以後中村屋の鉄山においては八合吹による操業が文化・文政まで続けられた（平川　一九八二、二七頁）。右の再建計画書（森　一九七〇、三九九頁）から六合吹と八合吹を比較すると、六合吹の場合は月に五五〇〇貫目の生産量に対し、八合吹にすると七五〇〇貫目の鉏鉄《あらてつ》を生産する計画となっている。

八合吹にすると月に二〇〇〇貫の増産となるとして申請を行ったのである。要するに、生産規模をできるだけ大きくすることによって生産単価を低下させ、広域市場へ積極的に進出しようと想定していたことが窺われる。

万谷鉄山では、寛政の初め頃には大坂から取り寄せた「大伝馬」を六挺も使用していたが、値段が高いので地元で作った吹子に切り替えようとした。しかし「細ニ木性等ニ違も御座候哉、手数指支申候」と、やはり使っている木の性質が違うのか使いづらいとして、大坂からまた新しく「大伝馬」を輸入した。さらに、生産能率も吹子の如何によるとして、各鉄山でも吹子を吟味して使うようになり、その需要も増加したので、吹子職人が大坂から下って鉄山内

表7　盛岡藩野田通の中村屋経営鉄山

鉄　山	経　営　期　間	吹子	年間生産量	備　　　考
宝久保鉄山	寛政 1-3(1789-1791)	六合吹	5.6 万貫	寛政 1 年の生産量
万谷鉄山	寛政 4-12(1792-1800)	八合吹	生産量不明	
板橋鉄山	享和 1-文化 12(1801-1815)	八合吹	11.6 万貫	文化 5-14 年の平均生産量
割沢鉄山	文化 13-文政 9(1816-1826)	八合吹	11.0 万貫	文政 1-14 年の平生産量
松倉鉄山	文政 6-12(1823-1829)	八合吹	9.8 万貫	文政 6-11 年の平均生産量
大披鉄山	嘉永 7/3-5 月(1857)	六合吹		生産量不明
室場鉄山	嘉永 7-安政 3(1854-1856)	二合吹	3.1 万貫	安政 2 年迄の 2 年平均生産量

森嘉兵衛「南部藩の鉄山経営」(『日本僻地の史的研究』377 頁より)

で吹子を製作するようになった。

次に、寛政以降本格的に製鉄業へ進出した中村屋が、野田通において稼行した鉄山とその規模をまとめると表7のようになる〔森 一九七〇、三七七頁〈南部藩の鉄山経営〉より〕。

中村屋が八合吹で生産量を上げ、最も盛大に製鉄業を行ったのは寛政四年の万谷鉄山以降、文化・文政の時期であった。寛政にはいると、南部領の製鉄事業は勃興したが、それは農業生産性の向上に寄与した農具の発達や、土木工事の増加などに伴って鉄の民間需要が増加したこと、さらには外交・国防上の見地から武具に用いる鉄の需要が付加されたことが重なった結果であると考えられる。こうして、鉄価も寛政四年に上昇しそのまま高値を維持した〔畠山 二〇〇〇、三三三頁〕。

ところで、中村屋の同じ八合吹でも、平均の年間生産量が年々低下している。最高の出鉄量を記録したのは板橋鉄山における文化五年で、年間一五万四〇〇〇貫余りであったのだが、これ以後この記録に近づくこともなく、全体的には出鉄量低下の傾向をたどっている。

出鉄量の低下した原因は、天候や凶作などの他に種々の影響をあげることが出来るが、基本的には再生産に必要な資金不足によるものと考えられる。中村屋は、嘉永になってから野田通で二つの鉄山の経営に携わっている。その内の一つである大披鉄山では六合吹で操業する準備をしたものの、すぐに手を引いており、生産した記録は見あたらない。またもう一つの室場鉄山では二合吹の小規模な操業状態へと後退せざるを得なかった。その上原料の砂鉄の質も燃料生産の効率も悪く、年間生産量も三万貫前後に止まって、採算は思わしくなかった。その結果中村屋は経営権を失い、幕末の鉄需要の激増と鉄価高という、一時的ではあったにせよ千載一遇の恩恵に浴することも出来ないまま衰退した。

ともあれ、中村屋全盛時代の板橋・割沢両鉄山の場合は製品輸出が順調で、その輸出量が南部の鉄輸出量を押し上げたようである。さらに当時の南部の鉄輸出量がふえて、江戸における鉄価も下がったという〔森　一九七〇、四二五頁〕。

畠山次郎氏は『鉄価録』などの史料を使って、天明四年（一七八四）から安政二年（一八五五）まで、七二年にわたる鉄価格を整理してまとめた〔畠山　二〇〇〇、三三一頁〕。鉄価の変動の傾向を概観すると、寛政四年（一七九二）に上昇した鉄価は文化に入ると低下してほぼ安定し、それが文政四年（一八二一）まで続いた。文政六年（一八二三）から九年（一八二六）も寛政期の高値水準に戻ってそのまま推移した。だが、その後の天保大飢饉（天保四〜十年〈一八三三〜一八三九〉）直後に当たる天保十一年（一八四〇）以降の鉄価上昇は異常という外はない。鉄価はそのまま高直を続け、安政元年には一段と高値に跳ね上がった。

天保の大飢饉は、松倉鉄山の経営に苦しんでいた中村屋をさらに苦境に陥れた。一般に、鉄価は飢饉の始まりと同時に下がり、その終わりと共に急上昇するが、一方米価は飢饉の始まりと同時に必ず急上昇する。鉄価と米価のこの複合パターンが天保の大飢饉では特に顕著である。なかでも大飢饉の深刻さを増した天保七年には、鉄価が下げ止まったまま米価が空前の高値を示し、この逆鞘は中村屋のように鉄を輸出して米を輸入する経営者を最悪の経営状態に陥らせた〔森　一九七〇、四八三頁〕。

大飢饉による労働力不足は、技術革新による経営の合理化への大きな圧力となったが、今度はそれがどのような送風装置への工夫に繋がったのかを次に明らかにする。

六　水車吹子

岡田廣吉氏は、天保大飢饉が南部の「水車仕懸」すなわち水車吹子の発明へ繋がったのでないかとしている〔岡田 一九七八b、五五七頁〕。水車吹子とは、水車と吹差吹子を動力伝導機構でつないだ水車駆動送風装置のことである。中国地方で水車吹子が導入されたのは明治二十年代以降である。一方東北地方では、「水車仕懸」が安政五年（一八五八）までには確実に存在しており、文久年間（一八六一～）には、在来製鉄法に水車送風を組み込んだ技術が各地に普及していた。

1　南部領の水車吹子

東北地方では水車吹子は何時誰の手で発明、乃至は導入されたのか。岩手県では、水車吹子の発明者として中野勘左衛門の名前が伝えられている〔岡田 一九七八b、五五六頁〕。中野勘左衛門は文化九年（一八一二）に、盛岡藩領野田村城内に生まれたという。野田村は、野田通代官所が設けられて多くの鉄山が経営されていたところである。勘左衛門は「発明好きで鉱山の鞴を水車で吹くことを発明し、藩侯に召し出されて封内各鉱山に之を伝えた。文久元年（一八六一）に五五歳で没した」という。

ところで岡田廣吉氏は、中野勘左衛門の居住地が盛岡南部藩と八戸南部藩の主要な製鉄所が数多く分布していたことに注目している。その上で、「発明の時期は、〈水車仕懸〉の普及していた安政五年（一八五八）ころより以前とみてよく、発明の実施能力を考えれば、中野勘左衛門が二五歳を過ぎた天保の初期以降をとりあえず想定出来よう」としている〔岡田　一九七八b、五五六頁〕。

とすれば、この水車吹子の発明は、天保飢饉による製鉄労働者の著しい減少、特に送風労働者の確保が難しくなったことへの対応として、その必然性を想起しても不自然ではあるまい。また南部領でも踏吹子は一部で使われていたようだが、主たる製鉄法は吹差吹子による「二合吹」であった。この地域的な基盤技術条件が幸いして、既存の吹差吹子と水車の連動を図る何らかの工夫が動力伝導装置の発明へと結実したのであろう。しかし、この「吹子を水車で吹く」発明の詳細を直接うかがわせる記録はまだ発見されていないようである。

安政五年頃に遡る「水車仕懸」とは、八戸藩久慈在住の中野作右衛門という鉄山経営者が、釜石鉱山の洋式高炉を立ち上げた大島高任に宛てた書簡（安政五年）に出てくる言葉である。作右衛門は釜石鉱山への出資者の一人でもあった。書簡は、久慈から二里半ほどの所にある沢山《さわやま》に新しい鉄山を開く予定について述べている。その中に、「先つ当年差当り之処は是迄より少し高目にいたし、幸ひ流れも御座候付、小車や水車仕懸見申度奉存候」〔岡田　一九七八b、五五七頁〕との表現がみられる。ここでは新鉄山の開設に当たって釜石鉱山の洋式「小車や水車仕懸」を見学したい（「見申度奉存候」）と興味を示したものと解釈できる。このことは、すでに久慈地方で水車吹子に関する技術的知識が広まっていたことを示しているといえよう。八戸藩の記録を研究した斎藤潔氏は、文久元年（一八六一）の調査では水車吹の例が三件挙げられていることを示している〔斎藤　一九九〇a、五三頁〕。その中に、「一、水車二合沢山　中野作右衛門」とある。

その後沢山鉄山の経営者がどのように代わったのかわからないが、明治末から大正九年頃までたたら式製鉄方法で操業し続けたのであり、その送風方法は水車式であったという〔岡田 一九七八b、五五七頁〕。安政五年頃の沢山鉄山と明治、大正の沢山製鉄所との、それぞれ使っていた水車式送風装置の構造が同じであるという保証はない。それでも、土着技術としての「水車動力による吹子」の存在は、一つの新しい基盤技術が東北地方で育っていたことを確信させてくれるものである。そして、同じ東北地方の釜石鉄鉱山における洋式高炉の操業につながっていったのであろう。

2 中国地方の水車吹子

中国地方では貞享・元禄（十七世紀末）の頃から広く天秤吹子が使われていて、吹差吹子の台数を増やして増産を図る方式と併存していたことはすでに述べたとおりである。しかし、明治時代まで残った代表的な鉄山はほとんどが天秤吹子を使用していた。確かに天秤吹子の発明は労働力を削減して鉄の増産に大きな効果をもたらしたが、なお動力を人力に依存する状態から抜け出すことはできなかった。伯耆〔鳥取県〕日野郡の代表的鉄山師であった近藤家では、天秤吹子を明治二十二年頃まで利用したが、人力を省く目的で、広島鉄山で開発された『トロンプ』を採用した。さらに、「其後普通鍛冶工場にて使用さる、普通の鞴の大型のもの四臺を水車にて運轉する方法を初めトロンプと並び行はる、様になった」という〔近藤 一九二六、九頁〕。

しかしながら、トロンプを大正七年（一九一八）に調査した山田賀一氏は、トロンプは送風の圧力が弱いため送風量も少なく、水分を含むため炉温を下げるので段々用いられなくなったと否定的な評価を下している〔山田 一九一八、三六三頁〕。事実、山田氏のこの評価を裏付けるように、山陰地方の鉄山師田部家、絲原家でもこのトロンプを採用したが、いずれも後に水車吹子に切り替えている。

一方、近藤家が経営していた菅福鑪（鳥取県日野郡菅福村）で採用した水車吹子を調査した山田氏は、その機構を「水車鞴は水車の心棒に歯車を取付けこれより歯車クランクホイール、コンネクチングロッドを経てピストンロッド及ピストンを往復せしめ通常町鍛冶か使用せるか如き木製差吹鞴により送風す」と説明している〔山田 一九一八、三六四頁〕。すなわち、水車鞴とは一種の水車で作動させるピストン送風機であり、水車の回転軸に取り付けた大きな歯車で歯車クランクホイールを駆動させ、連結棒で回転運動を水平往復運動に転換して吹差吹子の把手（ピストン）を操作する方法である。吹差吹子本体の寸法は長さ四尺六寸、幅二尺四寸、高さ二尺五寸であったという。

以上のように、明治二十年代になって中国地方で採用された水車吹子の駆動装置は、近代的なピストン・クランク機構を備えていた。このピストン送風機について、山田氏は「割合壓力強き衝風を得るか故に少々羽口に固り付き生するも之を吹き飛はしても風を通する力あり、然も簡単にして價格も廉き為め一般にこの種の送風機か用られつつあり」〔山田 一九一八、三六五頁〕と評価しており、大正時代まで広く採用されたようである。

天秤吹子から水車吹子へと切り替えた理由は、単に動力化による生産増強や労働力の削減をねらっただけではなかったようである。天秤吹子を操作する職人、つまり番子の技能の高低によって鉄の生産量が左右される。番子はいわば専門性を必要とする職種なのであって、単に人数を揃えればすむというものではなかった。この事情は天秤吹子に限ったことではない。先に述べたことであるが、中村屋が吹差吹子の八合吹を計画しながらも結局六合吹きにせざるを得なかった原因が、素人では勤まらない仕事だから新人を採用してすむものではない、という理由であったこともこの事情と一致する。したがって、水車吹子の採用も、結局は送風職人を充当できない事態への対応策でもあったのであろう。

水車吹子の熟練労働力不要という直接的な効用をねらったのは、東北地方の場合も同様であったと考えられる。し

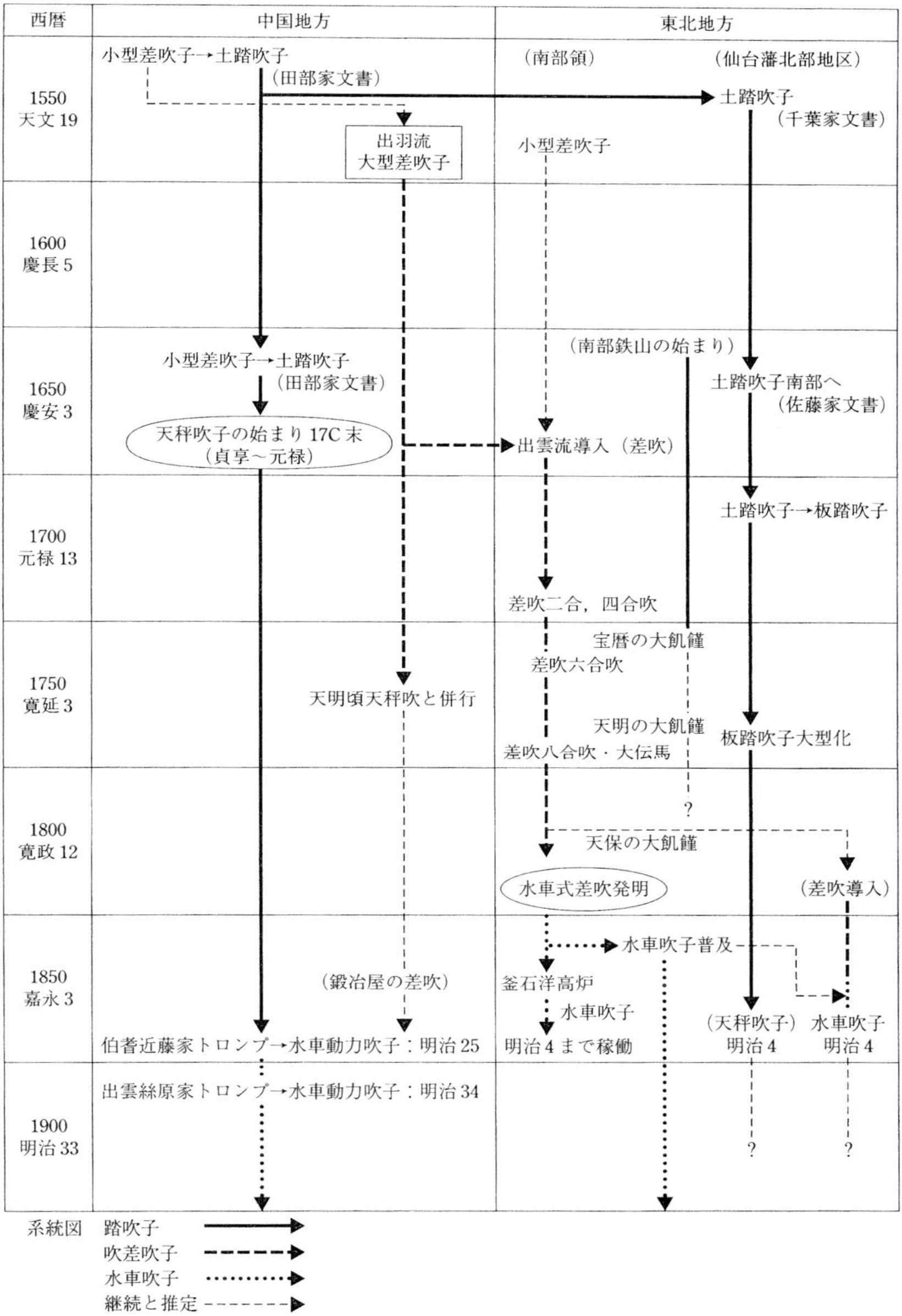
西暦
中国地方
東北地方
1550
天文19
1600
慶長5
1650
慶安3
1700
元禄13
1750
寛延3
1800
寛政12
1850
嘉永3
1900
明治33
小型差吹子→土踏吹子
（田部家文書）
出羽流
大型差吹子
（南部領）
（仙台藩北部地区）
土踏吹子
（千葉家文書）
小型差吹子
（南部鉄山の始まり）
小型差吹子→土踏吹子
（田部家文書）
土踏吹子南部へ
（佐藤家文書）
天秤吹子の始まり17C末
（貞享～元禄）
出雲流導入（差吹）
土踏吹子→板踏吹子
差吹二合，四合吹
宝暦の大飢饉
差吹六合吹
天明頃天秤吹と併行
天明の大飢饉
板踏吹子大型化
差吹八合吹・大伝馬
?
天保の大飢饉
水車式差吹発明
（差吹導入）
水車吹子普及
（鍛冶屋の差吹）
釜石洋高炉
水車吹子
（天秤吹子）
明治4
水車吹子
明治4
伯耆近藤家トロンプ→水車動力吹子：明治25
明治4まで稼働
出雲絲原家トロンプ→水車動力吹子：明治34
?
?
系統図
踏吹子
吹差吹子
水車吹子
継続と推定

図12　製鉄用吹子の変遷図

かも東北地方では、伝統的に吹差吹子二合吹が一般的に行われていたので、独自の動力伝達装置を工夫して、それにより吹差吹子と水車を組み合わせることによって幕末から水車吹子が普及したのであろう。

一方、踏吹子の発展型式であった天秤吹子が主流であった中国地方では、明治二十年代という、すでに西洋の機械文明が導入されつつあった時代になって、初めて本格的なクランク機構をもつ水車吹子を導入したのである。近藤壽一郎氏が述べているように、「鍛冶工場で使用される鞴の大きいもの」、つまり当時はすでに鍛冶屋でしか使われていなかった吹差吹子を、天秤吹子に替えて再び採用したのである。

以上に述べた「近世における製鉄用吹子の変遷」の概略を図12に示す。但し、図の内容は代表的な流れを示すもので、当然ながら各種、大小の吹子が併用されていたものと考えられる。

第五章　製鉄技術の近代化とたたら製鉄

本章では、先ず西洋の近代製鉄の歴史を簡潔に辿ったのち、その製品と製鉄技術がどのようにして日本に導入されたのか、またそのとき、たたら鉄が内外の圧力に耐えながら、どのように関わったかを明らかにすることを目的とする。

西洋の製鉄近代化は、約四〇〇年かかって、必要により自ら新技術を次々に生み出していった結果として達成されたのである。それに比べて、日本は自らの技術革新によって製鉄の近代化を果たしたのではなく、西洋の新技術を五〇年に圧縮して導入して成し遂げた。この洋式製鉄法の導入により、たたら製鉄は駆逐されて行ったのである。

一　西洋の製鉄技術と世界的商品展開

まず西洋の近代製鉄の発展史を段階的に把握し、十九世紀末に発展した西洋諸国の近代製鉄の発展状況を概観し、日本への近代製鉄技術の導入時期を確認する。次いで、同じように西洋の近代製鉄を導入した中国・インドとの比較によって、洋鉄導入の背景となる日本の近代化の特徴を明らかにした後、日本の洋鉄導入の過程を述べる。その導入過程において、たたら製鉄がどのような役目を負っていたのかを明らかにする。

1　西洋の近代製鉄の歴史

ここでは、銑鉄《せんてつ》製造にはじまり、可鍛鉄《かたんてつ》への精錬法の開発を経て、燃料革命ともいうべき石炭燃料の利用による製鉄法の発明、そして大型精錬炉の発明によって鋼《こう》の時代を迎えた近代的製鉄の発展状況を把握する。

(1)　銑鉄から可鍛鉄へ

世界的に見ると、ヨーロッパでは十四世紀から十五世紀には、それまで人間や動物の筋力で動かしていた送風用の吹子の動力として水力が用いられるようになり、「高炉」とよばれる熔鉱炉が出現した。この時期の燃料は木炭であったが、高炉によって高温が得られ、鉄は熔けて熔融状態の鉄になった。これは、ちょうどヨーロッパに資本主義が形成される時期に当たっていた。高炉の発祥地は西ドイツのライン河流域といわれているが、誰が発明したのかはわかっていない。製鉄炉に水車が利用されると、吹子ばかりでなく、鍛造用のハンマーにも水車による動力が用いられるようになった。

この新しい高炉法では、炉内の温度が高くなると、鉄が木炭中の炭素を吸収する度合いも高まって鉄の熔融点が下がり、湯となる。この状態の鉄を銑鉄《せんてつ》（たたら法の銑《ずく》と同じ）といい、炭素を約二%以上含有したものとされているが、通常は三〜四%も炭素を吸収している。熔融点は純鉄の一五三〇度に対して、一二〇〇度まで下がる。銑鉄は、炭素の少ない鉄と違って全く可鍛性（打撃によって破壊することなく変型する性質）がない反面、青銅や銅のように鋳造が出来、新しい産業として鉄の鋳造がはじまった。

銑鉄は右に見たとおり炭素の多い鉄であり、一方、可鍛鉄は炭素の少ない（約二%以下）鉄である。ただし、銑鉄中の炭素を酸素で燃やして除去すれば可鍛鉄に変わる。これを脱炭法といい、それに使われる炉を精錬炉とよぶ。まず高炉で銑鉄をつくり、精錬炉でこれを可鍛鉄に変える方法を間接製鉄法というが、古くから行われた原料鉱石を木炭などの燃料で直接還元して鉄をつくる方法を直接製鉄法という。ただし上述の可鍛鉄は、はじめは完全に湯にならず半熔状であった。脱炭は純鉄の熔融点に近づく方向ゆえに、熔融点が高くなるので、熔融にはさらに高温が必要となる。したがって、十分な高温が得られなかった当時（十七世紀まで）は半熔状となった。すなわち、まず熔鉄（銑鉄）をつくり、これを半熔鉄（可鍛鉄）に変えたことになる。可鍛鉄をも熔鉄にすることは、さらに後世を待たねばならなかった。

ここで、これまでに述べた各種の鉄の性質についてまとめておく。まず、炭素の含有量によって銑鉄と可鍛鉄が区分される。すなわち鉄合金のうち炭素含有量が約二％以上のものを銑鉄、それ以下のものが可鍛鉄である。さらに当時は、可鍛鉄が「鋼《こう》」と「鍛鉄または鉄」に別れていた。刃物やぜんまいに使用する硬くて強いものが鋼で、炭素含有量は鍛鉄より多く、焼き入れをすることが出来た。銑鉄は溶解して鋳型に流し込み、鋳物にすることはできるが、赤熱状態で圧延したり鍛造したりすることによって加工することができない。これに対して鋼は、鋳物はもちろん、色々の形のものに加工することができる。さらに鋼は、硬いが脆い銑鉄に比べ、硬くてしかもはるかにねばり強く、衝撃に対しても強い。

高炉の出現こそが近代製鉄技術の出発点となった。高炉法を可能とした技術的要件が水車の発明であったとしたら、高炉法の発展を支えた社会的要件は大砲と火薬と砲弾であった。十四世紀のヨーロッパにおける火薬の発明によって戦争の方法が根本的に変化し、鋳鉄から鋳造された大砲と砲弾が新兵器として大きな意味を持つようになったのである。

西ドイツで始まった高炉法、鉄の鋳造および間接製鉄法が、決定的な威力を発揮したのは、イギリスにその技術が定着したときであった。後発のイギリスは、十五世紀の末に大陸から高炉法を導入すると、次の一〇〇年間でおびただしい量の高炉を建設した。高炉法で製造された鋳鉄砲によって、十六世紀のイギリスは海洋の支配者になったのである。十七世紀のイギリス製鉄業は、新産業として発展を続けながら、十八世紀後半の産業革命を準備したと考えられる。しかし、その途上で木炭の欠乏という困難にぶつかり、その解決を木炭から石炭への転換に求めて苦闘しなければならなかった。

ここで石炭へのエネルギー源の転換に手短に触れなければならない。イギリスではまず木綿工業において、およそ一八三〇〜四〇年頃までに、機械制工場生産が支配的となり、新たな生産様式は他の繊維工業から、さらに製鉄業を始めとする重工業部門に波及して、ここに近代資本主義社会は他国に先駆けて十九世紀前半のイギリスに確立した。このイギリスの産業革命を基本的に支えたのは石炭業である。十七世紀半ばまでに木炭から石炭への燃料の転換が起こり、石炭業のめざましい発展と、石炭を燃料とする各種工業の勃興が見られた。一七六九年蒸気機関の特許がジェームス・ワットに与えられ、蒸気機関が新たな動力として利用された。

この間イギリス製鉄業では、十八世紀の前半に、A・ダービー父子が石炭、コークスを燃料とする高炉の操業に成功し（一七〇九年）、高炉における木炭欠乏問題の解決をみた。しかし、銑鉄を可鍛鉄に変える精練技術は、依然として木炭に依存していた。この問題も一七八三年には、パドル法という新しい反射炉による精練法が発明されることによって解決された。発明者のH・コートは、このパドル法を蒸気機関による圧延法と結合して、ハンマーによる鍛造を過去のものとするパドル・圧延法という新技術を完成した。

パドル法とは、反射熱を使って銑鉄を溶解し、火焔の酸素によって炭素を酸化除去する方法である。鉄は炭素を失って純鉄に近づくにつれて熔融点が高くなるので流動性を失う。そのためこの反射炉では、反応を促進する目的で、人力を用いて鉄の棒でかき回し（パドリング）を行ったのでこの名がある。

　このようにして、十八世紀のイギリスでは銑鉄の製造、精練、圧延という全工程が石炭を燃料として実施されるようになった。さらにこの世紀の前半には、これまで高熱を必要とするので熔かすことが出来ないとされていた可鍛鉄も、コークスを使って熔かす技術が発明された（一七三五）。それは、B・ハンツマンによる坩堝鋳鋼法《るつぼちゅうこうほう》で、まさに熔けた可鍛鉄を作る方法であった。鋼は硬く強靱で、いわば特殊な可鍛鉄である。鋼を熔かすには、銑鉄の熔解度一二〇〇度に対し、一四〇〇度を要した。従来の鋼は、先に述べたように半熔状で製造されるから、内部に滓が残留する点が欠陥となる。だが熔かせば滓は浮上して鋼は純粋になり、均質化する。ただし坩堝鋳鋼は小規模生産の高価な材料で、本質的に、一般の材料として使用されるパドル法錬鉄に取って代わりうるものではなかった。

(2)「鋼の時代」をもたらせた熔鉄法の発明

　製鉄の規模が拡大されるに伴って、鉄の技術に大きな矛盾が現れてきた。高炉（製銑）―パドル炉（精錬）―圧延（鍛造）という製鉄工程において、製銑工程は高炉の大型化と熱風使用により、また鍛造工程は圧延機や蒸気ハンマーによる機械化によって生産性を上げることができた。しかし、間に挟まったパドル炉は、パドリングという人間の労働に制約されて、規模を大きくすることが出来なかった。だが、それも一八五六年にH・ベッセマーが転炉を発明したことによって克服され、精錬炉の大型化が大きく進展した。

　ベッセマー法の原理は、熔銑の中に直接空気を吹き込むことによって、その酸素で不純物の珪素や炭素を酸化して除き、鋼に変えてしまうというものである。そのとき発生する高温度の熱によって、製造された鋼は熔けたままの状態を保持する。従って、吹き込みを適当に中止すれば、望みどおりの材質のものが得られる。原鉱石としては、珪素の含有量が多く、しかも燐分や硫黄の特に少ないものが最適であった。

パドル法に比べて大量生産可能の、まったく新しいタイプの転炉製鋼法がベッセマーによって提供され、さらにそれに引き続いて平炉法が発明された。それはパドル法のように反射炉で熔銑を半熔鉄に変えるだけでなく、反射炉を、熔鋼を製造する炉に転化したものであった。その原理は、熔銑に鍛鉄つまり錬鉄《れんてつ》*を挿入して炭素量を調節することによって熔けた鋼にするか、あるいは銑鉄に鉄鉱石を添加して、鉄鉱石の酸素成分で銑鉄を脱炭して熔けた鋼に変えるかである。この原理を実践するためには、ベッセマー法同様の高温が必要であった。一八五六年にロンドンのシーメンス兄弟によって発明された蓄熱法を取り入れた反射炉は、高温を必要とする鋼の熔融を可能とした。さらに、南フランスの経験豊かな製鉄家P・マルチンが、一八六四年に、シーメンスの指導をうけて築造した炉で熔鋼の製造に成功した。のちにシーメンス・マルチン法（平炉法）と呼ばれた熔鋼法の誕生である。

＊近代製鉄法による精錬工程を経た鍛鉄を錬鉄といい、たたら製鉄法の大鍛冶工程（これも一種の精錬工程であるが）で得られた錬鉄《ねりかね》（歴史用語）とは区別する必要がある。

高炉法のヨーロッパでの全面的発展と、ベッセマー転炉およびシーメンス・マルチン平炉の出現は、「鉄の時代」から「鋼の時代」へ移る、製鉄技術における大きなエポックを作った。その影響と支配は、それから一〇〇年以上後の現在にまで及んでいるのである。しかし、これらの偉大な発明にも重大な問題点があった。すなわち、パドル法で除去できた燐をこれらの熔鋼法では除去できなかったのである。

ヨーロッパには含燐鉱石が多く、新時代の熔鋼法が誕生したにもかかわらず、依然としてパドル法に依存する状態が続いた。熔鋼法における脱燐法は、一八六〇年代以来、全ヨーロッパの製鉄人たちがあげて取り組んだものの、容易に解決できなかった。それが遂に達成されたのは、一八七九年のことである。問題を解決したのは、ドロマイトとタールから耐久性のある塩基性耐火材を製造することに成功したイギリスのG・トーマスである。燐分の多い鉱石でつくられた銑鉄を精錬する場合は、まず石灰を挿入して滓を強い塩基性（アルカリ性）にする。そして、その滓中に燐が取り込まれて脱燐が可能となる仕組みである。しかし、ベッセマー法は、耐火材として従来の珪酸を主成分とする酸性耐火材を用いていたので、塩基性滓と反応して炉壁が侵蝕されるため、脱燐の目的で石灰を装入する処置は取れなかったのである。この脱燐を伴う新しい方法は、ベッセマー法に対してトーマス法または塩基性ベッセマー法と呼ばれた。その後、平炉法にも急速に塩基性耐火材が採用され、石灰の多い塩基性滓によって脱隣するだけでなく、硫黄を除去する技術が発展した。

2　西洋諸国の近代的製鉄業

ルードウィヒ・ベックはその大著『鉄の歴史』の最終巻で、「一八七〇年から一九〇〇年までの三〇年、製鉄業はこれまでのどの時期よりも大きな進歩をとげた」、そして「進歩が全般的であり国際的であったことがこの時期の重要な特徴であった」と述べている〔ベック 一九七三、三頁〕。この間の進歩によって、製鉄は現在に至る「鋼の時代」へ完全に突入したのである。この進歩は、すべての西洋文明国で認められたが、各国には異なる特色や事情が見られた。

さらに、まさに日本もこの時期の進歩に加わることが出来たのである。進歩が国際的であった理由として、重要な技術の発明や仕事が公表され、かつその発明が特許によって保護されていたことをあげることが出来る。この時期には、各国の冶金家達が意見を交換し合い、ともに新しい鉄鋼製造法の研究をした。特許制度が技術の発明を世界に知らせ、普及するのに役立ったのである。

この期間に、錬鉄は熔鋼に置き換わり、その生産量も増加した。すなわち一八五六年に発明された酸性転炉法（ベッセマー法）に、この期間に生産量を増加させる諸改良がなされた。さらに、一八七九年の塩基性転炉法（トーマス法）の発明によって、さらに躍進が加わったのである。技術革新を貫くものは、鋼の大量生産であり、質の均一化であり、労働生産性の向上であった。このような資本主義的生産様式の発展の基礎となった機械工業からの鉄鋼の需要は激増し、その需要に支えられて鉄鋼業はますます拡大された。そして、鉄鋼業の拡大はさらに機械生産を発達させて、近代的鉄鋼業は資本主義生産に最も適した大量生産と機械化の道を歩むこととなった。

この相互関係と同じことが交通機関の発達と製鉄業の拡大についてもいえる。資本主義の発達段階における交通機関の発達は、国内市場および世界市場を飛躍的にひろげ、大量生産がさらに拡大された。鉄道の発達は、レールと車両に対する鉄鋼の無限の需要を呼び起こし、さらに水上輸送の船舶も木造船から鋼鉄船にかわって、これまた鉄鋼の需要に結びついた。このように交通機関の発達と鉄鋼業の拡張とは相互に影響しあって資本主義の飛躍的な発展を促したのである。

日本は明治維新後、全面的に洋鉄の新技術を導入した時期に、およそ以上のような西洋諸国の状況に遭遇したのである。

まず、西洋における重要な製鉄技術の発明時期とそれを日本が導入した時期の関係を確認するために図13を示す。さらに図14では、ヨーロッパにおける近代的製鉄技術の発達過程を、銑鉄製造法と鋼製造法に分けて示す。

図13から読み取れるように、ヨーロッパにおける製鉄近代化は、十四～十五世紀の高炉出現から産業革命期のパドル法による錬鉄製造を経て、十九世紀半ば過ぎのベッセマー、シーメンス、マルチン、トーマスらによる近代熔鋼生

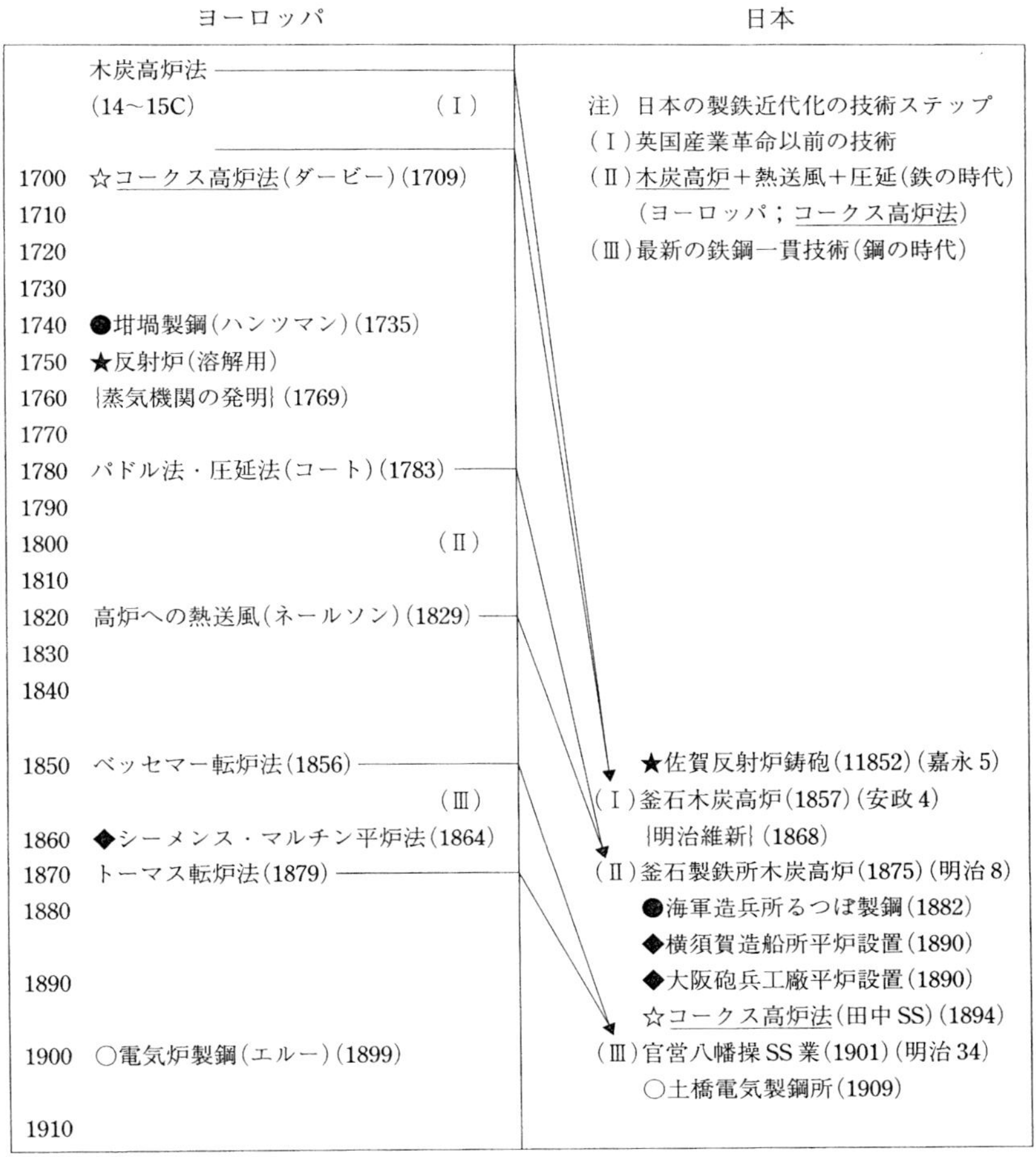

図13　ヨーロッパの重要製鉄技術の発明時期とそれらの日本への導入時期の関係

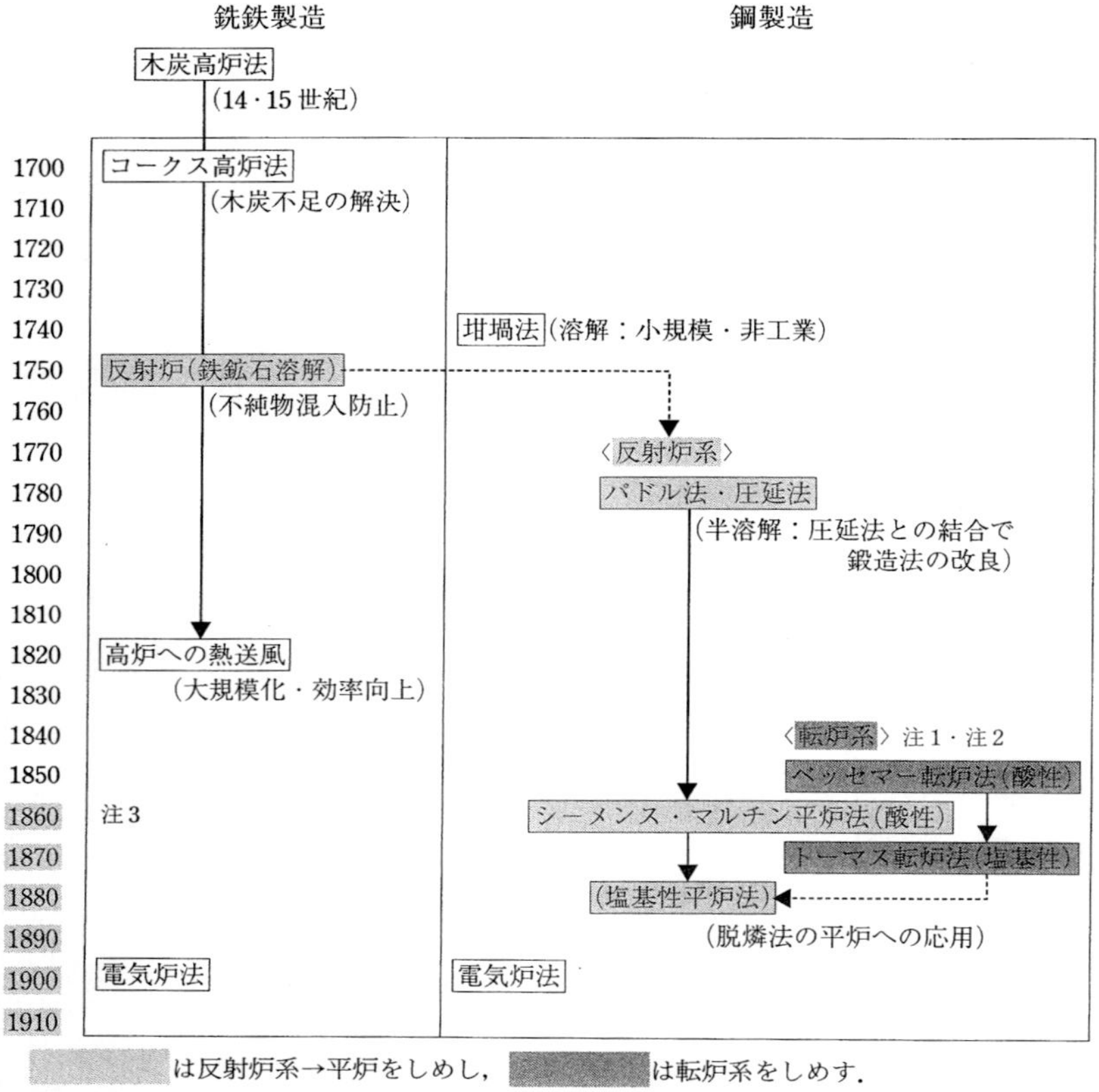

註 1)　ベッセマー転炉法は完全溶解製鋼法であるが，鉱石は珪素の含有量大で，燐は不含のこと．

2)　トーマス転炉法も完全溶解法で，脱燐可能．鉱石はむしろ燐の含有量大の方が最適．

3)　1860～1910 は，日本へ近代的製鉄技術が導入された時期

〈参考事項〉

炉温：コークス高炉，反射炉（1200 度），るつぼ法（1300 度），パドル法（1200-1300 度），ベッセマー法，シーメンス・マルチン法，トーマス法（1500～1600 度）（完全熔解製鋼法）

図 14　ヨーロッパにおける近代的製鉄技術の発達過程

産法の開発に至るまで四〇〇年の過程を経ていた。また図14に示す通り、鋼の製造法には転炉法と反射炉系の平炉法とがある。まず後者を見ると、反射炉系のパドル法によって半熔解の錬鉄がつくられ、それから約八〇年後にシーメンスが炉の改良を行って高温を得ることに成功し、熔鋼製造法として平炉を開発した。同じような発想から平炉を開発したのはフランスのマルチンであった。一方、前者の転炉法による大量生産の代表的方法であるベッセマー転炉法がイギリスで発明されると、瞬く間にアメリカでの採用が拡大された。また、ベッセマー用鉱石としては不適当な含燐鉱石を使う製鋼法が英国人トーマスによって開発されると、本家のイギリスよりむしろドイツやフランスでそのトーマス法が本格的に活用され、さらに改良が加えられた。

四〇〇年間かけて製鉄技術の近代化を果たした西洋に比較して、日本の近代化は、大体五〇年間に圧縮されている。すなわち、幕末の一八五〇年代に佐賀藩の反射炉で銑鉄砲が鋳造され、釜石で高炉製鉄を成功させてから、一九〇一年に官営八幡製鉄所が操業を開始するまでに五〇年の歳月を要したのである。とくに明治維新（一九六八）後には、西洋の最も新しい技術を次々と取り入れて、世界的な製鉄業の進歩になんとか加わることが出来たのである。

ここで西洋諸国のうち、主要な英・独・仏・米の一八七〇〜一九〇〇年における製鉄業の状況について概観しておく。銑鉄および熔鋼生産量は、この三〇年間にいずれの国も増加している。しかし、一八七〇年以前一〇〇年間もトップの座を守りつづけたイギリスが一八八五年以降アメリカとドイツに追いつかれた。そしてフランスはイギリスには遙かに及ばないが、着実に生産を続けた。アメリカはとくに鋼生産の分野での躍進が目立ち、ドイツは一九〇〇年にはイギリスを抜き去るに至った。

次に、明治時代半ばまでの、日本の鉄鋼生産高と世界のそれを比較するために、大橋周治氏がベックの資料からまとめた表（大橋 一九七五、二三四頁）を引用する（表8）。

表8　19世紀後半期の主要国と日本の鉄鋼生産高　　　　（単位：1,000トン）

	銑鉄			熔鋼			錬鉄		
	1870 明治3年	1880 明治13年	1890 明治23年	1870	1880	1890	1870	1880	1890
世界	12,146	18,327	27,627	673	4,192	11,632	6,749	7,900	8,446
イギリス	6,060	7,802	8,033	287	1,321	3,637	2,600	2,000	1,744
アメリカ	1,691	3,896	9,353	68	1,268	4,347	1,170	2,115	2,652
ドイツ	1,319	2,729	4,658	170	624	1,614	932	1,359	1,559
フランス	1,173	1,733	1,962	94	389	582	670	985	825
ロシア	360	446	927	9	296	378	254	292	400
日本	不詳	6	16	0	0	0	不詳	2	2

洋鉄の生産が殆ど行われていなかったこの時期の日本の鉄鋼生産高は、世界のスケールでは殆ど比較することが出来ないほど微々たるものであったことがわかる。

このような背景から、日本が一八七五年に釜石に銑鉄製造を目的として高炉を建設した。そのときはイギリスの技術を導入したが、一九〇〇年に八幡製鉄所に鉄鋼一貫製造装置を建設したときはドイツの技術を導入している。

また、一八九〇年代になると、イギリスの鉄鋼輸出状況が変わった。すなわち、二つの主要国アメリカとドイツの国内製鉄業が発展したために、両国への輸出が激減した。しかしイギリスはこの輸出量の低下を、その植民地や他の国々への輸出増化によって補うことが出来たのである。

ドイツは、一八七一年に普仏戦争の勝利によってフランスから割譲された二つの製鉄地を得て、ドイツ帝国を統一させ、製鉄業発展の基礎を築いた。ドイツ帝国議会が一旦廃止した鉄関税を、ビスマルク首相が一八七九年に再び導入して以来、ドイツは自国の製鉄事業を強力に援助した。技術的には、資源の特徴を生かしたトーマス法の開発が発展の原因に挙げられる。イギリスで発明された脱燐法（トーマス法）は、ドイツでより発展を遂げた。というのは、ドイツの鉄鉱石がトーマス法に適した含燐鉄鉱石であったことから、ドイツ鉄鋼協会が中心となってトーマス法の研究が徹底的に行われ、その結果、トーマス鋼の生産高が一八八〇年代に躍進したのである。また、ドイツでは、科学的に製鉄法を管理することによって、堅実に生産を伸ばすと共に、規格の制定と品質の向上に努力した。

一八九六年、ドイツで最初にコークスによる高炉作業を実施して、これを成功させた名誉をもつプロセイン王立製鉄所が一〇〇年祭を祝った。ところで、日本で初めて、釜石の田中製鉄所がコークス高炉作業を立ち上げたのは一八九四年であった。これはドイツに遅れること約一〇〇年、イギリスのダービー父子がコークス高炉法を発明してから一八五年後のことである。

アメリカでは、投機的とも見られる活発な企業家精神に支えられて、大量生産指向と合理化精神の発揚がみられ、そこには、著しい生産性の向上が達成されるとともに、つねに改良開発が行われた。また関税保護政策を取り、イギリスからの輸入増加にストップをかけた。アメリカの銑鉄は高炉の大型化と超強力な送風によって、大量生産を図った。また、熔鉄はベッセマー法の導入とその技術進歩に支えられて、一八七〇年代から急速に生産を伸ばした。アメリカの転炉作業には急速作業が採用されて大量生産に寄与したが、それには、アメリカのベッセマー銑の珪素含有量が少ないために、急速に吹精（銑鉄を精錬して熔鉄をつくること）しなければならなかったという事情もあった。急速精錬を促進するために炉作業の機械化、圧延法の改良、鉄道の引き込みなどのさまざまな改善が行われた。そしてアメリカの製鉄人も、世界博覧会や有力な鉄鋼協会活動を通じて、ヨーロッパとの積極的な技術交流を行った。

フランスは、普仏戦争に敗れた結果、鉄鉱石に恵まれた地区を失い、鉄鉱石を主としてドイツから輸入した。しかし、政治的にはパドル鉄（錬鉄《れんてつ》）に対する保護関税を引き上げるなどの処置をとった。そしてそのパドル鉄の生産量は、一八八〇年代にも熔鉄の生産量に対して優位を保っていた。これは、イギリスやドイツでは、一八八〇年代に熔鉄が錬鉄を凌駕したのとは異なっている。フランスでは、一八九六年にトーマス法の拡大に伴って熔鉄生産量が錬鉄のそれを漸く追い越した。一方、フランスが力を入れていたのは合金鉄の製造で、これによって特殊鋼をつくり、特に一九〇〇年のパリ世界博覧会では高い評価を得た。また、後述するたたら製鉄の改良を目的として、一八八七年に小花冬吉技師が留学し、粉鉱を固めて団鉱とする技術を習得したのもフランスであった。

以上に述べたように、西洋諸国はすでに資本主義の体制を固め、製鉄業は大量生産の時代に入っており、東洋諸国に商品市場、原料市場を求めようと狙っていた。明治元年（一八六八）はそのような時期に位置していたのである。

二　洋鉄の導入

本節では、まず日本の近代化を概観することによって洋鉄の導入の背景を確認する。次いで、洋鉄技術を三つの段階、すなわち第一は英国産業革命以前の技術、第二は銑鉄中心の技術、第三は熔鋼の技術の導入過程を追跡し、そのときどきのたたら製鉄との関わりについて見ていく。

1　洋鉄導入の背景──日本の近代化

東洋の近代的産業化は、西洋のように内発的に行われたものではなく、未成熟のまま外からの力を取り込み、或いは力に巻き込まれながら近代化の方向を取ったものである。ここではまず、東洋で製鉄の近代化の道を歩もうとした中国・インド・日本について、一九〇〇年までの状況比較を行いたい。次の表9に各国の近代化の概要をまとめて示す。

これら三国に共通することは、いずれも古代から製鉄が行われていたことである。特にインドのウーツ鋼は優れた

表9　中国・インド・日本の製鉄近代化の比較（～1900年代）

国名	内　　容
中　国	①　計り知れない石炭と鉄鉱石の資源をもつ．古代は各所で製鉄が行われた． ②　福建省に軍工廠建設（1873）．鋳造所，圧延工場，ボイラー鍛造場など．但し銑鉄はイギリスから輸入．他に内地の砂鉄製錬所から鍛鉄を買い入れた． ③　漢陽製鉄所の建設（1894）．外国人技師と教育を受けた中国人作業員によって，銑鉄とベッセマー鋼およびマルチン鋼を生産した．しかし同製鉄所が中国人の手に渡って（1897）から急速に衰微した． ④　政府は工業に対して適切な政策をとらなかった．（機械の輸入禁止．鉄輸入促進等） ⑤　鉄道の建設は，中国人の保守的な考え方によって抵抗をうけ，1897年で418 kmであった．
インド	①　良質の鉄鉱石に富み，石炭も豊富であった．太古に土着製鉄業が行われ，インドのウーツ鋼は有名． ②　1833年インド製鉄所建設（高炉とパドル・圧延工場）．イギリスに銑鉄を送り，その必要が無くなった後衰微した（1864）． ③　1875年ベンガル鉄鋼会社建設（高炉と鋳造工場）．1881年よりイギリスが経営を引き受けて拡大した後，再度民間に払い下げた．（イギリスはさらに大型の製鉄所を別の鉄山に建設した） ④　1883年カルカッタで世界博覧会開催． ⑤　ヨーロッパ式製鉄所の生産は需要のごく一部を賄うだけで，大部分は輸入に頼った．
日　本	①　鉄鉱石と石炭も豊富だが，それぞれの産地が限られ，かつ離れていた．古代より砂鉄製錬（たたら法）が行われた． ②　1875年釜石鉄山に官営製鉄所建設（木炭高炉，錬鉄工場，圧延機）．但し錬鉄工場のパドル炉は稼働しないうちに1882年閉山． ③　1882年より軍工廠で洋式製鋼開始（坩堝法，酸性平炉等）． ④　釜石鉄山を民営で再開し，コークス高炉で成功（1894）． ⑤　1901年官営八幡製鉄所操業開始（高炉工場，製鋼工場を含む一貫製造）． ⑥　政府は製鉄業の近代化に積極的に取り組んだ．一方，80年代の鉄消費量の激増に伴い鉄鋼製品の輸入も盛んであった． ⑦　鉄道の建設は1871に始まり，1899年には5, 846 kmに達した．

ベック，L.『鉄の歴史』中沢護人訳，第5巻第4冊分（482～496頁）を参照して作成．

性質を持つ鋼として有名である。

近代製鉄を導入する上で重要な要素となる鉄鉱石と石炭の産出は三国とも豊富であったとベックは述べている。少なくとも一九〇〇年頃の日本にとっては、釜石鉄山の鉄鉱石と九州地区の石炭は原料として利用価値は高いものであった。しかしそれは、中国・インドにおける原料の豊富さから見たら、比較にならないほど貧弱なものであった。

近代的製鉄所は、インドがもっとも早く、一八三三年に高炉とパドル・圧延工場を建設している。ただし、銑鉄をイギリスへ送ることが主たる目的であった。また、一八七五年にはインド国内のベンガル鉄鋼会社が高炉と鋳造工場を建設したが、経営がうまく行かず、イギリスが経営を引継ぎ、規模を拡大して再開した。このように、インドの製鉄業は常にイギリスの意向によって左右され、しかも国内需要の大部分は輸入に頼っていた。

中国は、政府が産業の近代化に対して適切な政策を取ることが無かった。一八九四年に漢陽製鉄所が建設され、鉄鋼一貫製造工場として稼動したが、良質の製鉄コークスを得られず、イギリスからの輸入に頼ったために採算が取れなかった。さらに、日清戦争に敗北した清国政府はこれを維持することが出来なかった。その後民間資本が導入され、大実業家の盛宣懐に同製鉄所の経営が任された。日本の八幡製鉄所は、操業開始直前の一八九九年、盛宣懐との間に大冶鉄鉱石の長期購入契約を結んだ（日本鉄鋼史編纂会　一九八一、六〇九頁）。これは、漢陽製鉄所のコークス不足を日本から九州産の石炭の輸入を交換輸入することで解決しようという意図も働いていたという。大冶鉄山は漢陽製鉄所から水上一二〇㌔の地点にある鉄山であり、八幡製鉄は原料鉄鉱を長期に安定して確保することを目的としていた。

清朝政府はもっぱら、外国資本の導入と鉄鋼製品の輸入に頼った。中国の産業近代化は、その後の革命軍による軍閥政府によって、更に遠のいたのである。また、一八九七年の時点で鉄道の建設が四一八㌔に過ぎなかったのは、中国人の保守的な考え方によって抵抗を受けたためとされている。

次に、日本が明治維新直後から、近代産業化へ向かう経緯を見てみよう。本来、明治維新は旧藩体制を打ち破って新しく国民国家を建設することにその意義があった。これが当時の西欧化であり近代化であって、具体的には、それは当時までの地方分権的体制が中央集権に移動することであった。しかし人々の意識には、依然として旧藩がそのまま生きており、それが明治政府成立時点で、藩政改革を巡っての政争へとつながった。結果的に明治政府は、急速に近代化・産業化の政策をとるようになるが、この点で重要なのは、「明治六年の政変」（一八七三）と呼ばれる分裂をきっかけとして、明治政府そのものが変質したことにある。それまでは、近代化派の系列と伝統主義派の系列とに政府部内も分裂していた。近代化派の大久保利通らは、明治四年（一八七一）に日本を出発して、二年近くもの間アメリカと西ヨーロッパ諸国を視察した「岩倉使節団」に参加した。そして、使節団の最終日程がオーストリアの世界博覧会の見学であった。使節団の随員には、わが国近代製鉄技術の先駆、大島高任がおり、彼はその後ドイツのフライベルグを廻って帰国している〔飯田 一九七六、二三二頁〕。

西欧の経済発展とその強力な国力、いわば巨大なる先進国の姿を目の当たりにした彼らは、外国の攻勢に対する脅威の念をもつと同時に欧化政策をとった。そしてその主導力は民間人に求めず、また中国のように外国資本に握られないようにするために、政府自らが企業的役割を演じざるを得なかった。つまり、明治政府は、日本が先進国をモデルとして、出来る限り急速にそれに「追いつく」策をとったのである。すでに明治五年（一八七二）には徴兵令を発し、国民皆兵制による近代的常備軍の成立をめざした。そして近代的資本主義制度を移植し、洋式軍事工業を始めとして一切の資本主義的大産業制度を創立し、育成しようとした。

日本の産業化政策が集中的におこなわれたのは明治二十年までの時期であった。それらの政策としては、官営工場の創設、株式会社制度や銀行制度の導入、近代的官僚制度や近代的行政組織など近代国民経済の前提となる制度的枠組みづくり、鉄道や道路や港湾などの基盤整備などがあげられる。明治政府の初期の殖産興業政策は、官営企業を中核として展開されたものであった。

官営企業の第一は、幕府・諸藩から接収した諸企業であり、とくに軍事関係のものが中心であった。また第二は、当時の工部省を中心とする官営企業であり、その中心的なものは、鉄道・鉱山の二部門であった〔原口 一九六八、二一三頁)。鉄道の建設は、一八七一年に始まり、一八九九年には全長五八四六㌔に達した。これは、同じ時期の中国鉄道距離の約一四倍に当たる。鉄道の発達が鉄鋼の需要を生み出したことは、先にも述べたように当然のことであった。富国といい、また強兵といっても両者を切り離していうことは出来ず、ともに国家発展をめざした政治の一面を表現していることには変わりなかった。

明治政府は明治十七年(一八八四)から官営工場の民間払い下げを開始した。払い下げを受けた企業家(三井、三菱、古河、浅野、大倉など)は、経営を合理化することなどによって、それらを資本主義市場における競争力をもった大企業に育成していくことになる。官営釜石製鉄所の操業が始まるのが明治十三年(一八八〇)、それが失敗して閉山し、民間の釜石鉄山田中製鉄所として発足するのが明治二十年(一八八七)である。

では、以上の時代背景のもとで洋鉄がどのようにしてわが国へ導入されたのかを次にみていくことにする。なお、本章で用いる「洋鉄」とは、西洋で開発され発展した鉄鋼製造法による産鉄をまとめた表現である。

2　洋鉄の導入とたたら製鉄

図13で示した洋鉄技術の日本への導入過程を、さらに詳しく図15で示す。

この図ではまず、在来技術である砂鉄製錬(たたら製鉄法)と輸入技術を二つの流れに分けて示した。さらに輸入技術について、大橋周治氏の分類方法を参照しながら三つの段階(I~III)に分けて示した。この段階は、わが国の製鉄近代化五〇年の過程を示すものである。次にその内容を簡単にまとめる。

I　幕末(一八五〇~)におけるイギリス産業革命以前の技術導入

釜石で導入された高炉製鉄は、蒸気機関の発明前、またコークス高炉法より以前の技術であった。すなわち、

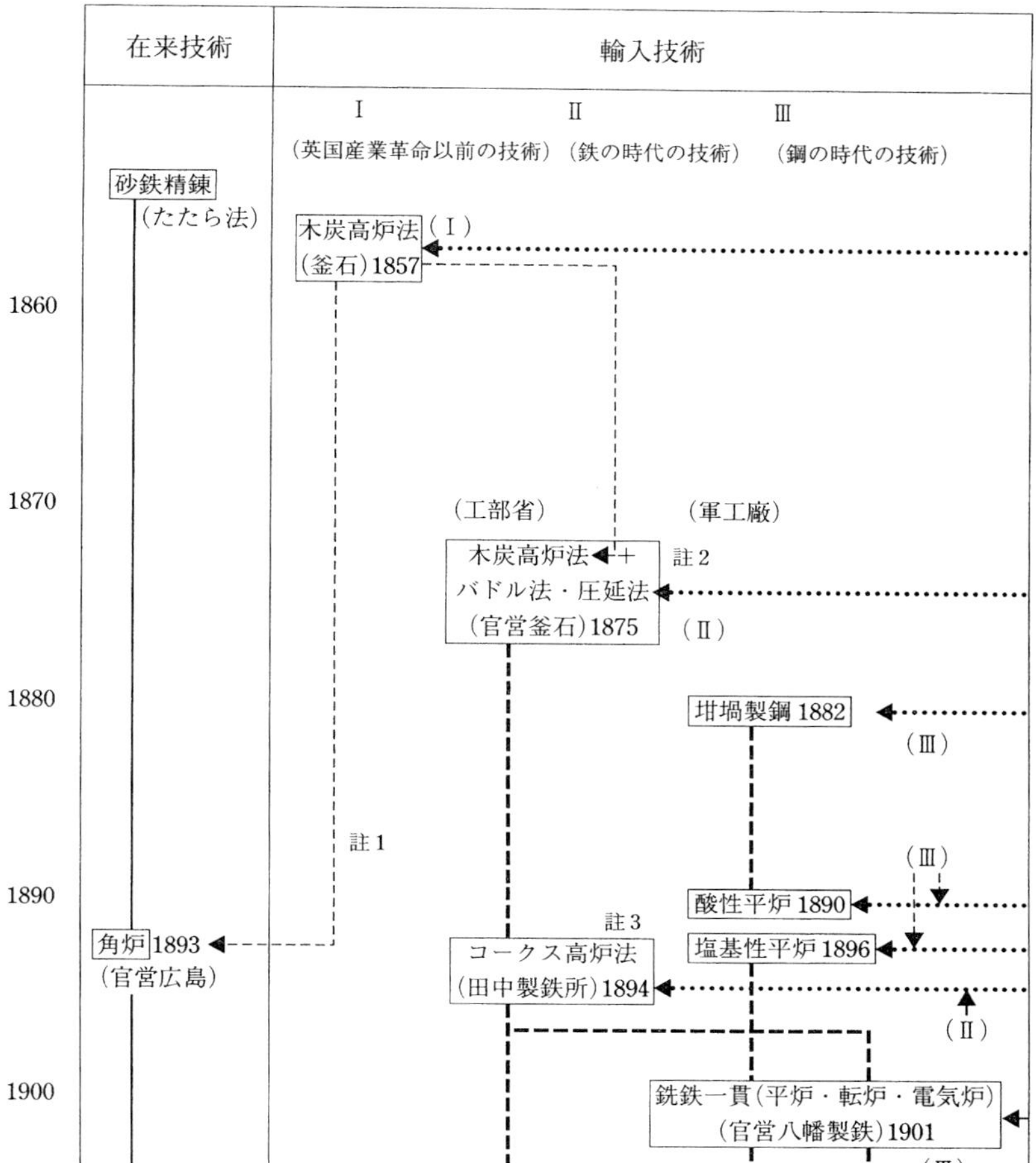

註 1)　角炉は砂鉄製錬の改良法で，鉄鉱製錬の高炉法を技術的に取り入れながら，実際はたたら法に近かった.

2)　鉄の時代の技術を取り入れながら，木炭高炉法を使った．そしてパドル法は殆ど使われなかった.

3)　ヨーロッパのコークス高炉法が日本に取り入れられたのは，発明後 200 年も経ってからであった．一方製鋼法は，コークス高炉法より以前に軍工廠で実用化されていた.

図 15　幕末から明治の製鉄技術近代化の過程

燃料は木炭、動力は水車で、冷風が用いられた。

II　明治前期（一八七〇～八〇年）における「鉄の時代」の技術導入

官営釜石製鉄所へ導入した製鉄技術体系は、イギリス産業革命を通して形成された「鉄の時代」の技術で、動力は水車から蒸気に変り、冷風に代わって熱送風が行われた。そして、高炉法とパドル法、および圧延法の組み合わせが採用された。ただし高炉法の燃料には木炭を使い、パドル法も殆ど実施されることはなかった。コークス高炉が稼動したのは、官営釜石の後をうけて経営した民営田中製鉄所において、次のIII期と重なる明治二十七年（一八九四）であった。

III　明治中期以降（一八九〇～一九〇〇）における「鋼の時代」の技術導入

欧米でも開発途上にあった近代熔鋼技術への早期対応の時期である。産業革命段階の技術が消化されない明治十年代に、海軍は鋳鋼砲を製造する必要に迫られて、熔鋼技術を探索し始めた。そこで海軍は、産業革命前の「坩堝製鋼」を持ち込んでみたり、在来の砂鉄製錬法にも関心を示した。しかし一八九〇年以降、陸海両軍ともそれぞれの工廠に酸性平炉を設けて「鋼の時代」の技術移植に取り組んだ。その後官営八幡製鉄所の創設を推進して、欧米が到達している最新の銑鋼一貫技術体系を一挙に持つこととなった（一九〇一年）。

以上、近代製鉄技術導入の三段階のうち、IIおよびIIIの段階は複雑に入り組んで導入がはかられている。次に各段階の主な内容について、さらに詳しく述べる。

(1)　幕末の洋鉄導入

わが国の洋鉄導入のきっかけは、黒船の渡来によって欧米の兵器に恐怖を抱き、欧米に一歩でも近づきたいと懸命な努力がはじめられたことによる。それは、鉄製砲を鋳造することと、その大砲を装備する蒸気船を目標として洋式帆船を建造することから始まった。

大橋周治氏は、わが国の近代工業の導入過程を、鉄製砲の鋳造のために建造した反射炉とその操業、さらにその材料である銑鉄の高炉による製錬とに焦点を当てて明らかにしている。明治政府による洋式製鉄法導入の以前、すでに幕末時代に高炉製鉄が日本で操業されていたことを明らかにするために、大橋氏に依拠して反射炉および高炉の導入過程を述べる〔大橋 一九七五、三頁〕。

幕末の反射炉による鉄製砲の鋳造事業は、佐賀、薩摩、水戸、長州、鳥取、岡山の六藩と一代官所（幕府天領韮山）に及んでいる。また、鋳砲材料である銑鉄の高炉による製錬（洋式製鉄）の試みは、広く知られている南部藩釜石のほかに、薩摩と箱館奉行所管下の蝦夷地渡島半島の併せて三カ所、後には仙台藩でもおこなわれた。

わが国の近代製鉄業の形成過程において、釜石鉄山における高炉法の操業と、それを推進する直接の契機となった水戸藩の反射炉・鋳砲事業の果たした役割はきわめて大きかった。しかし、幕末の反射炉・鋳砲事業は嘉永三年（一八五〇）の佐賀藩が最初で、それは水戸より四年早い。ともかく、一八五〇〜六〇年代には、兵器生産に端を発して、近代工業技術を導入する努力が全国的規模で展開したことは確かである。大橋氏は各地の反射炉・鋳砲事業、高炉製鉄のすべてを個別にとりあげて、相互の関連をみる方法をとってこれを調べ上げている。

わが国に反射炉が導入された目的は、大砲のような大型鋳鉄品を造るために、鉄鉱石あるいは青銅を熔解することにあった。同じ頃の（一八五〇年代）ヨーロッパでは、図14に示すように、反射炉は鉄鉱石熔解のほかに銑鉄精錬炉（パドル法）として、すなわち錬鉄製造用にも活用されていた。

一八五〇年代の幕末日本が反射炉・高炉を導入した時期は、ヨーロッパでもなお「鋼の時代の」前夜であり、イギリスで開発途上にあった転炉製鋼法は、もちろん当時の日本には入ってこなかった。また、最先進のイギリスではコークス高炉法が支配的地位を占めていたのに対して、ヨーロッパ大陸全体としては、なお木炭を燃料とした木炭高炉法が支配的な銑鉄製造法であった。幕末期の日本で、薩摩・釜石・箱館において導入されたのは、ヨーロッパ大陸で支配的であった木炭高炉法であり、送風は水車によるものであった。

この、一八五〇年代の製鉄業の技術導入は、欧米からの設備導入でもなく、また欧米人から直接指導を受けたのでもない。まず蘭書とその翻訳書を通して新知識を摂取し、自ら設備機器を造り、試行錯誤を重ねた末に、新技術による生産を試みるという過程をとったのである。諸藩および幕府の反射炉・高炉による近代製鉄の試みは、蘭書『リェージュ国立鋳砲所における鋳造法』（ヒューゲニン著）と、その訳書を主な手引きとしておこなわれている。この原著の翻訳は三種あり〔三枝　一九四二、二九六頁〕、それらの一つである『鉄熕全書』の訳者の一人だった伊東玄朴は、高野長英らとともにシーボルトに学んだ医師である。そして後に水戸反射炉、釜石高炉で中心的役割を果たす大島高任も医師坪井信道の門人であり、かつ伊東玄朴にも学んでいる。

しかし、実際の新鋭銃砲を見たり操作したことがなく、蘭書翻訳による机上の知識だけでは、とうてい鋳砲事業を展開することもできなかったであろう。ところが、幕府が大船建造禁止令を解かず、しかも鉄製砲の鋳造にも消極的であった一八五〇年代以前の時代に、既に新しい洋式砲術・銃砲製造の先駆者がいたのである。長崎奉行直轄の御鉄砲方高島四郎太夫秋帆がその人で、オランダ商館の軍人から洋式砲術と兵学を学びとって、高島流砲術を広めたのである。高島は幕府から謀反の罪を負わされて入牢の身となったが、弟子の江川英竜が韮山で砲鋳造を発展させた。英竜は韮山に実験用の小反射炉を設けて銑鉄熔解を試みており、また佐賀藩で最初の反射炉を構築する際にも協力している。先に挙げた伊東玄朴は英竜の蘭書翻訳顧問であり、韮山の反射炉の設計図、操作法などの知識は『鉄熕全書』

から得たものと見られる。

製砲に必要な設備機械の設計と製作および操作を指導したのは、蘭語を解した少数の技術者であったが、実際の築造・製作・操業には各種の技術者や技能者を必要とした。それは大工、瓦・陶磁器の職人、鋳物師、刀鍛冶、器械細工師などの伝統的な手工業技術の持ち主が、既に存在していることによって解決した。このことは、これまで協同することがまったくなかった職人にとっても新しい経験であった。すなわち封建社会の技術は、閉鎖的な制度のもとで、秘伝或いは口伝のかたちでのみ継承され、したがって技術進歩も遅々たるものであったからである。

木炭高炉製鉄法もまた、幕末日本に「たたら吹き」が広く普及していたので、手の届かないほどのいちじるしく隔絶した技術ではなかったと考えられる。ただし、高炉法では粒度の細かい砂鉄を原料にすることは技術上不適当であり、鉄鉱石が必要であった。また、たたら製鉄法による鉄を使ってこしらえた大砲は、そのことごとくが破れて役に立たなかったという〔黒岩 一九九三、四二頁〕。それは、原料に砂鉄を用いていたからではなく、たたら炉のように小さな炉では十分に還元が進まず、鉄滓などの不純物が混入したままであるため、大強度を必要とする砲身を造ることは出来なかったのである。高炉用の原料として鉄鉱石が必要であるという意味で、南部釜石が高品質の磁鉄鉱に恵まれていたことはきわめて有利な条件であった。またそれに着目して、高炉法の銑鉄製錬を追求した大島高任の技術者としての力量を見逃すこともできない。

釜石鉄山での洋式高炉の建設は、技術的に砂鉄銑から鉄鉱石銑への移行を、また経営的にはマニュファクチュア的企業の実現をもたらした。これは、わが国の製鉄産業が大きく近代産業へと向かっていく第一のきっかけとなった。

釜石鉄山とは、大橋、橋野、鎌ヶ峯、栗林の各鉄鉱山を含む総称であった。その開発は大橋及び橋野における洋式高炉を中心に行われ、文久二年（一八六二）には、大橋三基、橋野三基の高炉で、年間約五〇～六〇万貫の銑鉄を生産した。このほか釜石鉄山地区一帯に高炉が一〇基設けられ、明治維新直前（慶応末年）までに、総生産量が年産七〇～八〇万貫に達した〔飯田　一九六〇、三五三頁〕。

しかし、日本が木炭高炉法を完成した一八五〇～一八六〇年には、世界の製鉄業はコークス高炉法による銑鉄をパドル法で精錬して錬鉄を作りそれを圧延するという工程から、新しい生産工程が採られようとしていた。すなわち、コークス高炉銑を転炉製鋼法で精錬して熔鋼とし、それを圧延するという工程である。このように、世界の製鉄技術は、当時の日本よりは二段階高い技術体系に転換しはじめ、「鉄の時代」から「鋼の時代」に移りはじめていたのである。そして明治維新後の日本は、兵器の面でも製鉄の面でも、また工業全体としても、より高度な技術を導入・移植するためにあらためて懸命の努力を重ねなくてはならなかったのである。

(2)　明治時代の洋鉄導入

江戸時代の後期における鉄の需要は、建築・造船用の釘、農具、針や鍋釜など日用品を始め武具に至るまで、たたら製鉄によって十分に間に合っていた。それが明治維新以来の近代機械文明の到来とともに鉄の需要は一気に拡大した。政府は鉄鋼を輸入する一方、その生産の場として、まず釜石鉄山の中に工部省管轄の官営製鉄所を建設することによって、需要の増加に対応しようとした。しかし、この最初の官営釜石鉄山では十分な生産目標を達成することなく、約二年後に閉山するに至った。それから五年後に、その後を継いだ民営釜石鉱山田中製鉄所の高炉操業によって、わが国の洋式銑鉄技術が確立されたのである。洋式銑鉄の生産が軌道に乗るまで、この間におけるたたら製鉄は、結果として国内鉄生産を維持するつなぎの役目を果たしたように見受けられる。

一方、洋式製鋼技術については、銑鉄技術の確立をまたずに、陸海軍の工廠の中で検討が開始され、坩堝炉や平炉の操業によって技術が蓄積された。この場合のたたら製鉄による製品の役目は、原料鉄としての高品質を達成することであった。しかし、わが国における近代製鉄技術の確立と真の意味での鉄鋼産業の成立は、明治三十四年（一九〇一）に操業を開始した官営八幡製鉄所を核として、日露戦争の時代（一九〇四〜〇五）を経て成し遂げられたとされている。

本項では、まず銑鉄技術導入について、釜石鉄山における銑鉄《せんてつ》生産がたたらによる銑《ずく》生産を凌駕するまでの過程を述べる。続いて官営八幡製鉄所において、はじめて銑鋼一貫作業の技術が確立されるまでについてまとめておく。また、製鋼技術導入は主として海軍工廠主導によって果たされたので、第七章で扱うこととする。

① 銑鉄製造——官営釜石鉄山から田中製鉄所へ

官営釜石鉄山

明治八年（一八七五）、明治政府は幕末の釜石鉄山のうち大橋鉱山のみを官営として、採鉱・製錬の事業を開始した。その前年、当時鉱山助の官職にあった大島高任は、工部省の雇外国人技師L・ビヤンヒーとともに釜石に出張し、新製鉄所建設地の選定、その他操業計画の立案に着手した。ところが製鉄所建設地点をめぐって、大島とビヤンヒーとの間に熱心な論争がおこり、結局工部省当局は外国人技師の主張を採用した。その結果大島高任は製鉄の現場を去ることとなり、日本伝統の技術にもヨーロッパの技術にも共に明るい彼を抜きにして、官営釜石鉄山の事業がはじめられることになった。

すでに産業革命期を経たドイツの技術者ビヤンヒーは、立地適地として平地を選び、比較的大規模で高能率の高炉と、これに鉱石を運ぶための近代的鉄道の建設などを意図していた。これに対し大島は、作業のし易い安全な地形を選び、高炉は比較的小規模のものを五基、その運鉱手段は軌道馬車というように、当時の技術水準に即した創業計画を示し、漸進的な技術開発の道を望んだのである。

官営釜石鉄山における製鉄諸設備は、高炉（日産能力二五トン熔鋼炉二基）はもとより、熱風炉その他付属設備から錬鉄工場諸機械に至るまで、さらに釜石港と採鉱場あるいは製炭所を結びつける釜石鉄道の機関車・貨車などに至るまで、すべてイギリスから輸入された（大橋　一九七五、二五五頁）。幕末に導入された洋式製鉄技術が、いわばイギリス産業革命前の水準のものであったとすれば、釜石のそれは、産業革命以降一九世紀半ばまでに欧米一般に定着した本格的な機械制工業段階の製鉄技術体系であった。

しかしながらこうして建設された釜石鉄山は、明治十三年（一八八〇）九月に操業を開始したにも関わらず、高炉作業はうまく進行せず、しかも高炉を操業するための木炭が不足するなど計画の杜撰さが露呈した。その燃料の問題を直接のきっかけとして操業は失敗におわり、明治十五年十二月、釜石廃山の決定が下されてしまった。そして、この官営釜石鉄山の閉山が中国地方のたたら製鉄への依存度を強め、その延命につながったことも確かである。

釜石鉱山田中製鉄所

官営釜石鉄山の閉山後、民間の一商人であった田中長兵衛によって、釜石における製鉄業が再開されたのである。明治二十年（一八八七）長兵衛は、大蔵大臣松方正義あてに「官山及諸器械払下願」および「素志書」を提出している（飯田　一九七九、一一九頁）。その趣旨をまとめると次のようになる。すなわち、輸入鉄の増大を防ぐには、砂鉄原料の製鉄法では品質的に不足であり、同じ鉄鉱石を原料とする釜石鉄山での製鉄が望ましい。また官営鉄山が操業停止したままでは原料も器械ももったいないないし、地域庶民の要望にもこたえたい。具体的な操業方法としては、鉱炉（高炉）を数ヶ所に分設して薪炭の便利なところで操業すれば鉱業永続の目途も立つ、と述べている。

鉱山経営に素人であった田中長兵衛はこの出願に先立って、山陰・山陽に出張して砂鉄製錬（たたら製鉄）を見分している。旧官営工場内の残存鉄鉱石や木炭を地所とともに借り受けて、苦労の末に小高炉による銑鉄試製に成功したとされている〔日本鉄鋼史編纂会 一九八一、一一七頁〕。

このようにして釜石鉱山田中製鉄所は、明治二十年に創立された。その高炉の容量は、かって大島高任が計画したものをなぞって、日産五〜六トンといった小型のもので、送風動力は水車であった。

ここで、当時のわが国の鉄鋼に対する需要供給状況についてみておこう。飯田賢一氏が明治二十二年（一八八九）の農商務省調べによる「鉄類供給額」および「鉄類需要額」から鉄鋼供給額を調査している〔飯田 一九七九、一二二頁〕。それによると、供給総額は約一一万一〇〇〇トンで、そのうち日本国内産は一九％を満たすに過ぎない。残り八一％は輸入鉄類（銑鉄・錬鉄・鋼鉄の総称）によって供給されていた。供給された鉄類の使い道、つまり需要の区分をみると、大体軍需用に一〇％、民需用が九〇％であった。そして、一〇％弱の軍需用はすべて外国産鉄類をもって当てられていたが、外国製軍艦および大砲の輸入分の五〇〇〇トンを加算している。そのうち約半分を大阪砲兵工廠で消費しており、またその大部分が銑鉄の消費であった。当時大阪砲兵工廠は、海軍の呉工廠と共に製鋼技術の分野で開拓者的な役割を果たしていたのだが、やがて釜石鉱山製の銑鉄がこの工廠に確固たる需要先を見いだしたのである。

明治二十三年（一八九〇）、釜石銑鉄で試製した弾丸は外国銑製のものに比して決して劣らぬものであるという評価が下された。この試験結果は、大阪砲兵工廠の「伊国『グレゴリニー』鋳鉄並本邦釜石鋳鉄ヲ以製造セル弾丸ノ比較試験報告」に示されている〔日本科学史学会 一九六〇、一四六頁〕。それ以来、釜石鉱山田中製鉄所に対しては、大阪砲兵工廠からの大量発注はもとより、諸都市からの水道用鉄管材料の引き合い、その他一般産業分野からの需要が盛んにおこりはじめた。その後、明治十六年の官営釜石鉄山廃山以来捨て置かれていたイギリス式大高炉が復活され、銑鉄の多量生産が可能となった。大高炉の復活は、当時の最も優れた製鉄技術の指導者であった野呂景義と、その弟

表 10　全国鉄類生産に占める中国地方と釜石製鉄所の比較（1874〜1900 年）

年　次	全　国 生 産 量	中国地方 生 産 量	釜石銑鉄 生 産 量	備　　考
1874	4, 882			(明治 7 年)
1875	3, 438			官営広島鉄山再発足
1876	6, 448			
1877	8, 217			
1878	10, 163			
1879	13, 031	11, 203		
1880	16, 185	13, 247	1, 345	官営釜石鉄山製鉄作業開始
1881	16, 125	12, 948	1, 930	
1882	12, 163	10, 911	452	
1883	14, 835	14, 366		釜石官業廃止
1884	11, 861	11, 668		小花冬吉広島鉄山改良着手
1885	6, 770	6, 533		
1886	13, 759	12, 811		
1887	15, 413	13, 921	1, 492	釜石鉱山田中製鉄所設立
1888	18, 836	16, 849	1, 987	小花，広島鉄山改良見込書
1889	21, 163	16, 734	3, 025	
1890	22, 414	17, 466	3, 864	大坂砲兵工蔽，釜石銑の優秀性を立証
1891	18, 493	12, 866	5, 490	
1892	19, 850	12, 937	6, 913	
1893	19, 073	10, 990	8, 083	
1894	24, 594	11, 859	12, 735	釜石高炉銑，中国地方の全鉄類を超す
1895	26, 543	10, 766	12, 982	
1896	28, 142	10, 759	15, 417	
1897	27, 991	10, 658	16, 098	官営八幡建設工事開始
1898	23, 611	9, 286	13, 578	
1899	23, 067	8, 914	12, 859	
1900	24, 842	8, 821	13, 682	(明治 33 年)

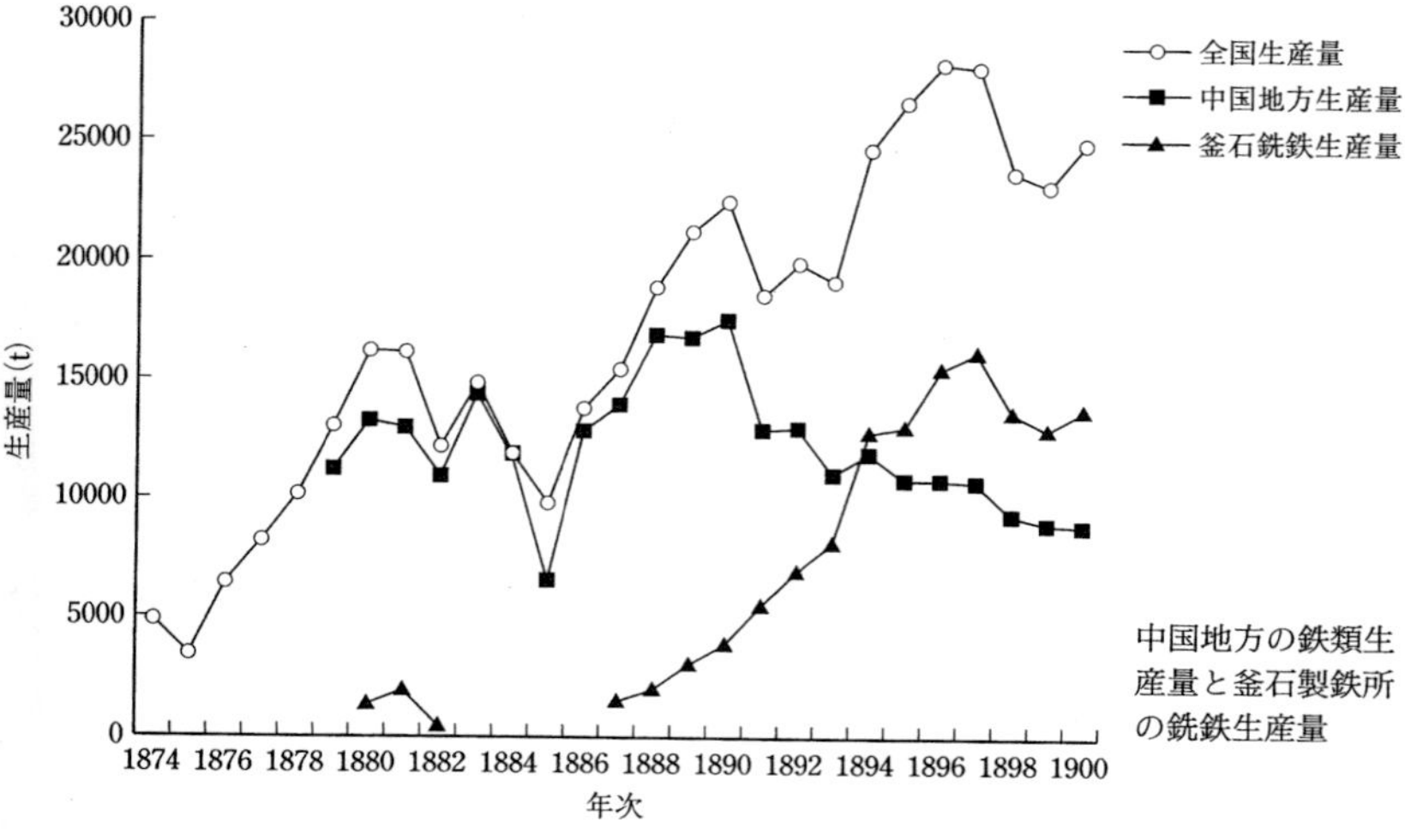

中国地方の鉄類生産量と釜石製鉄所の銑鉄生産量

子の香村小録の技術指導によって実現したものである（飯田 一九七九、一三〇頁）。野呂らは、質的に優れた高価な木炭銑鉄を少量生産するかたわら、漸進的に技術を積み重ねつつ、明治二十七年（一八九四）には大高炉を改造し、これによって木炭銑を増産するに至った。さらに、翌明治二十八年（一八九五）には北海道夕張炭によるコークスを用い、わが国最初のコークス高炉操業の成功をみたのである。この技法は、イギリスのA・ダービー二世によって一七三五年に開発されたものであり、わが国へは一六〇年ほど遅れて導入されたことになる。この時点では、既に科学的な認識が確立していたために、新技術を受容することが出来たのである。

以上のまとめとして、飯田賢一氏の研究（飯田 一九七九、一一二頁）を参照しつつ表10とグラフを示す。

当時の統計資料には不備な点もみられるが、表10から明治七年～三十三年までの日本全国鉄類生産における中国地方と釜石製鉄所の生産量の推移を窺うことができる。明治二十七年（一八九四）の釜石鉱山田中製鉄所の銑鉄生産高は、約一万三千トンに達し、中国地方の全鉄類生産高を凌駕して、対全国比六五％を占めるに至った。この場合、中国地方とは鳥取、島根、広島、岡山各県の合計であり、全鉄類とは、銑《ずく》、鉧《けら》、錬鉄《ねりかね》、鋼《はがね》の合計である。まさに、この年は、日本の近代製鉄業の基礎がはじめて確立されたと同時に、わが国土着の伝統技術であるたたら製鉄の衰亡が確実となった年でもあった。

② 鉄鋼一貫製造——官営八幡製鉄所の原料問題

明治五年、政府が官営釜石製鉄所の創設を計画したときには、既に銑鋼一貫製造の意図があり、少なくとも錬鉄《れんてつ》用精錬炉が設置されていた。しかるに、その精錬炉を使用するまでもなく、銑鉄製錬用の高炉さえ、短期間に満足な稼動をさせることなしに、明治十五年に閉山と決まってしまった。もし官営釜石が成功していたとしたら、そのまま拡張され、製鋼工場も併せて設営され、軍需用材に対して事欠くようなことはなかったであろう。その後釜石鉄山が民間の手によって、銑鉄製造に成功したのは明治二十七年であることは先に述べた通りである。また、その間、明治十～三十年代にかけて軍工廠で製鋼技術の導入と開発が行われ、陸海軍とも軍器素材の自立をめざしていたのである。

一方、明治十六年に発表された官営釜石の失敗原因に鉄鉱や燃料資源が貧困であることがあげられると、鉄鋼の輸入が促進された。発達の見込のない鉄鋼業を保護するよりは、海外から自由に低廉な資材を購入する方が有利であるという考え方が明治二十年前後の産業界の一般的な考え方であった。この産業界の考え方は、その後も変わらなかった。すなわち、関税保護の自主権が列国から承認されたのが明治三十二年、しかもその完全自由権は四十四年に至るまで存在しなかった。しかも四十四年になってさえ、造船業、機械工業など各方面の反対にあって、鉄鋼業は保護政策における冷淡な取り扱いを甘受せねばならなかった〔日本鉄鋼史編纂会 一九八一、四一七頁〕。政府は、明治二十年頃、熱心に民間財界人に製鉄所建設を勧告したのであるが、当時の旺盛な企業熱にも拘わらず、製鉄事業に対してだけは進んでやってみようという有力者はなかなか現れなかったのである。こうして、一般産業界における鉄鋼の潜在的需要は旺盛になりながらも、鉄鋼の自給率を高めるための世論がおこる事態にはならなかった。したがって、産業界から官営製鉄所の創設を要求する声はまったく上がらず、それを強く要求したのは軍部であった。

　したがって新たに創設されるべき官営製鉄所は当初から鋼製造を主目的とし、まず陸海軍の軍需充足を優先すべきものと考

（単位：トン）

目的	原料調達源
輸入錬鉄の 1/2 を自給	国内の砂鉄銑
軍需および民需鋼材の一部を自給	国内 5 鉄山の国営によるが，銑鉄の不足分を輸入
主として兵器素材，民需用レール，板等	輸入銑鉄，一部国内銑
軍用　6,000 民需　22,000	
軍需確保および一般民需の 1/2 を自給	国内鉄鉱石・石炭・一部国内銑鉄
一般用鋼材の供給	国内鉄鉱石・石炭

表11　官営製鉄所計画案の変遷

年　次	計　画　案	生産形態	生　産　品　種　と　規　模		
			銑　鉄	鋼	錬　鉄
明治21年(1888)	①　広島鉄山改造案(小花冬吉案)	中央錬鉄所		2,000	10,000
明治24年(1891)	②　製鉄所設立計画予算(小花冬吉案)	中央製鋼工場		18,000	2,200
	③　鉄業調(野呂景義案)	製鋼工場		37,000	3,000
	④　海軍製鋼所案(第2議会提出・否決)	製鋼工場		28,000 (内坩堝鋼 500)	2,000
明治29年(1896)	⑤　官営八幡当初計画(第9議会提出・通過)	銑鋼一貫(銑鉄一部購入)	80,000	鋼材60,000 (内坩堝鋼 500)	(鋼材の内) 4,500
明治31年(1898)	⑥　官営八幡改訂計画(第12議会提出)	製鋼一貫(完全)	120,000	鋼材90,000	

えられていた。しかし、計画の内容は最初の明治二十一年から一〇年後の最終案に至るまでには大きく変化した。その変化の過程が原料調達源に大きく関連してくるので、それを中心に経過を見ていく。まず、表11を、大橋周治氏のまとめた「官営製鉄所計画案の変遷」〔大橋　一九七五、二七七頁〕に依拠して示す。

広島鉄山技師の小花冬吉はフランスで、砂鉄製錬に関する技術改良に一定の成果を上げたので、明治二十一年に広島鉄山改造案を当時の大蔵大臣松方正義に提出した。その報告書が表11―①である。この案は、旧来の砂鉄製錬による銑鉄をそのまま利用するために、これを一カ所に集結して、さらにこれに新開発の精錬法を施して錬鉄を作るという計画である〔日本鉄鋼史編纂会　一九八一、一七二頁〕。この案の結果として、当時海外から輸入されつつあった錬鉄の半分以上は自給が出来るし、鋼鉄（粗鋼）の輸入は全部阻止できるとしている。また、旧来の砂鉄製銑を生かすことを計画しているが、その経営は一カ所に集大成することが採算上不利であるから、これは旧来のまま小型で分散的なたたら製鉄を続け、次の段階の錬鉄生産段階から集中を図ろうというものである。しかしこの改造計画は、実現されないまま闇に葬り去られた。

その理由は、表11の計画案の変遷を見ていくうちに自ずと浮かび出されているものと考えられる。

明治二十四年、首相となった松方正義は、農商務省技師の小花冬吉と野呂景義にそれぞれ製鉄所案を提出させている。表11―②の小花冬吉案は、釜石、仙人山、中小坂、松尾、山越内の五ヶ所の鉄山を買収し、これに官営の広島鉄山を合わせて六ヶ所に官営木炭銑炉を設けて、年産約一万五〇〇〇トンの銑鉄の自給を図るとしている。さらにこの銑鉄を中央精錬所へ収集して、これを原料の土台として製鋼所を運営する方針を主張している。ここでも小花はたたら製鉄中心の広島鉄山にも触れているが、あとは鉄鉱石の五山の買収を主張している。さらに、三年前の広島鉄山改造案と大きく違うところは、そこでは錬鉄一万トンを主体としていたが、新製鉄所案では製鋼所中心に転換して、鋼一万八〇〇〇トンを計上していることである。

野呂景義案（表11―③）は、小花計画の約二倍の数字を計上している。そして製鉄所建設の方針としてまず官業方式を採用し、陸海軍用資材の供給に主力を注ぎ、あわせて鉄道建設その他の産業用材を生産するとしている。そして、設備は製鋼、圧延の確立を第一着手として、製銑工場の経営は第二段に延ばす内容となっている。小花が鉱山および銑鉄工場の官営化による銑鋼一貫経営を主張していることに対し、野呂は銑鉄を民営のままにしておき、輸入銑鉄を中心に原料を確保することを考えている。これは、国内に鉄鉱大資源がまだ確認されておらず、運輸力も不備で原料収集に困難が多いことを理由としている。そして、主として海外銑の輸入に依存することとし、内地銑とあわせて用いる策を万全と考えたものである〔日本鉄鋼史編纂会　一九八一、一八七頁〕。また野呂の③「鉄業調」では砂鉄銑を原料に採用することやその近代化には触れていないが、「製鋼ニ用フル元料ニ付テ」という論考〔飯田　一九七六、一四三頁〕の中では中国地方産の鉄を評価したことについても触れている。すなわち、海軍製鋼所において中国地方産の鉄で坩堝鋼を製し、兵器製造に適する良質の鋼を得ており、野呂自らも試験確認したこと、さらにその坩堝鋼原料はシーメンマルチン法（平炉）による製鋼原料としても適していることを技術的に解説している。そして、中国地方の銑鉄（たたら銑）も釜石銑（鉄鉱石による洋銑）も、ともに製鋼材として適していることは証明されているが、その量においてはまったく不足していると判断している。

はじめ、松方は殖産興業的見地から農商務省の管理下に製鉄所を建設する考えで準備を進めていたようであるが、国防目的の重要視から海軍所管へと変更された（日本鉄鋼史編纂会 一九八一、一八九頁）。海軍省内に設けられた専門委員会が野呂案の再検討を行い、政治的考慮から予算を縮小して正式な海軍省案として提出した（表11―④）。こうして政府も軍部のこの製鋼所案の通過を要望したのであったが、議会はこれを否決してしまった。否決の理由は特に原料調査の不備にあったが、実際はそればかりではなかった。当時の経済界は明治二十三年までそれを峠として恐慌状態に陥っていたのである。

議会も官営製鋼所建設の趣旨そのものは否定できず、まず具体化の前提として基礎調査が要請された。その一環として、釜石鉄山ほか国内の鉄鉱資源の調査が行われた。この鉱石調査の復申書（日本鉄鋼史編纂会 一九八一、二一八頁）をみると、鉱石の種類と銑鉄生産予測を詳細に調べたことがわかる。また北海道の砂鉄、山陰・山陽の砂鉄についても調査し、殆ど無尽蔵の砂鉄にも言及している。さらに銅鉱中に含まれる鉄にも眼をつけて別子銅山で実験したことも述べている。結局、製鉄所そのものは、日清戦争には間に合わず、この戦争の苦しい体験を経て、はじめて鉄鋼増産の急務が議会政治からも認識されるようになった。この結果明治二十九年になってようやく製鉄所建設案（表11―⑤）が議会を通過した。しかし、その時は海軍案としてではなく、農商務省案としてであって、その建設の理由も、むしろ殖産興業のためという目的が強調されるようになった。海軍省案として明治二十四年に提出されたときに議会はこれを拒否したが、日清戦役の勃発当時（明治二十七年）には逆に、政府に勧告して熱心にその建設を要望した。明治二九年に議会で通過した計画も、いよいよ建設にとりかかる頃になると内外の情勢から著しく変更された（表11―⑥）。生産の予定能力が飛躍的に拡大され、高炉・転炉・平炉の導入も大型化して近代的設備へと変更された。しかし一方では兵器資材の製造設備の計画は中止され、普通産業用鋼材（鉄道用・建築用・造船用材）の生産に主力が注がれることとなった（日本鉄鋼史編纂会　一九八一、二三九頁）。つまり、官営八幡製鉄所は当時の世界鉄鋼業が到達していた最高の設備技術体系、「高炉―転炉または平炉―圧延」という鉄鋼一貫作業体系で装備された。そして「鋼の時代」への早期離陸を遂げたのである。しかし最先端の設備の実現と鉄鋼生産技術力が国際水準に達することとは別の事柄であった。ただし、官営八幡製鉄所は伝統的なたたら製鉄とは殆ど関係のない近代製鉄所として経営されるようになったことは事実であった。

一方、軍部は工廠での製鋼能力の拡充をすすめ、殊に海軍では装甲板設備の拡充を急いだ。呉工廠が中心となって特殊鋼の大製鋼所を創設して、装甲板などの自給を図る計画が決定したのは明治三十四年で、八幡の操業が始まったばかりのときであった。そしてその頃、山陰の砂鉄製錬業者は海軍への原料鉄納入に生き残りをかけて、必死の努力を重ねていたのである。

本章では、製鉄業の近代化を西洋・東洋について述べた後、日本の幕末および明治における洋鉄導入の過程と、その時のたたら鉄との関わりについて述べた。十九世紀末の三〇年間で、西洋の鉄鋼業は、基幹産業としての機能を果たす巨大産業として発達し、その市場を自国内ばかりか東洋に求めて進出した。それまで生産高のトップを驀進していた英国が、激しい技術革新の波の中でドイツに追いつかれ、やがて米国に抜き去られる時代でもあった。

日本の製鉄近代化は、国家の主導で西洋の製鉄法を導入することによって達成された。この点が、同じ導入型の近代化を目指した中国やインドと著しく異なっていた。幕末の洋鉄導入は、英国の技術革新以前の技術であったが、日本は明治末に近代製鋼法を一応確立して、「鋼の時代」に辛うじて仲間入りを果たした。西洋が四〇〇年かけた近代化を、日本は五〇年に圧縮して導入したのである。この間、たたら鉄は一時的なつなぎ生産の役目を果したり、軍工廠が中心となって進めていた製鋼技術の開発において、原料鉄として用いられたりした。しかし、二十世紀の幕開けと共に、官営八幡製鉄で銑鋼一貫製造工程が立ち上がったとき、伝統の砂鉄製錬製品が原料鉄として採用されることはなかった。

第六章　たたら製鉄の衰退

本章では、明治以降も盛んに経営を続けようとした中国地方、とくに雲伯（出雲・伯耆）のたたら鉄が、時代の波に押されて衰退した過程を追求する。まず明治時代のたたら製鉄生産量が鉄鋼全需給量に対し如何なる位置づけにあるかを明かにする目的で、鉄鋼の種類ごとの量的な全体像に触れる。その後たたら製鉄の経営形態の特徴を探るために、奥出雲の地域的特性を、他地区と比較しながら歴史的に吟味していく。以上の前提を明らかにした後、奥出雲仁多郡横田町におけるたたら製鉄を中心に、出雲のたたら製鉄の明治時代にはじまる衰亡の歴史をみることにする。

在来の砂鉄たたら製鉄は、明治初期からの輸入鉄の脅威を受けながらも、何とか生き続けた。そして国内に近代製鉄の定着をみた明治三十五年まで生産を維持したが、その後はひたすら衰亡の一途を辿った。そして、およそ一〇年ごとにあった戦争時に一時的な好景気に恵まれても、その後に襲う不況の波に翻弄され、遂に大正末までに殆どのたたらが閉山した。その後昭和八年に、一部たたらの復活を見たものの、第二次世界大戦が終わる昭和二十年に、中国地方でのたたらの火は消え去った。しかし、明治十年代から既に経営が苦しく、資本を消耗する状況に陥った。本章ではその十年代の経営的数値の実態を解析する。

一　国産鉄生産量と輸入鉄量

わが国の鉄鋼輸入量は、貿易統計の得られる明治元年には、すでに三千トンに近く、その後短期間に増加して、明治十年（一八七七）には一万六〇〇〇トンをこえ、国内生産に倍するほどになった。ただし、輸入鉄鋼の大部分は構造用の鉄鋼材、つまり鉄道レールとその付属品であって、当時の日本では製造することが出来ないものだった。したがって、内外の製造者の競合は生じていなかった。しかし次に多い品種である銑鉄の輸入は、明治七年頃から増加して、国内で生産される和銑の市場を奪い、砂鉄たたら製鉄業に大きな脅威を与えるようになった。和銑すなわち銑《ずく》と、近代的製鉄法による銑鉄《せんてつ》とはほぼ同じと考えてよく、直接的な影響を受けたのである。

しかも、銑鉄の輸入価格は明治五年のトンあたり七七円をピークとして、同十年には一九円へと急落している。鉄価の中でも銑鉄の輸入価格の低落幅はとくに大きかった。これは、一八七三年（明治六年）の世界的規模の大不況を反映したものであると同時に、銑鉄が日本の国内で生産できる品種で、輸入銑鉄がそれと競合関係にあったという理由が考えられる。この時代、慶応二年（一八六六）に英米仏蘭の四国との間に結ばれた不平等条約によって、日本の関税自主権は認められていなかった。そのため輸入品は低税率となり、関税は国内製鉄業を保護する機能を到底果たせなかったのである。不当に低率な関税率が改正されたのは、実に明治三十二年であった。しかも、国内世論が鉄鋼業に対する保護には極めて冷淡であったことはすでに述べた通りである。

こうして、圧倒的な競争力をもつ先進資本主義国の商品と、在来商品との国内市場における競争は、その後明治年間を通してたたら製鉄業を圧迫し、衰退させることになった。同時にそれは、明治十〜二十年代の期間において、民間製鉄業の形成を困難にする最大の要因となった。

次に明治期の鉄鋼の生産様態別数量について、大橋周治氏が作成した資料を引用した表12に基づいて検討する。また、表13に明治十年代の鉄鋼価格の内外比較を併せて示す。

給　　　　　　　　　　　　　　　　　　　　　　　　　　　　（単位：トン）

鉄		鋼および鋼材				備考
計	輸入	錬鉄・和鋼	熔鋼	計	輸入	
2,847	1,296	2,035		2,035	11,422	
3,543	2,184	4,674		4,674	14,035	
9,075	5,373	6,524		6,524	27,459	
12,992	6,535	4,833		4,833	59,976	
16,558	15,322	2,452		2,452	39,723	
22,008	36,649	2,102		2,102	92,396	釜石田中製鉄所の大型高炉稼働
49,147	43,160	4,355	1,678	6,033	186,042	
45,866	29,346	11,247	19,786	31,033	192,413	官営八幡製鉄の製鉄所が生産開始

表12を見てまずわかることは、国内の鉄鋼生産に比較して輸入鉄鋼量が大きいことである。ただしこの時期は、熔鋼の生産が始まったばかりであり、先述の通り鋼の輸入は、ほとんど鋼材としての輸入をあらわしている。

次に国内のたたら製鉄と洋式製鉄を比較してみよう。まず銑鉄であるが、たたら銑は明治十年の三五〇〇トンが二十年には一万一五〇〇トンと増加し、それをピークとして漸次減少していく。これは、高炉銑の官営釜石鉄山が十三年に操業を開始しながら、十五年に閉山となって失敗に終わったこと、また二十年に釜石が民間の田中製鉄所として再開し、二十三年以降生産高をあげていくことに影響されたことを示している。また第五章で述べたように、釜石でコークス高炉法が成功する明治二十七年は、砂鉄たたら吹きの銑鉄生産を国内高炉銑生産が凌駕する年になった。その間輸入銑鉄はたたら銑と同量からはじまり、明治十五年以降は急激にその量を増やしている。しかし、釜石高炉銑が順調に生産されるようになってからは、その増加率がやや鈍った。

さらに鋼についてみると、たたら吹きを基礎とする錬鉄・和鋼の生産は、明治七年以来二〇〇〇～四〇〇〇トンの量で明治三十四年まで推移した。これに対し、官営八幡製鉄所の操業が明治三十四年に始まり、洋式の熔鋼が生産されるようになった。翌三十五年は錬鉄・和鋼が急増して一万一二〇〇トンに達したが、熔鋼はそれをはるかに上回って、二万トンに近づく勢いで生産され

表12　明治期の鉄鋼の生産様態と需

西暦	明治	銑	
		たたら銑	高炉銑
1874	7	2,847	
1877	10	3,543	
1882	15	5,532	3,543
1887	20	11,530	1,492
1892	25	9,645	6,913
1894	27	9,273	12,735
1901	34	10,450	38,697
1902	35	8,879	36,987

た。だが同年、輸入された粗鋼および鋼材は、桁違いの一九万二〇〇〇トンに達した。

次に、明治二十年代のわが国における鋼の市場についてみていく。明治二十二年の陸海軍工廠の鉄鋼消費量を大橋氏が計算している〔大橋 一九七五、二八四頁〕。それによると当時の国内鉄鋼需要は約一〇万トンで、そのうち約七割が鋼・鋼材である。また、残り三割の需要量を占める銑鉄のうち、軍需比率が約一〇%であるのに対して、鋼の需要の軍需比率は約四%になる。そして軍器素材には、特に不純物の少ない高級材料が必要であり、一般産業用素材とは別格の品質が要求された。すなわち当時の国内には、少量の高級鉄

表13　明治10年代の鉄鋼価格の内外比較

（単位：トン当たり円）

	国内相場		輸入価格	
	銑鉄	錬鉄	鉄銑	鋼材
明治12年	26.7	72	16.2	41.4
明治13年	37.3	72	15.7	45.5
明治14年	40	106.7	14.7	41
明治15年	27.6	93.3	19.8	45
明治16年	20.4	60.4	15.8	38.1
明治17年	51.1	37.3	15	34.5

鋼軍需のほかに、一般鋼を主体とする近代製鉄業が成立しうる市場がすでにあったとみるべきである。しかも強い競争力をもつ巨大鉄鋼企業が、すでに先進資本主義諸国に存在し、また日本が関税自主権を持たないという条件のもとでは、国内の鋼材需要はほとんど輸入で充足できた。したがって、一般鋼材需要が軍需にくらべて圧倒的に大量であっても、産業界自体から官営製鉄所を要求する声は起こらなかったのは当然であったといえよう。

明治初期から三十年代にかけて、日本の近代化が急速に進むに伴い、鉄鋼需要は確実に増大した。そしてその需要を満たしたのは圧倒的に輸入材であったが、二十七年から三十五年には国策による国産洋式鉄鋼業がこれに次ぐことになった。在来のたた

ら製鉄はこの両者に圧迫されながら、生き残る道を、軍需用高級鋼材の原料鉄を供給することに見出さなければならなかったのである。

二　奥出雲の地域性

たたら製鉄全般がたどった道程を述べる前に、本節ではまず、たたらの火が最後まで燃えつづけた奥出雲の地域的な特徴をみておく。そのために、安芸・石見・伯耆などの他地区と比較して、幕藩時代の製鉄業統制およびたたら経営形態などについて述べる。また、具体的な事例として、奥出雲仁多郡横田地区の明治初期の状況について予め述べておく。

1　奥出雲と他地区の比較

江戸時代のたたら製鉄業が盛んであった地域は、大量の木炭が供給でき、良好な砂鉄を産する中国山脈周辺山林地帯に集中していた。図16に江戸時代鉄山業地帯（アミ部）の地図を示す。

この地帯に集結していた中国鉄山の江戸時代の経営形態は複雑で、各藩によってその事情が違っていた。さらにそれらの事情は、明治時代の砂鉄製錬業がたどった進路にも大きく影響したものと見られる。それゆえ、土地所有状況、労働者との関係、および製品の輸送と販売などの事情が、地域によって異なっていたことを明らかにしておきたい。そこでまず、代表的な藩の製鉄業統制策について表14にまとめておく。

ところで『鉄山秘書』には、砂鉄の品質を「鉄を能く涌かす」第一の要件とし、以下七項目の要件があげられてい

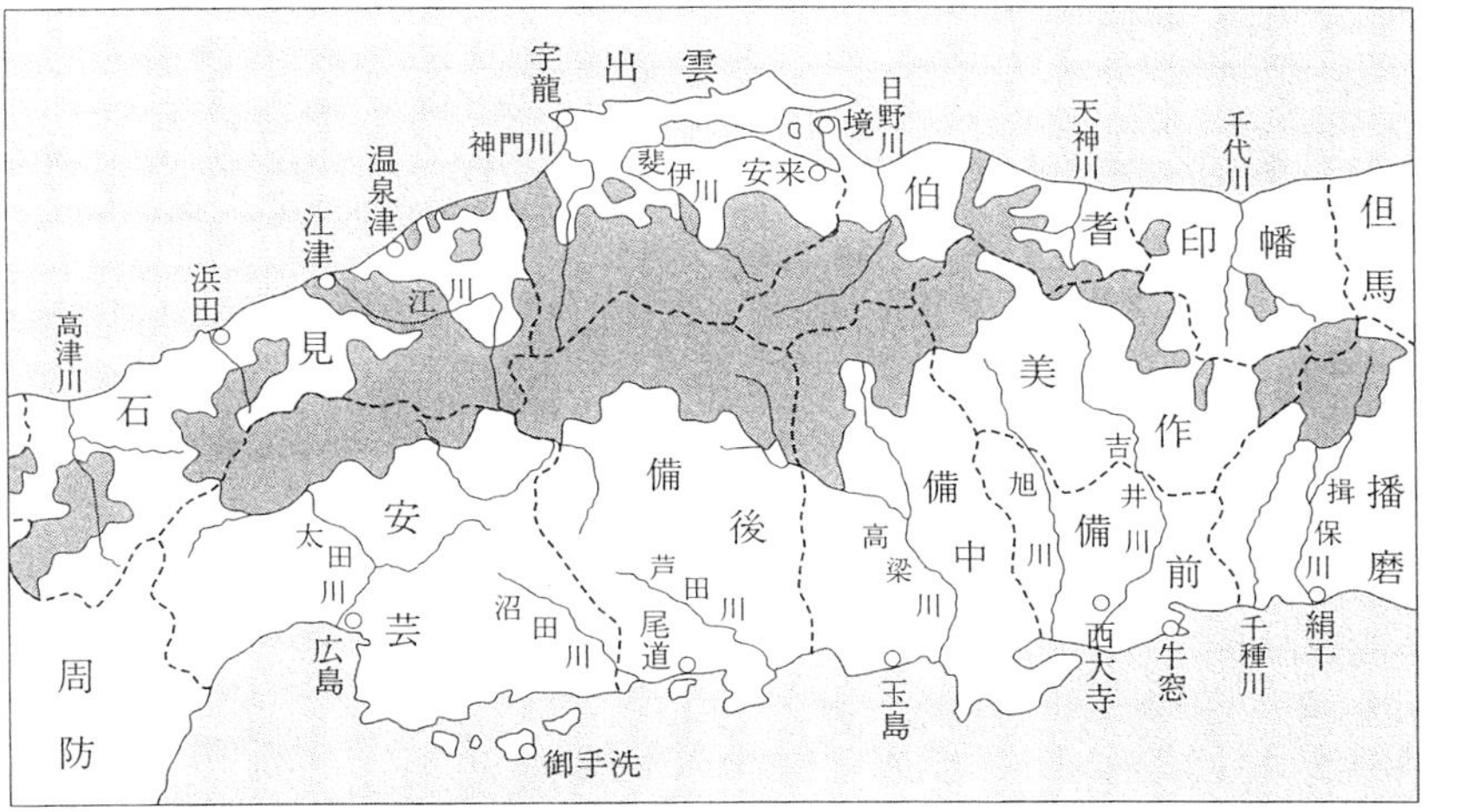

図16　江戸時代鉄山業稼行地帯図

ることを第二章で述べた。簡単に繰り返すと、「一に粉鉄、二に木山、三に元釜土、四に米穀下直、五に船付へ近、六に鉄山師の巧者、七に鉄山諸役人の善悪也」とある。その大意は、一に砂鉄の品質、二に十分な炭木山、三に良質な元釜土、四に養米《やしないごめ》の安いこと、五に船着き場への便の良さ、六に優れた鉄山師、七に鉄山職人の腕の良さ、以上の要件が満たされれば製鉄が巧く行くという意味である。このうち、一の砂鉄の品質、および六の鉄山師の特徴について、地域による違いが著しいと考えられる。また、鉄山師《かなやまし》の特徴は江戸時代の藩の鉄山政策とも関連が深く、さらに、二の木山、四の米穀、五の船舶輸送の問題にも鉄山師によって違いが見られる。

砂鉄については、すでに第二章で述べたが、地域差の観点から再度まとめておく。山陰地方、とくに奥出雲の砂鉄は真砂が多く、鉧押しに適していた。鉧押では、鋼を直接つくることも出来た。一方、広島、岡山（備中、備後）など山陽側では赤目砂鉄を産し、それを原鉱とする銑押し法によって、主として銑鉄が生産された。それを大鍛冶場で錬鉄にして販売していたので、銑鉄に比べて約三倍のコストを要した。安い輸入鉄と競合して売値が抑えられ、錬鉄の受ける圧力は一層大きかった（大橋 一九七五、二六七頁）。また、出雲地

表 14　各藩の製鉄業統制比較

藩　名	内　　　　容
松江藩 （出　雲）	①　藩営・鉄座は御買鉄ともよばれ，藩札で鉄を買い上げ，大阪へ送って売り捌いて正金を入手する方法が取られた．但しこの政策は施行と中止を繰り返したのち，享保 10 年（1725）に廃止された． ②　享保 11 年（1726），「鉄方御方式書出」を発布して，特定鉄師による株仲間を設け，鑪数を 10 個所に限定する方針をとった． ③　株鉄師には運上・駄別・川浚銀のほか，先納銀として，たたら炉一個所につき銀 15 貫，鍛冶屋同 5 貫目ずつ納入させ，その代り，鉄穴と山林を特定鉄師のたたら用に指定して，ほかへの砂鉄・木炭の抜け売りを禁じた． ④　鉄山の経営全体を，5 人の有力鉄師を「鉄師頭取」に任じて統制させた． ⑤　不況時には，大鉄師救済のために藩を通じて大坂問屋から銀を借り入れた．これにより，出雲の大鉄師は家督を藩へ差し出し，名目は御鉄山となった．しかし実質は鉄山元支配に任ぜられた大鉄師が経営を続けていた． ⑥　販売は大坂蔵屋敷，問屋商人の統制を受け，鉄師の代表が支配人として大阪へ送られてはいるが，大坂問屋資本の支配が次第に強まってきた．
鳥取藩 （伯　耆）	①　初め厳重な統制は行われなかった．しかし江戸後期，特に寛政 12 年（1800）以後，鉄積み出しの統制を強化した． ②　文化 12 年（1815）大坂商人の暴利と横暴に対抗して，「江戸廻鉄御趣向」なる法のもと鉄類の江戸直送を始めたが，この法は長続きしなかった． ③　天保 6 年（1835）境融通会所を設けて鉄等の領外移出を統制し，また鉄の境港への集中をはかって，坂越・抜荷を禁じた． ④　境融通会所は半藩半民営で，有力鉄師が出資し，輸送とともに金融も行った． ⑤　藩側は新たに，在方豪商出身の新型大鉄師層を同会所へ結集して，在来の専売仕法の行き詰まりを打開しようとした．
広島藩 （安芸・備　後）	①　御買鉄制を延宝 8 年（1680）から始め，施行と中止を繰り返した．この制度は，座鉄ともよばれた．広島に鉄座を設け，領内の産鉄はすべて広島に集めてから大阪へ送り，川口に番所を設けて移出を監視する制度をとった． ②　正徳 2 年（1712）の藩政改革に伴い，全領鉄山藩営化の政策が断行された．ところが，山県郡のみは民営の存続が許され，領内に藩・民営が併立することとなった． ③　山県郡だけは正徳元年（1711）鉄株が設けられて，たたら場・鍛冶屋の数を限定し，旧来の大鉄師を保護して，4 人の鉄師を「鉄師頭取」に任じて統制に当たらせた．（この部分のみ，松江藩と共通する） ④　安政 6 年（1859）には山県郡全鉄山を藩営とし，そのまま明治政府に引き継がれて，唯一の官営砂鉄製錬「広島鉄山」として稼行された．
津和野藩 濱田藩 （石　見）	①　津和野には砂鉄原料が少なく，土地生産力も貧弱であったので，藩営鉄山はなく，僅かな民営鉄山のみであった． ②　濱田藩には藩営鉄山が存在していたが，経営が思わしくなく民営に移された． ③　濱田藩は度々の移封によって落ち着いた藩政が敷かれにくかったし，昔から銀山へ力を注いでいたので，鉄山には重きを置いていなかった．

向井義郎「中国山脈の鉄」(1960，188～191 頁）および庄司久孝「たたらの経営形態より見たる出雲石見の地域性」(1951，13・17 頁）より作成．

区に比べて、広島地区には銑押たたらのほかに、独立して存在していた大鍛冶屋が多かったようである〔日本鉄鋼史編纂会 一九八一、八〇頁〕。

中国地方の鉄山師について、向井義郎氏は三種類の型に分類している〔向井 一九六〇、一八〇頁〕。すなわち、第一の型は「中世的土豪型」、第二の型が「新興の前期商業資本家型」、そして第三の型が「幕末期簇生の小鉄師勢力」である。但し、第三の小鉄師勢力は、結局藩と結ぶ大鉄師の力に抑えられて伸び悩んだ。第一の型の出自は中世武士で、土着して豪農となり、鉄山経営にたずさわると共に山林地主ともなり、かつ小領主的な性格を持った大鉄山師であった。第二の型の出自は農商出身層で、江戸中期以降の商品経済の発展に伴う鉄生産増大の機運に乗じて台頭した。彼等は新しい事態に対応する力をもち、藩権力とも結んで成長した大鉄山師であった。大鉄山師は、たたら親方ともいわれて強い身分支配関係の上に立っていた。また荷主ともいわれて、鉄生産のみならず流通面の実権まで握り、独特の生産構造を基盤に絶大な影響力をもっていた。彼らが「大鉄山師」と称されるからには、土地所有はもちろん、膨大な炭木山を入手し、広汎な村方農民の副業労働を支配していた。さらに彼らは、独特の性格の山内労働を把握維持し、併せて賃米や飯米の確保などの問題を処理して行かねばならなかった。

まず表14の各国が、鉄山師類型によってどのように特徴づけられるかを概観しておきたい。松江藩（出雲）には、明治に入ってもたたら経営を続行した、いわゆる出雲の御三家（田部、桜井、絲原）があって、第一の「中世的土豪型」で代表される典型的な地域と言える。鳥取藩（伯耆）には、第二の「新興の前期商業資本家型」の代表ともいえる、商人から出発した近藤家がある。また、伯耆にも木下家のような第一類型の鉄山師も存在していた。広島藩（安芸）山県郡の佐々木家および香川家は第一類型で、両家とも石見へも進出した大鉄山師である。石見には、平田・藤間・三宅家に代表される武士出身でない第二類型の鉄山師がいた。また、三浦家のような第一類型もあったが、同家は、はじめは砂鉄運上の役どころからたたらに参入し、後に安芸の香川・佐々木家と密な関係をもつようになったのである。とはいえ、石見の場合は一般に第三類型の群小鉄師が多く、出雲、安芸、伯耆のように抜きんでた大鉄山師が少なくて、興亡も激しかった。

次に鉄山師と各藩の関係を見ていく。まず、藩の抑制も保護も殆どなく、関係の薄かったのが石見であり、それ以外の三つの国では藩との関わりが深かった。松江藩と広島藩の山県郡に対する政策は共通しており、いずれも第一類型の中世土豪型大鉄山師を強力に保護した。たとえば表14松江藩の③項で述べたように、鉄穴《かんな》と山林を特定の大鉄山師のたたら用に指定した。すなわち松江藩の広大な藩有林が彼等に交付された。出雲の「御三家」の大山林所有がその大鉄山師としての繁栄の基礎となり、その結果、たたら親方として周辺農村に支配力を振るうことが出来たという〔向井　一九六〇、一八一頁〕。また不況時には松江藩が大坂の問屋から銀を借り入れて大鉄山師を救済した。広島藩は、同じく不況時に山県郡の佐々木家の行き詰まった経営を藩営として肩代わりしている。このように、出雲と安芸の一部は藩と結んだ大鉄山師の支配力が他に比して強く、両者の関係が緊密であった。その結果、新興の鉄山師の進出が両地域では強く抑制されていた。伯耆では、表14鳥取藩の①〜⑤項にあげたように、鉄の船積みにおける統制を強化して境《さかい》融通会所を設けた。文化十二〜十四年の全国的不況時には、中小の鉄山師は勿論大鉄山師も大きな打撃を受けた。したがって大坂商人からの借銀もかさみ、鉄師達は困難を極めた。それにつけ込んだ大坂問屋資本の横暴と高利が、鳥取藩に江戸への鉄を直送するという政策を取らせたともいえる。また、この時期は、第二類型の鉄山師が実力を延ばした時期でもあった。近藤家はその代表で、境融通会所に強力な出資をした。このように藩と豪商出身の大鉄山師層との連携によって鉄の集中船積みという統制を行った結果、同じ伯耆の米子港などはそれまでの鉄集荷港として打撃を被った。

藩の保護が薄かった石見と、逆にそれが特に篤かった出雲とを、庄司久孝氏が比較している〔庄司　一九五一、一頁〕。それによると、上述した石見の平田・藤間・三宅家はいずれも武家出身の大山林土地所有者としてではなく、農民としてわずかな資産をもとに出発している。そして彼らは商業に関わりつつ資本を蓄積し、そのかたわら鉄山業を営むことによってさらに財をなし、経営規模を拡大していった前期的商人である。庄司氏はたたら経営形態からみた出雲・石見の地域特性を比較し、それを表15のようにまとめている。

表15　たたら経営形態より見た出雲と石見の地域性比較

項目	出雲	石見
貨幣経済の発達状況	比較的おくれる	より進んでいる
土地所有形態	土豪地主的	寄生的地主
身分の隷属関係	束縛度大，擬血縁的	束縛度小，金銭的
藩との依存関係	強い	弱い
鉄山師の経営規模	大	小
出稼ぎの有無	無し	有り

庄司氏は出雲に比較して石見で貨幣経済が発達した原因に触れて、藩の保護が薄かった石見では、鉄山師が大山林土地所有者ではないために、砂鉄や木炭および養米を購入していたことをあげている。さらに、貨幣経済の浸透によって階級分化の度合いも進み、その結果として石見の山間部から農民が出雲の仁多、飯石方面に季節的出稼ぎに出ていることを指摘している。では出雲には階級分化が見られなかったかというと、そうではなく、石見と同じようにそれが激しかった。ただ、その原因が株小作制度のような状態で農民が親方に縛られており、疑似血縁的関係に置かれていたことによるとしている。ただし株小作は石見にも存在していたのだが、出雲に比べて数が少なかった。また疑似血縁的関係におかれた出雲の小作人は出稼ぎの状態には追いやられなかった、としている。

次に株小作と関係の深かった養米について述べる。多数の専属労働者と家族を抱えた山内では多量の飯米を必要とした。鉄山師は、労働者の賃金を僅かな金銭と米で支給し、貸米も行っていた。また、村方の労働（炭焼きや駄送など）に対しても米で給付することが多かった。したがって、鉄山師にとって、米の確保はたたらの経営上欠く事の出来ぬ前提条件であった。松江藩では鉄山保護の立場から、鉄山師に対して養米の貸し下げ、または安価な払い下げ、或いは為替米の制度の実施などの政策をとった。これだけではなお山内用の需要を充たし得ず、不足する米を確保する必要から起こったのが株小作の制度である。

鉄山師は、米を入手するために山深い谷間を切開いた。また彼らは、鉄穴・たたら場の跡地、あるいは谷間に鉄穴土砂が堆積して生じた平地などを開墾して活用しようとした。それらの場所は入植者を求めにくい土地柄であったために、貧民を招き入れる手段として宅地、農具、山林、家畜など、必要な生産手段を一括貸与して、彼らを専属小作人化したのである。これが株小作制度の始まりであるとされている。この株小作のすべてがたたらと関係があったとはいえないが、株小作の分布とたたらの分布とが一致するところの多いことから両者に密接な関係があったことと想定されている。これによって小作農民の大鉄師への隷属化が行われ、夫役や製炭駄送などの安い労働力を提供することとなったものと考えられる。

以上、歴史的背景に起因する各地域の地域性についてみてきたが、奥出雲の特徴としては、藩政策によって保護された少数の大鉄山師が小領主的な農民支配のもとに製鉄業を営んできた姿が浮かび上がってくる。良質の砂鉄に恵まれ、豊富な炭木山をもち、山内の製鉄職人や関連業務に従事する農民を配下に治めて営まれた鉄山経営が明治に持ち越されたのである。

2　明治初期の奥出雲横田地区

『出雲風土記』に仁多郡横田郷の鉄生産が述べられているように〔吉野　一九六九、一九〇頁〕、横田地域は八世紀の頃から、出雲でも鉄生産の中心地域の一つであった。

明治四年（一八七一）に廃藩置県が実施され、中央政府による一元的に統合された地方政治が始まった。それはまず、戸籍法により人口・戸数を調べ、地券交付により土地の私有権を法認することから着手された。明治四年の戸籍法に基づいて同五年から調査編成された壬申戸籍を原簿として、人口、戸数、職業などの集計表〔横田町誌編纂委員会 一九六八、三九七頁〕が作成されているので、それらから製鉄に関する情報を読みとることが出来る。

集計表は、横田地区を横田、中村、稲原、竹崎、大呂、大馬木、下横田、八川、大谷の九村に区分して作成されている。まず、戸数では家持と借家の別があり、稲原、大呂、下横田を除いて、残りの六村は借家が多く、しかも別の民業調査によれば、これらの村には鉱業、職工、薪炭など、製鉄業関連の記載があって、鉄山と密接な関係をもっていたことが想定される。そして横田では農業が全戸数の半数以下となっており、この数字は横田が町場であったことを示している。しかも非農家は各種多様の職業に別れており、横田では社会的分業が発展しかけていたことを窺わせる。また、竹崎は戸数の半分、八川・大谷では三分の一が日雇渡世であること、大馬木では鍛冶屋が二三戸もいたことなども産鉄との深い関係が窺える。なお、前項で述べた株小作の多い村は横田、馬木、八川であった。さらに、婚姻が案外と広い範囲にわたっているのも、鉄の流通経路との関わりが考えられる。

明治五年仁多郡の物産表〔横田町誌編纂委員会 一九六八、四〇二頁〕をみると、製鉄業関係では、砂鉄、銑、鉄、鋼、鋧で約一〇万円と、ほぼ米に匹敵する産出額となり、さらに鉄関連の釘・鎌の鉄製品、薪炭などを加えると、仁多郡物産における製鉄業の比重がきわめて大きかったことがわかる。

明治四年の地券交付は、封建的土地所有を否定して、農民に私有財産として土地を所有する権利をみとめたものである。こうした私的土地所有者に対する租税徴収が明治五年の地租改正の骨子であるが、この地方では八年から地租納付が始まったようである。

明治以前、もともと山林原野に対しては、農地に対するほど個人的な所有意識が明確ではなかった。それが地租改正で山林原野にも税金が掛けられることになったため、零細農民は所有権の主張に消極的であったが、逆に大地主たちは税金との引き換えに所有権を設定したとも伝えられている。

もっとも、古くから鉄山経営が行われていた当地では、必要とする薪炭を確保するために、たたら場や鍛冶屋には「鉄山《かなやま》」という名目で山林が一定割合で付属されていた。絲原家の場合、旧松江藩から与えられていた鉄山師の特権を明治以降までそのまま受け継ぎ、私有山林として所有し続けていた。

三　たたら不況——横田地区の場合

ここでは、横田地区を例にしてたたら不況の実態を把握する。先ず明治政府の政策がたたら製鉄経営に与えた影響を述べ、その苦境に鉄山師がどのように対処したのか、横田町誌に収録された諸資料から地域の直接的な問題などを追求していく。

1　明治政府の政策とたたら製鉄

松江藩がなくなると、奥出雲の製鉄業に対して一〇〇年間続けられてきた特権賦与と保護助成が打ち切られた。それに加えて近代最初の鉱業法規である日本坑法が施行されたことにより、砂鉄採取は新たに課税の対象とされることとなった。

日本坑法は明治五年（一八七二）に太政官布告第一〇〇号をもって、鉱物はすべて政府の専有に属し、政府だけが採掘権をもち、私人はただ政府からの請負として採掘を許可されるものとした。翌年太政官布告第二五九号をもって制定することによって、政府は鉱業専有主義を採用し、個人に対しては借区の名称を用い、一五ヶ年を限って開採できることとした。こうして鉄穴も鉱山としての性格を持たされるようになると、その法令に基づいて、砂鉄場を始めるための願いを出して仕事をするようになったらしい。

日本坑法問題に加えて、さらに悪いことには、工部省の指示で、明治六年前半期には鉱産物の販売が中止されてしまった〔横田町誌編纂委員会 一九六八、四一三頁〕。製造した産物が商品化できず、その一方で税金は払わなければならないというのだから、鉄山経営者は未曾有の危機に陥った。しかも、鉄山経営には多数の人員が関与している。絲原家（大谷村雨川）の例だけでも、明治期の鉄山経営の人的構成は、直接人員が五一七人、間接人員が八八〇人であった〔横田町誌編纂委員会 一九六八、三六〇頁〕。横田地域の鉄山経営者は絲原家を頂点として、卜蔵《ぼくら》家、杠《ゆずりは》家などがあり、いずれも多数の人員を抱えていた。当然のことながら経営以前に、これら生産関係者の生活をどう保証するかという問題が生じた。

例えば明治六年、願主卜蔵甚兵衛と同戸長杠太郎左衛門の連名で、島根県へ「鉱礦山稼人鉱物販売之儀当分御差止メ相成居候ニ付嘆願」〔横田町誌編纂委員会 一九六八、四一三頁〕が出されている。その中には自家で召し抱えている人間のほかに、「其上諸鉄炭小鉄輸送等之儀者別而郡中細民之者共ニ御座候処、右賃金渡方延引致候而者甚難渋仕候ニ付云々」とあり、関連する農民まで加えると関係者はさらに多くなることが窺える。これに対する県の返答は、「工部省江伺中ニ候条追而何分之義可相達事」とある。また、同じく卜蔵甚兵衛は「養米不融通ニ付願書」によって、養米を確保する方法として仁多郡産米のうちから優先的に配慮して欲しいという要請を県庁に出した。だが県は「難聞届」とこれを却下している。

2　市場の変化と鉄山師の団結

製鉄業を取り巻く環境が厳しくなってから、鉄山経営者は政府や県に対して種々の嘆願書を提出して販売中止の撤回を求める一方、新たな環境に技術的、経営的に対応する努力も行った。

鉄価は明治七年を峠として、翌八年からは下落に転じ、一〇年にはどん底を記録した。製鉄業衰退の原因は市場にあった。明治政府は、資本主義経済社会をめざして種々の施策を実施していたが、製造業や建設業で必要とする鉄鋼には、中国地方の山地で生産していたたたら鉄をほとんど使用せず、大部分を輸入洋鉄でまかなっていたことはすでに述べた通りである。したがって、中国山地の鉄山経営者は、まず販売市場を拡大しなければならず、またみずからの製品を、輸入洋鉄と競合できる品質に改善していかなければならなかった。明治八年に、製鉄業者達は協議の結果、島根県に対して、品質の優秀性を再認識して販売斡旋の労をとることを要望して「伺書」（横田町誌編纂委員会　一九六八、四一五頁）を提出した。その中で、船釘の場合、和鉄製ならば五年もつが、洋鉄を用いると三年しかもたないとし、長さは三寸から一尺までの品を揃えていると宣伝している。次いで、松江に出雲の鉄山経営者一〇人が集会し、県勧業係官とも協議のうえ、鉄道に和鉄を利用して貰うべく品質の向上を図る計画などを話し合った。その「集会頭書」（横田町誌編纂委員会　一九六八、四一六頁）の内容をみると、共同で蒸気鎚（スチームハンマー）を購入して利用していくこと、また砂鉄の中に含まれる水晶ガラスが「鋳物細工器械ニ懸ラズ」という悪い作用をするのでこれを除きたいこと、そしてその方法として石灰を加えて砂鉄を吹く技術を発明したいことなどが挙げられており、品質改良の意欲がはっきりと読みとれる。*また、鉄師が共同で近代的装置である蒸気鎚を購入し、適当な最寄り地に設置の上、共同で錬鉄を精錬するばかりか、製品を集めて直売することまで考えていたことがわかる。

＊砂鉄は花崗岩から生じるために、珪酸塩類を含み、それを「水晶ガラス」と称したものと考えられる。いずれにしても、珪酸塩は堅く、鋳物を加工するとき機械を傷つけるばかりか、作業が非常に困難になることが予想される。それを取り除くためには珪酸塩と化学反応のし易い石灰を加える方法がよいと判断されたのであろう。

そして明治九年に入ると、半値に下がった鉄価に対処するために、県の助成を願い出るとともに、業者自身も鉄師締合をつくって自主規制に乗り出していった。県が経済的要望をどのように処理したのかは不明であるが、自主的な規制を旨とする鉄師組合については、さらに細則を具体的に記した文書である「鉄師締合書」（横田町誌編纂委員会一九六八、四一八頁）が残されている。その内容には、諸賃金や品物の値段、ならびに輸送の駄賃は不公平のないように一同で協議することという一条がある。また、鉄山にとって最も重要な米の買入価格についても、不公平のないように取り決めることなどが明記されており、鉄山師が一致協力して難局を乗り切ることを意図していることが察せられる。しかし、差し当たっては事態打開の方途が見つからず、結局五割操短する生産制限の実施と、炭焼きや山野開拓という副業で急場をしのぐ対策をとった。

明治十年の西南戦争とそれに続くインフレーションの過程で鉄価がやや持ち直して、同十三年までは収支計算も成り立った。だが、同十四年から鉄価が再び下落して、明治十年代後半は深刻な経営危機に陥る。そのときの製鉄業の危機は経営内部にとどまらず、地域社会全体の問題として提起されるようになるのであった。

3　地域社会の問題としてのたたら不況

横田地区を含む仁多郡でどのような社会問題となったか、具体的に検討しよう。まず、明治十七年に出雲国仁多郡中委任総代という肩書で、横田町の地主岡崎健蔵などが島根県令あてに、たたら製鉄の不振が仁多郡全体に対して重大な影響を及ぼしていることを、九項目をあげて具体的に記している。そして、すでに広島県が行っているように、県としての助成を実施して「仁多郡民弐萬六百有余人ヲシテ将来生計ヲ保ツノ道ニ就カシメン事ヲ」と、要望したのである。その「鈩鍛営業永続願」（横田町誌、四二〇頁）にある九項目は、およそ次の通りである。

一、樹木を伐採しなければ猛獣が横行して田園を荒らし、人畜に被害を及ぼす。

二、雪の多い地区で物産に乏しく、農民は冬間期に砂鉄をとり、その坑区を開墾して良田とする。この一挙両得の生業も鉄業者がなくなったら半年間の業を失する。

三、本郡の収穫米のうち六〇〇〇石は鉄業者が購入し、それによって租税の義務を果たしている。これがなければ、農民は何を頼りに飢餓をまぬかれようか。

四、ここ数百年の間鉄業に従事する良民は無慮数千人。それが失業して路頭に迷うことがあれば、盗児凶僕に変じて弱肉強食の修羅場を現出する。

五、薪炭鉄鉱運送のために牛馬を飼っているが、それが不必要となれば耕地肥料に困難をきたして、田畑は荒れ地に変じる。

六、森林を伐採しないと樹木が繁茂しすぎて水源の温度を和らげることが出来ず、冷水を水田に灌漑することになって収穫が減る。

七、森林を伐採して薪炭として売り上げている。たたらや鍛冶の業がなくなれば、それもなくなる。

八、鉄鉱を販売することを商売にしているものは、鉄山が休業したら餓死するのを待つのみの状態になるだろう。

九、本郡鉄業者の売上は年々およそ一〇万円で、それは郡民の労賃に充てているのだ。

以上理由を切々とあげて県の助成を請願し、仁多郡長の「前書之通相違無之候也」の添書きとともに提出された。

それにもかかわらず、県は何らの措置もとらなかった。そして広島県が国に請願し、国がそれを取り上げて実施した「官営たたら」の措置は島根県には適用されなかった。

しかしながら、明治十七〜十八年頃の島根県仁多郡農村の疲弊は凄まじく、当時の『山陰新聞』に「県下各郡惨状一斑」という、今でいうルポルタージュのような記事が連載されて、状況が詳しく報告されている。仁多郡全般の状況については、

郡中物産は鉄を以て第一とし謂はば郡中の弐万余口は鉄に拠て活計するものの如し、さるを一昨年来の不景気にて、該業十中の八は休業し適営業者あるも、一二の外は支払いを全くする者なく、貧者は日に増加し実に人民の困苦見るに忍びず。米価は目下石三円以内にして、各自収穫に地租を比較すれば、労力償ふ能はざるのみならず、資本を蕩尽するも及ばざるの景況なり。（明治十八年十月二十三日付）

また、製鉄業の特に多かった馬木村（大馬木村・小馬木村）に関しては、次のように報じられていた。

彼の惨状を極め、朝夕を計らざるは勿論、飢餓殆ど旦夕に迫らむとする者は、多く皆雑業者にして十中の八九は咸く鉄山に使役する者たり。然るに頻年、鉱業者の重もなる鑪鍛偏へに衰頽を極めしが故に、或は其業場を廃し、或は其業を中止せしより為めに使役せられ為めに糊口するも、従って無為に経過し生計を失う者少なしとせず。（明治十八年十月二十七日付）

このほか、鉄山の廃業もしくは中止によって飢餓から辛うじて糊口するものという赤貧者の人数を、例を挙げて数えている。例えば、八川村の人口一〇五八人中一九一人が赤貧者で、そのうち一七六人が「雑業者」（ここでは、鉄山での使役についている者）であったという。また、下横田村の人口一三一一人中の赤貧者は二〇〇人で、やはりそのほとんどが「雑業者」であった。

このような新聞報道が伝える仁多郡内の村々の窮状は、必ずしも誇張されたものではないようだ。明治十七年絲原権造による「出雲国仁多郡景状概書」〔横田町誌編纂委員会 一九六八、四四〇頁〕という文書の中に、同様の内容が述べられている。例えば「人民生計之概況」のところには、「茲ニ於テ各自衣食ニ充ヅルノ米金ナク、万止ムヲ得サルヨリ山野ヲ穿チ葛根木皮ヲ採取シ、之ヲ食シテ辛クモ一時ノ露命ヲ繋キシガ、葛根木皮固ヨリ限アリ」という記述がある。

ともあれ、仁多郡中委任総代の嘆願書にも島根県から返事が得られなかったので、今度は鉄山経営者である絲原権造が県令にあてて嘆願書を出した。それに引き続いて絲原権造は、翌十八年、郡内各町村戸長に向かって製鉄業の復旧維持についての方策を諮問した。その「鉄山維持方法諮問」〔横田町誌編纂委員会 一九六八、四二三頁〕のなかで、絲原権造は「大体鉄業ノ景勢目今一概ニ見込ナキニ非ズ、依テ協力復旧シ盛業ニ焦胸スレドモ資力ノ足ラザル遺憾ニ不耐所ナリ、希クハ復旧維持事業方法各位ノ御高評ヲ仰ク」と事業の見込みはあっても、資本が不足していると申し述べている。

これに対し、下横田村・大呂村・八川村戸長武藤六郎兵衛は、「村会議員にはかり、もっとも至極であり休業は村費の未収はもとより、人民の活路を失うので、熟慮の結果、三村の貢納予備公債証書額面二千二十五円を抵当として、鉄山資金を拝借することに決した」という内容の返答をした。そして郡内各戸長連署して、およそ次のように評決した。

一、鈩は郡内二七ヶ所維持するが、設置場所は七ヶ所とし、あらゆる協力によって維持する。

二、鈩経営維持の間は、仁多郡積立の貢納予備蓄積公債証書を抵当として、官より資本金を借入する手続きをする。

三、鈩・鍛冶屋営業者へは郡中より、養米凡そ七千俵を年々与える。

以上の経過をみると、郡民、農民は製鉄業に何らかの関連をもって収入を得て、その生活を維持していたことがわかる。また、製鉄業者すなわち大地主層とその他の地主層、そして農民の利害が同じ方向を向いていたのである。それが、郡内が一致協力して鉄業の不振を凌ぐ方向に向かわせたものと考えられる。そして、かく不況を凌いでいるうちに軍需という新しい市場の獲得へとつながることとなったのである。

四　明治十年代のたたら経営——出雲、田部家の事例を中心として

たたら鉄が軍需市場へ進出するまでに、その製鉄事業の経営状態がどのような状態であったのかを具体的に確認する必要がある。

明治維新以後、輸入鉄の増加による圧迫から、採算に苦しみながらも長期にわたってたたら製鉄を継続したのは、中国地方、ことに山陰雲伯の鉄山と官営の広島鉄山であった。

ここでは、山陰でも出雲の田部家が経営した鈩場《たたらば》と大鍛冶場の収支計算表を中心的な事例として、明治十年代のたたら製鉄の経営状況を明らかにすることを目的とする。その手順としては、まず幕末から明治初期にかけての鉄市場とたたら製鉄の生産形態とを概観し、次いでそれを踏まえて収支計算表の解析を行う。

1　幕末—明治初期の鉄市場

幕末の頃からすでに鉄市場は大きく変動していた。嘉永六年（一八五三）のペリー来航から翌安政元年の開国に至

る時期に、幕府や諸藩の国防への関心が一挙に高まり、それに呼応して鉄の需要が一挙に激増した。すなわち、それまでは庶民生活を支える農具、打刃物、鍋釜が中心であった鉄製品の需要に、突如海防用の大砲を製造するための鉄の需用が加わったのである。たとえば東北地方では、文化・文政期に「三〇〜三九貫匁／両」の間で変動していた鉏《あら》鉄（銑《ずく》とおなじ）の相場が、「二三〜二五貫匁／両」へと急騰し、従来の流通機構は麻痺状態を呈するに至ったという〔岩本　一九六九、五五頁〕。

しかし、大砲（鋳造）がたたら鉄の需要を増大させるという思惑は完全にはずれた。たたら鉄を原料にした大砲鋳造は成功せず、その結果、幕末の大砲類はほとんど海外からの輸入に頼らざるを得なかった。つまり、鉄製品および鉄の輸入は明治以前から行われていたのである〔日本鉄鋼史編纂会　一九八一、九四頁〕。

明治維新後、政府は当時の世界情勢をにらみ、被植民地化を免れることを至上命題として富国強兵政策をとった。近代的工業の移植はその前提条件となる急務であった。特に、その土台としての鉄鋼業の近代化は、明治国家の達成すべき最重点課題の一つとなった。しかしながら、わが国の近代的鉄鋼業の確立は、明治後期まで待たねばならなかったのである。

明治初期の国内鉄鋼生産は、大部分旧来のたたら製鉄に依存していたのだが、それは当時の貧弱な需要を賄うだけの生産量にさえ達していなかった。需給の大きなアンバランスは、主として海外からの輸入によって穴埋めしなければならなかった。即ち、たとえば明治七年の銑・鋼類の国内生産高が合計五〇〇〇トン弱であるのに対し、輸入は一万二〇〇〇トンに上っている。その後、明治十年代を通じて国内生産にも若干の増加が見られたものの、需要の増加がその伸びをはるかに上回り、輸入は瞬く間に数倍に膨らむ勢いを示した。さらに、明治七年の洋鉄輸入量は一万二〇〇〇トンだったが、二十年にはその五倍以上に達し、六万五〇〇〇トンを突破した。したがって明治二十年代以降、砂鉄製錬の製品価格が輸入鉄の影響を一層激しく受けるようになった。
明治十年の西南の役後、経済は膨張し、通貨インフレが進行した。そこで明治十三年、政府は財政緊縮、通貨整理政策に転換した。このため翌十四年から深刻な不況が始まり、不況は十八年まで続いた。この間景気激動の影響を受けて、生産原価および製品の相場が極めて不安定となり、たたら製鉄業者は一斉に激しい困窮状態に陥ったのである。

2　たたら製鉄の生産形態

田部家では、明治十六年十月の「海軍工部両省ヨリ鈩鍛砂鉄穴御見聞」の際に、「鎔化並製造法」（砂鉄製錬のこと）と「製鉄法」（大鍛冶精錬のこと）に関する上申書類を差し出している（島根県　一九六六、三七八頁）。これを参照しながら、当時のたたら製鉄の概要を述べる。基本的にはすでに述べてきた通であるが再度簡単にまとめておく。

たたら製鉄の基本的生産形態は、まず砂鉄を木炭製錬して銑を作り、さらにそれを大鍛冶で脱炭精錬して錬鉄《ねりかね》を生産するものであった。銑鉄《ずくてつ》は鋳鉄用に販売されると共に、鈩場《たたらば》付属の鍛冶場（大鍛冶）へ回された。このほか、独立の大鍛冶屋にも販売された。この製鉄法を中国地方では「銑押」または「四日押」と称した。この製法では、炉内に誘導された吹子の風が木炭の燃焼を促進し、炉内が高温に達すると銑が熔出する。これを炉外に取り出して冷却した。銑のできるときに炉内に熔解不十分の固形物（鉧）を生じ易いのだが、鉧の発生を抑えることが銑押し操業上の工夫の要諦であった。ただ、雲伯地方に偏在していた原料の真砂砂鉄は鉧を発生させ易い。しかし、その反面、鉧塊の中に高級な鋼を直接生成させるのに適してもいたのである。そこで利器刃物の原料として珍重される鋼の生産を目的としてたたらの操業法を工夫したのが、「鉧押」または「三日押」である。鉧押法のことはすでに述べたが、まず銑を溶出させた後に鉧の成長を待ってから、その大塊を引き出して冷却したのち鋼折場に移して、鉧塊を打ち砕いて内部の鋼を取り出す。ここで適当な大きさに砕かれた鉧は、大鍛冶場に移されて、銑と同様、錬鉄生産の原料とした。

3　各表の作成とその基本的な性格

ここで、田部家の収支計算表を解析するために作成した表16から表23までの基本的な性格を説明したい。

はじめに、「明治初年の出雲国郡別の鉄生産高」を表16に示した。数値は絲原家文書に基づいて『横田町誌』が掲げている表による〔横田町誌編纂委員会　一九六八、三五三頁〕。次の表17～19と表22は、『新修島根県史　史料篇6近代下巻』に収載された表をもとにして作成した。表20および表21は表18および表19に基づく解析の結果を示したものである。

表17は、明治八年から同十二年の五年間の田部家の鉄生産収支表で、明治十三年六月島根県勧業展覧場に掲示するために田部長右衛門氏が提出したものという〔島根県　一九六六、三六六頁〕。原本の表にははじめに「出鉱表」と題目が掲げられており、鈩場は菅谷鈩、杉戸鈩、中谷鈩、八重滝鈩の四つ、大鍛冶場は杉谷、芦谷、町かじや、滝谷、郷城、恩谷、弓谷の七つが挙げられている。そこに、「稼人　飯石郡吉田村　田部長右衛門」とあるので、鈩も大鍛冶も田部家の所属と判断した。

表17の鈩場欄に記されているのは四鈩の合計数値であり、また大鍛冶場欄では七大鍛冶屋の合計数値である。

次の表18には、右記四鈩についての明治十三年から十六年前期までの三年半の各年度、およびそれを合計した収支決算と、明治十四年後半期から操業された八代谷鈩の明治十六年前期までの二年間の収支を集計したものを一括して表示した*〔島根県　一九六六、三八六頁〕。なお、八代谷鈩は田部家と櫻井家が共同経営していたようである**〔島根県　一九六六、四〇三頁〕。

＊「明治十六年十月海軍工部両省ヨリ鈩鍛砂鉄穴御検分ノ節差出候書類ノ控」にある各鈩ごとの「製鉱所計算表」を使った。ただし、この表の数値には誤記が多いので、集計計算で修正できるものは全てなおした。また、疑問のある数値もあるが、証拠がないものはそのままにした。

＊＊「出雲国仁多郡上阿井村字八代谷製鉱所　同国飯石郡吉田村田部長右衛門　同国仁多郡上阿井村櫻井三郎右衛門」として「製鉱所」の説明を述べている。また、同所付属の「鉄穴場書出」にも、営業人として右両氏名が記されている。

表19には、田部家の各鈩の操業単位当りの生産高と経費をまとめた〔島根県 一九六六、三九三・三九八・四〇四頁〕。操業単位とは、たたら製鉄の一工程のことで、鉧押法なら三日、銑押法なら四日を要する。中国地方ではこれを「一《ひと》代《よ》」と称した。この表で用いた資料の表題から察して、表の数値は「見積値」または「計画値」と見られるので、表18の数値と比較する目的で引用した。

また表18および表19を使って解析した結果を表20に示した。さらに、表18の「単価」を抜き出して表21にまとめた。『島根県史　史料編』から引用した最後の表22は、表17の七つの大鍛冶屋に山明山鍛冶を加えた八つの大鍛冶屋について、明治十三年から十六年前期までの集計とそれを合計した収支の決算表を表に示したものである。

なお表23には、参考のために、明治十年〜十七年の「伯耆国日野郡」の鉄の生産量と価格の推移状況をまとめた＊〔日本工学会 一九五五、六二頁および日本鉄鋼史編纂会 一九八一、六五頁〕。

＊『明治工業史　鉄鋼編』〔日本工学会、六二頁〕を中心に作成した。但し、砂鉄の価格の単位「円」は、計算違いのため「銭」に修正した。

当時の伯耆国（鳥取県）では日野郡が唯一の産鉄地とされており、明治以降の同郡内のほとんどの製鉄業は近藤家に統一されていたという〔近藤 一九二六、三三頁〕。ここでも比較のため単価を計算したが、砂鉄、鉄製品すべてを原本に従って一駄三〇貫とした。但し田部家文書では、大鍛冶屋の製品である錬鉄の一駄は二四貫としている〔島根

県 一九六六、三九一頁〕。

4　田部家のたたら製鉄収支計算表の解析

鉄価は明治十年代の後半に向かって著しく低下し、それに伴って田部家の製鉄経営が悪化し、ついには全く収支が成り立たない状況となった。各生産品の量的構成比や価格は各鈩場ごとに違いが見られるものの、それにもまして鉄価の低迷が与える影響が大きかったようである。

ここでは、まず田部家の存在する出雲全体のたたら製鉄の状況を確認したのちに、田部家のたたら製鉄収支計算表の解析をする。

(1)　明治初年の出雲国（島根県）の鉄生産高

『横田町誌』は、「明治前期の出雲国の鉄生産量に関しては絲原家文書の中に郡別の数値を示す好資料がある」として、表16を示している。

しかしこの表の数値は実際の生産高ではなく、生産高を見積もったものと考えられる。そう推定できる根拠は、まず鈩場の製品比がすべて鋼一に対し銑二・一、鉧一・六となっており、また一鈩当りの総駄数が一六五〇で一定であることがあげられる。さらに、鍛冶屋（大鍛冶）の製品である割鉄（錬鉄）の一鍛冶当りの駄数も、五一〇と一定である。ところが、絲原家文書の明治十七年『民行鉱山志料取調書』による鉧押し法では、製品比として鋼一に対し銑二・三、鉧一・八をあげており、「但年代ノ新古ト炉中熔解ノ善悪トニヨリ産出高差等アリト雖トモ概ネ本項ニ掲クル所ノ量目ヲ以定度トス」との説明を加えている〔横田町誌編纂委員会 一九六八、三三四頁〕。

また表16に準拠すれば、島根県全体の鉄類生産高は五四〇九トンとなり、*先に述べた明治七年の国内鉄類生産実績五〇〇〇トン弱とはかなりの差が生じることになる。したがって、この資料の鉄生産高はおよその目安として掲げられたものと見ておくべきであろう。それでも、明治初期から鈩場では鋼、銑、鉧の三種が生産されていたこと、またそれらの一〇〇貫あたりの平均的価格は鋼が一二円弱、銑が五円、鉧も五円弱（但し、いずれも見積価格と考えられる）であったことがわかる。また、鈩場一に対して大鍛冶場が二の割合で存在していたこともわかる。

表16　明治初年出雲国鉄生産高

			仁多郡	大原郡	飯石郡	能義郡	神門郡	合　計
鈩	鈩　数		7	1	3	6	2	19
	鋼	駄　数	2450	350	1050	2100	700	6650
		貫	73500	10500	31500	63000	21000	199500
		代金(円)	8,575	1,225	3,675	7,350	2,450	23,275
		単価(円)						11.7
	銑	駄　数	5250	750	2250	4500	1500	14250
		貫	157500	22500	67500	135000	45000	427500
		代金(円)						21,375
		単価(円)						5.0
	鉧・細鉧	駄　数	3850	550	1650	3300	1100	10450
		貫	115500	16500	49500	99000	33000	313500
		代金(円)						14,630
		単価(円)						4.7
	小計	駄　数	*11550	1650	4950	9900	3300	31350
		代金(円)	21,840	3,120	9,360	18,720	6,240	59,280
鍛冶屋	鍛冶屋数		14	2	6	15	4	41
	割鉄	駄　数	7140	1020	3060	7650	2040	20910
		貫	171360	24480	73440	183600	48960	501840
		代金(円)	27,132	3,666	11,628	26,775	7,140	*76,341
		単価(円)	15.8	15.0	15.8	14.6	14.6	15.2

『横田町誌』（353頁）より作成.
註 a）表題には「初年」とあるが年次は不明.
b）表中の「鈩数」は，鈩稼行人の数である.「鍛冶屋数」も同様に稼行人数
c）生産物の貫表示と単価（円/100貫）は筆者が付加した．但し，鈩場の鉄類は1駄＝30貫として，また鍛冶屋の割鉄は1駄＝24貫として計算した.
d）鍛冶屋（大鍛冶屋）の割鉄は錬鉄のこと．単に鉄，或いは包丁鉄とも称する.
e）表中＊の数値は誤りがあるので，計算により改めた.

*鈩場製品三万一三五〇駄および大鍛冶場製品二万九一〇駄を、それぞれ一駄三〇貫、および二四貫として計算した貫数の合計を、さらにトンに換算した。

(2)　明治八年〜十二年の田部家の製鉄経営状況

ここでは、表17によって、

表17　明治8〜12年出雲国田部家の製鉄収支計算表

項目			明治8年	明治9年	明治10年	明治11年	明治12年	合　計	年平均
鈩場収支	鋼	駄　数	1455	1490	1470	1630	1185	7230	1446
		貫	43650	44700	44100	48900	3555	216900	43380
		代金(円)	8,730	7,410	7,056	8,313	6,517.5	38,026.5	7,605.3
		単価(円)	20	16.6	16	17	18.3		17.5
	銑	駄　数	4880	4900	4788	5060	4885	24513	4902.6
		貫	146400	147000	143640	151803	146550	73539	147079
		代金(円)	13,664	12,250	12,927.6	14,674	16,120.5	69,636.1	13,927.2
		単価(円)	9.3	8.3	9.	9.7	11		9.5
	鉧	駄　数	2270	2315	2470	2195	1995	11245	2249
		貫	68100	69450	74100	65850	59850	337350	67470
		代金(円)	4,806	3,472.5	4,001.1	3,951	4,189.5	20,420.1	4,084
		単価(円)	7.1	5	5.4	6	7		6.1
	荷高(駄)		8605	8705	8728	8885	8065	42988	8597.6
	代金(円)		*27,200	23,132.5	23,984.7	26,938	26,827.5	128,082.7	25,616.5
	入費(円)		24,094	23,503.5	23,565.6	24,878	23,388.5	119,429.6	23,885.9
	損益(円)		* 3,106	−371	419.1	2,060	3,439	8,653.1	1,730.6
大鍛冶場収支	鉄	駄　数	4859	4434	5055	4990	5040	24378	4875.6
		貫	116616	106416	121320	119760	120960	585072	117014
		代金(円)	37,404.3	26,604	29,319	32,435	37,800	163,562.3	32,712.5
		単価(円)	32.1	25	24.2	27.1	31.3		28
	入費(円)		35,059.6	24,023.5	28,126.1	29,499	34,456.7	151,164.9	30,233
	損益(円)		2,344.7	2,580.5	1,192.9	2,936	3,343.3	12,397.4	2,479.5

『新修島根県史』史料篇6，近代下（366頁）より作成．
註a）　鈩数4（菅谷鈩，杉戸鈩，中谷鈩，八重滝鈩），鍛冶屋数7（杉谷，芦谷，町かじや，滝谷，郷城，恩谷，弓谷）の合計値であり，調査は明治13年に行われた．
b）　表中（＊）は，明らかな計算違いのため改訂数値を表示した．
c）　貫表示と単価（円/100貫）は比較のために筆者が付加した．但し鈩場の鉄類は1駄＝30貫として，また大鍛冶場の鉄は1駄＝24貫として計算した．
d）　大鍛冶場の鉄は錬鉄のこと．割鉄または包丁鉄とも称する．

西南戦争の戦費調達のために紙幣乱発によってインフレに陥った、明治十年前後の田部家の製鉄経営状況を具体的に分析してみよう。

明治八年から十二年の五年間を平均すると、田部家の鈩場の製品比は「鋼／銑／鉧は一／三・四／一・六」で、年度による差は小さい。もちろん、表17では鉧押鈩も銑押鈩も区別せずに集計されているので、全体の製品構成比を示すものである。

一方各製品の価格は、一〇〇貫当りの単価で、鋼は一六円〜二〇円、銑は八円三〇銭〜一一円、鉧は五円〜七円一〇銭と、大きく変動している。鉄価全体の傾向としては、明治九年が最低で、翌年から回復の傾向が見られる。ただし、大鍛冶場の製品である錬鉄（単に鉄、または割鉄、包丁鉄とも称した）の価格は、明治十年が底値で翌年から回復した。錬鉄の価格変動幅は二四円二〇銭～三二円一〇銭である。

各製品の価格を比較するためにこの五年間の平均価格をみると、一〇〇貫当りの鋼は一七円五〇銭、銑は九円五〇銭、鉧は六円一〇銭、錬鉄は二八円となる。銑の生成量は、先述の通り鋼の三・四倍だが、単価は鋼が銑の約一・八倍である。更に錬鉄は鋼の一・六倍で、いずれも錬鉄の原料となる銑の約三倍、鉧の四・六倍であり、大鍛冶製品の付加価値の高さがわかる。すなわち、鉧押し中心に経営する場合は、価格の高い鋼の生産比を高めるとともに、一方では、絶対量の多い銑と鉧を大鍛冶での精錬により、付加価値の高い錬鉄に加工することで、経営全体の安定をはかったものと考えられる。

五年間の収支計算の面から見ると、鈩場では各製品価格が底値を打った明治九年には赤字を計上し、次に価格の低い明治十年にもごく僅かの利益しか出せなかった。これに対して大鍛冶場では、錬鉄の価格が最も下落した明治十年でも安定した利益を出している。つまり大鍛冶は、この五年間を通して毎年約二五〇〇円の利益を出しており、これは錬鉄の売上高の七・六％にあたる。*

＊この場合の利益とは、製品の代金から経費（入費）を単純に差し引いたものである。きわめて甘い収支評価ではあるが、鈩場と大鍛冶の損益比較として見ることは可能である。

以上表17は、製鉄業が安定した経営を維持していた近世江戸時代から、自立した産業として破綻の道を歩み出した明治十年代後半へ移る過程における経営実態を、分析を通して窺うことの出来る資料として貴重である。すなわち、この移行段階では、鈩場ではどうにか収支均衡を図りつつ、系列の大鍛冶場で得られる利益で辛うじて経営を維持していたのである。さらにこの段階でもすでに、国内経済の影響による鉄価の変動の煽りを受けて、経営収支が激変する傾向が見られる。

(3)　明治十三年～十六年の田部家の鈩場経営状況

明治十三年から十六年にかけては、いわゆる松方デフレによる不況が深刻さを増す過程に当たるとともに、海軍兵器局の製鋼実験が緒に就いた時期でもある。海軍は、製鋼実験の原材料として雲伯のたたら鉄製品が適切かどうかの調査をおこなった。『新修島根県史　史料編』には田部家文書「明治十六年十月海軍工部両省ヨリ鈩鍛砂鉄穴御検分ノ節差出候書類ノ控」が収載され、その中に明治十三年から十六年前期（一月～六月）までの「製鉱所計算表」が含まれている。これは、当時田部家が経営していた五カ所の鈩場の収支を示す資料である。その内容を表18にまとめた。本表は海軍の検分に先立って準備された資料で、表17と比べると、より具体的で、且つ詳細に経営実態を示している。なお、鈩場の名称と所在地は表18の註ｂにあげておいた。

明治十六年七月に出雲のたたら業者（田部、絲原、櫻井、秦の四家）が「銕山鈩稼永続資金拝借願」を島根県へ提出したが、同年十月に「難聞届候事」との回答を受けとった（島根県　一九六六、三六七頁）。出願者たちは、「目下の窮状黙し難し」と直ちに再願に及んだが、再度却下された。したがって表18は、この時期の製鉄業の窮状を如実に示す資料ともなっており、収支損益欄はすべてマイナスが計上されている。その内容を解析するために、指標として製品生産比、歩留り、製品合計量、経費合計、製品合計百貫当りの総経費、および損益率を計算した結果を表20にまとめた。また、表19を使って鈩ごとの見積数値を計算した。いずれも計算法は表20の注に記しておく。なお、ここでは原本にしたがって三日押し（鉧押）および四日押し（銑押）の表記を採用する。

まず三日押しの歩留りは鈩間であまり差はなく、平均四〇％程度である。四日押しの八重滝鈩は平均三六％とやゝ

表18　明治13〜16年出雲国田部家の鈩場収支計算表

鈩	費目		明治13年	明治14年	明治15年	明治16年（前期）	合計（平均）
菅谷鈩	砂鉄	貫	305916	231829	296738	155727	990210
		代金(円)	2,628.74	1,731.08	2,276.64	1,194.9	7,831.42
		単価(円)	8.6	7.5	7.7	7.7	(7.9)
	木炭	貫	235320	178330	249140	119790	782580
		代金(円)	2,000.22	1,515.85	2,123.05	1,018.22	6,657.34
		単価(円)	8.5	8.5	8.5	8.5	(8.5)
	職工賃金		294.02	277.38	393.88	183.07	1,148.35
	諸日雇賃金		238.50	225.00	319.05	148.50	931.05
	鈩土焼木代		136.48	128.75	182.83	84.98	533.04
	諸雑費		6,715.11	4,908.42	6,876.64	3,363.29	21,863.46
	経費合計		12,013.07	8,786.48	12,172.09	5,993.02	38,964.66
	鋼	貫	12525	3750	16512	7530	40317
		代金(円)	2,505.00	800.00	2,593.25	878.50	6,776.75
		単価(円)	20.0	21.3	15.7	11.7	(16.8)
	銑	貫	36417	36492	37065	15408	125382
		代金(円)	3,641.70	3,992.05	3,088.75	924.48	11,646.98
		単価(円)	10.0	10.9	8.3	6.0	(9.3)
	鉧	貫	21652	13257	23532	12999	71440
		代金(円)	1,082.70	792.15	1176.60	467.96	3,519.41
		単価(円)	5.0	6.0	5.0	3.6	(4.9)
	収入合計		7,229.40	5,584.20	6,858.60	2,270.94	21,923.14
	収支損益		−4,783.67	−3,202.28	−5,313.49	−3,722.08	−17,021.52
杉戸	砂鉄	貫	205511	198637	204694	163379	772221
		代金(円)	2,055.11	1,986.37	2,146.94	1,633.79	7,822.21
		単価(円)	10.0	10.0	10.5	10.0	(10.1)
	木炭	貫	147959	176924	232354	145520	702757
		代金(円)	1,510.04	1,936.16	2,445.89	1,600.72	7,492.81
		単価(円)	10.2	10.9	10.5	11.0	(10.7)
	職工賃金		242.26	202.82	253.53	118.31	816.92
	諸日雇賃金		193.50	162.00	202.50	94.05	652.05
	鈩土焼木代		113.99	95.44	119.30	55.67	384.40
	諸雑費		1,169.90	979.45	1,224.32	571.35	3,945.02
	経費合計		5,284.80	5,362.24	6,392.48	4,073.89	21,113.41
	鋼	貫	5951	4720	1150	3360	15181
		代金(円)	1,340.24	330.96	211.75	392.00	2,274.95
		単価(円)	22.5	7.0	18.4	11.7	(15.0)
		貫	28379	34234	28203	22671	113487

鈩	費目＼年度		明治13年	明治14年	明治15年	明治16年(前期)	合計(平均)
鈩	銑	代金(円)	2,768.23	3,718.20	3,599.45	1,360.28	11,446.16
		単価(円)	9.8	10.9	12.8	6.0	(10.1)
	鉧	貫	9807	9280	16293	13656	49036
		代金(円)	393.30	601.90	814.65	491.68	2,301.53
		単価(円)	4.0	6.5	5.0	3.6	(4.7)
	収入合計		4,501.77	4,651.06	4,625.85	2,243.96	16,022.64
	収支損益		−783.03	−711.18	−1,766.63	−1,829.93	−5,090.77
中谷鈩	砂鉄	貫	238802	186468	268255	182520	876045
		代金(円)	2,101.46	1,640.92	2,360.64	1,606.18	7,709.20
		単価(円)	8.8	8.8	8.8	8.8	(8.8)
	木炭	貫	229618	179296	329938	179297	918149
		代金(円)	1,836.94	1,434.37	2,063.50	1,400.40	6,735.21
		単価(円)	8.0	8.0	6.3	7.8	(7.3)
	職工賃金		306.20	248.43	346.64	225.32	1,126.59
	諸日雇賃金		503.77	408.72	570.30	370.70	1,853.49
	鈩土焼木代		211.21	171.36	212.10	145.72	740.39
	諸雑費		3,361.63	2,355.31	3,170.60	2,316.24	11,203.78
	経費合計		8,321.21	6,259.11	8,723.78	6,064.56	29,368.66
	鋼	貫	10758	7920	15690	15075	49443
		代金(円)	2,151.60	1,605.00	3,285.45	2,443.50	9,485.55
		単価(円)	20.0	20.3	20.9	16.2	(19.2)
	銑	貫	24920	20685	25158	16089	86852
		代金(円)	2,492.00	2,213.07	2,235.55	1,579.75	8,520.37
		単価(円)	10.0	10.7	8.9	9.8	(9.8)
	鉧	貫	19430	14426	21057	15456	70369
		代金(円)	971.50	792.66	1,051.05	889.89	3,705.10
		単価(円)	5.0	5.5	5.0	5.8	(5.3)
	収入合計		5,615.10	4,610.73	6,572.05	4,913.14	21,711.02
	収支損益		−2,706.11	−1,648.38	−2,151.73	−1,151.42	−7,657.64
八重	砂鉄	貫	246070	203054	249115	172871	871110
		代金(円)	2,263.84	1,868.10	2,291.86	1,590.48	8,014.28
		単価(円)	9.2	9.2	9.2	9.2	(9.2)
	木炭	貫	211204	125388	164032	124394	625018
		代金(円)	1,605.15	952.95	1,246.64	945.39	4,750.13
		単価(円)	7.6	7.6	7.6	7.6	(7.6)
	職工賃金		352.92	234.69	346.64	218.92	1,153.17
	諸日雇賃金		216.00	132.00	220.50	139.50	708.00
	鈩土焼木代		180.72	124.25	184.49	116.72	606.18

鈩	費目＼年度		明治13年	明治14年	明治15年	明治16年(前期)	合　計(平均)
滝鈩	諸　雑　費		868.72	1,265.67	1,912.57	1,367.36	5,414.32
	経費合計		5,487.35	4,577.66	6,202.70	4,378.37	20,646.08
	鋼	貫					
		代金(円)					
		単価(円)					
	銑	貫	42209	29139	41723	25869	138940
		代金(円)	4,220.87	3,132.00	3,476.88	1,552.14	12,381.89
		単価(円)	10.0	10.7	8.3	6.0	(8.9)
	鉧	貫	16020	10341	13248	10773	50382
		代金(円)	801.00	596.67	662.40	387.83	2,447.90
		単価(円)	5.0	5.8	5.0	3.6	(4.9)
	収入合計		5,021.87	3,728.67	4,139.28	1,939.97	14,829.79
	収支損益		−465.48	−848.99	−2,063.42	−2,438.40	−5,816.29
八代谷鈩	砂鉄	貫		30330	201053	130200	361583
		代金(円)		303.30	2010.53	1302.00	3615.83
		単価(円)		10.0	10.0	10.0	(10.0)
	木炭	貫		34400	215000	133300	382700
		代金(円)		326.80	2,042.50	1,266.35	3,635.65
		単価(円)		9.5	9.5	9.5	(9.5)
	職工賃金			41.01	256.30	158.91	456.22
	諸日雇賃金			57.36	358.50	222.027	638.13
	鈩土焼木代			21.28	133.00	82.46	236.74
	諸　雑　費			44.01	375.05	170.50	589.56
	経費合計			793.76	5,175.88	3,202.49	9,172.13
	鋼	貫		1770	10047	5970	17787
		代金(円)		221.25	1,038.75	746.25	2,006.25
		単価(円)		12.5	10.3	12.5	(11.3)
	銑	貫		3240	18610	11176	33026
		代金(円)		147.42	1,209.66	726.43	2,083.51
		単価(円)		4.6	6.5	6.5	(6.3)
	鉧	貫		2573	21183	14024	37780
		代金(円)		167.23	963.83	638.10	1,769.16
		単価(円)		6.5	4.6	4.6	(4.7)
	収入合計			535.90	3,212.24	2,110.78	5,858.92
	収支損益			−257.86	−1,963.64	−11,091.71	−3,323.21

『新修島根県史』史料篇6　近代下（386〜390頁）より作成.

註a）　明治13年から16年(前期)までの田部家5鈩の計算書である．但し八重滝鈩の「鋼」の欄は「ナシ」と記入されている．また八代谷鈩は明治14年後期からの操業である.

註 b） 「鉧履歴」から各鉧の所在地を以下に示す．飯石郡吉田村菅谷鉧，飯石郡吉田村杉戸鉧，飯石郡松笠村中谷鉧，飯石郡入間村八重滝鉧，仁多郡上阿井村字八代谷鉧．ただし，八代谷は，田部家と櫻井家の共同経営であったとみられる．

c） 調査は明治 16 年末に行われた．

d） 単価は比較のために筆者が付加した．鉄類は 100 貫当りの，また砂鉄および木炭は 1000 貫当りの単価(円)を示した．

e） 「経費合計」と「収入合計」は，原本ではいずれも「合金」とあるが，区別をつけて表示した．また，「収支損益」は原本では「差引　損，益」とある．本表の記載順は原本通りとした．

表 19　田部家の鉧場一代の生産高と経費合計

項目＼鉧		三日押し			四日押し	
		菅谷鉧	中谷鉧	八代谷鉧	杉戸鉧	八重滝鉧
鋼	貫	300	300	180	45	
	代　金(円)	50	50	22.5	9	
	単　価(円)	16.7	16.7	12.5	20	
銑	貫	240	240	390	960	960
	代　金(円)	16	16	25.4	64	64
	単　価(円)	6.7	6.7	6.4	6.7	6.7
鉧	貫	450	450	450	255	255
	代　金(円)	21	21	20.5	11.1	11.1
	単　価(円)	4.7	4.7	4.4	4.4	4.4
合計	貫	990	990	1020	1260	1215
	代　金(円)	87	87	68.3	84.9	75.9
経費合計(円)		108.7	108.7	103.4	151.9	131.3
収支損金(円)		21.7	21.7	35.0	67.0	55.4
鉧操業数(代/年)		65	60	40	40	50

『新修島根県史』史料篇 6，近代下（393～394, 398～399, 404～405 頁）より作成．

註 a） 鉧の 1 工程を「一代（ひとよ）」といい，その工程が 3 日の場合を「三日押し」，4 日の場合を「四日押し」という．

b） 使用した史料名と引用箇所は次の通りである．

「製鉱所附属山林炭積表」（393-394 頁）により（鉧の操業数：代/年）を計算．

「製鉱所壱代ニ付入用物件及代価」（398 頁）により（経費合計）を引用．

「製鉱所壱代出来高及代価」（399 頁）により菅谷，中谷，杉戸，八重滝の 4 鉧の製品ごとの生産高とその代価を引用．

なお，八代谷鉧については 404-405 頁の同名の資料を用いた．

c） 単価（円/100 貫）および収支損金（経費合計から代金合計を差し引いて求めた）は筆者が計算して加えた．

表20　明治13～16年田部家の鈩経営分析表

鈩名称 操業形態 操業数	年度 明治	製品生産比 鋼：銑：鉧	歩留り (%)	製品合計 (貫)	経費合計 (総経費) (円)	製品合計 100貫当り 総経費(円)	損金率(%) (収入合計対比)
菅谷 三日押し 65代/年	13	1：2.9：1.7	38.5				66.2
	14	1：9.7：3.5	38.5				57.9
	15	1：2.2：1.4	43.3				77.5
	16	1：2.0：1.7	38.5				163.9
	通年	1：3.1：1.8	39.9	237139	38,964.7	16.4	77.7
	見積	1：0.8：1.5	—	225225	24,729.3	11.0	24.9
中谷 三日押し 60代/年	13	1：2.3：1.8	38.5				48.9
	14	1：12.6：1.8	38.5				35.8
	15	1：1.6：1.3	38.5				52.7
	16	1：1.1：1.0	42.5				23.4
	通年	1：1.8：1.0	39.5	206664	29,368.7	14.2	35.3
	見積	1：0.8：1.5	—	207900	22,827.0	11.0	24.9
八代谷 三日押し 40代/年	14	1：1.8：1.5	41.7				48.1
	15	1：1.9：2.1	41.3				61.1
	16	1：1.9：2.3	39.8				51.7
	通年	1：1.9：1.9	40.8	88593	9,172.1	10.4	56.7
	見積	1：2.2：2.5	—	81600	8,264.0	10.0	51.2
杉戸 四日押し 40代/年	13	0.2：1：0.3	35.8				17.4
	14	0.1：1：0.3	40.5				15.3
	15	0.04：1：0.6	37.2				38.2
	16	0.1：1：0.6	40.5				81.6
	通年	0.1：1：0.4	38.3	177704	21.113.4	11.9	31.8
	見積	0.05：1：0.3	—	176400	21,266.0	12.0	78.9
八重滝 四日押し 50代/年	13	1：0.4	39.5				9.3
	14	1：0.4	32.3				22.8
	15	1：0.3	36.8				49.9
	16	1：0.4	35.3				125.7
	通年	1：0.4	36.2	189322	20,646.0	10.9	39.2
	見積	1：0.3	—	212625	22,977.5	11.0	73.0

表18および表19から作成．

註a）年代欄の「通年」の数字は，表18における年度合計の数字を使って計算した．

b）製品生産比は，表18の三日押し鈩の製品については，鋼を1として銑，鉧の生産量（貫）の比を算出し，四日押し鈩の場合は，銑を1として他の生産量の比を求めた．「見積」は，同様にして表19の数字を使って求めた．

c）歩留りとは，表18の砂鉄量（貫）に対する製品合計量（鋼＋銑＋鉧または銑＋鉧の貫数）の割合で，砂鉄の品位を60％として算出した．

d）製品合計の「見積」は，表19から「貫合計」×「代/年」×「操業年数」の数字である．操業年数は，八代谷鈩が2年で，残りはすべて3.5年である．

e）経費合計の「見積」は，d）と同様，「経費合計」×「代/年」×「操業年数」で求めた．

f）損金率は，表18の収支損益欄がすべてマイナスであるから，各鈩の収入合計に対する損金の割合を算出した．また「見積」は，表19の製品の「代金合計」より「経費合計」の方が高いので，その差を算出して「収支損金」とし，それの「代金合計」に対する比率を求めた．

低い。三日押しの歩留りは、四日押しよりもやゝ良いようにみえるが、大差はなかったと考える。

次に製品生産比をみよう。四日押し鈩は、「銑／鉧」を「一／〇・四」と見積もっており、それに近い製品比で生産している。なお、杉戸では、鋼の生産も少量ながら見積もっていた。三日押し鈩では、菅谷と中谷が「鋼／銑／鉧（以下同じ）」を「一／〇・八／一・五」と見積もっており、全面的に鋼生産を主眼とした計画である。ところが、実際には、銑は鋼の約二倍かそれ以上生成されている。とくに、菅谷鈩では銑の生産量が高く、例えば明治十四年の製品生産比は「一／九・七／三・五」である。これを、四日押しの場合のように、銑を一とおくと「〇・一／一／〇・四」となり、四日押しの杉戸鈩の通年の数値と全く同じになる。この年だけ意図的に四日押しに切り替えたのかどうかはわからない。また、八代谷だけは見積の比が「一／二・二／二・五」と、はじめから銑の生産を高くとっているので、実際の数値もそれに近い。

参考のために、他のたたら製鉄業者の数字を示しておこう。先述のように、おなじ出雲の絲原家の鉧押し（三日押し）の平均的生産比は「一／二・三／一・八」であり、伯耆の近藤家の砥波鈩を明治三十一年に調査した結果は、「一／一・四／〇・九」である〔俵　一九三三、八六頁〕。

次に収支損益の評価に移ろう。表17には支出内訳がなかったが、表18には砂鉄、木炭、築炉用の粘土や炉底乾燥のための薪の代金、それに人件費、諸雑費など、支出の内訳が明記されている。しかしこれらの経費は、原材料費と人件費、消耗品費など、鉄の生産に伴って直接消費されるものに限られている。それにもかかわらず、この期間の鈩場の収支はすべてマイナスが計上されている。そこで鈩ごとの損金率（収入合計に対する損金の割合）を見ていくことによって、この連続赤字の程度を評価してみよう。

まず、損金率に大きく影響する製造経費に着目したい。そこで、製品合計と経費合計について、通年（三年半または二年）の合計欄の数値とそれらの見積数値を比較してみよう。三日押しの製品合計量は、見積りより大きい数値を示しており、操業数の多い菅谷鈩はとくに生産量が増加している。四日押しの数値は見積り通りか、それ以下の製品合計量を示している。また、経費合計が見積りより増加しているのも三日押しで、やはり菅谷鈩での経費増加が大きい。四日押しの経費合計は、二つの鈩とも見積り以下となっている。これらの結果を基に製造経費を比較するために、鈩ごとに製品合計一〇〇貫当りの経費を求めた。それを示す表20のとおり、三日押鈩の方が高く、四日押鈩は見積額を超えていない。経費増加の主な理由としては、諸雑費の負荷が極端に異なっていることがあげられる。今、諸雑費の経費全体に占める比率を計算してみると、菅谷五六％、中谷三八％、八代谷六％、杉戸一九％、八重滝二六％である。ここでも四日押しの方が、そして操業数の多い方が比率は高くなっている。ただし、八代谷の諸雑費が見積値と共に、ほかと比べて極端に低いが、その理由はわからない。

以上、経費を通年の合計で見た。各鈩ごとに特徴はあるものゝ、いずれも年度によるばらつきは少ない。これは原料である砂鉄、木炭、粘土などが外部調達ではなく、自家調達であったことを示唆するものと考えられる。表18と表19を作成した原史料の中にある「鈩附属砂鉄穴左之通」という史料〔島根県 一九六六、三七九頁〕を見ると、ほとんど砂鉄穴《かんな》の地主は田部家である。同じく「製鉱所附属山林積表」〔島根県 一九六六、三九三頁〕によれば、五カ所の鈩に附属している山林は一五カ村に及び、合計で一万七一六町歩となっている。

経費のばらつきが少ないとすれば、損金率の拡大は鉄価の値下がりによることは明らかである。表21に表18および19から各鈩の製品単価を年度別にまとめた。

全体を見渡すと、明治十五年から一部を除いて大きく値下がりしている。ここで、鈩場における利益について考えてみよう。表19で見たように、一代《ひとよ》の製品の「合計代金」よりも「経費合計」の方が多くなっている。すなわち、鈩場の「見積製品代金」には利益を見積もっているわけではない。したがって、鈩場の利益は第一に高値で売買される鋼によって得ようとしたに違いない。二つ目は、もし大鍛冶で生産される錬鉄の価格が高ければ、そこへ出す銑や鉧の代価も高く設定できるので利益が得られる。すなわち、錬鉄の価格は銑の約三倍とされていたので、たとえ自家消費の場合でも、銑押（四日押）鈩にとっては、銑の代価が高く設定できれば利益がでることになる。

表21　明治13～16年田部家の鈩製品単価推移
(100貫当りの単価　単位＝円)

鈩名	製品	年度（明治）13年	14年	15年	16年	見積単価
菅谷鈩	鋼	20.0	21.3	15.7	11.7	16.7
	銑	10.0	10.9	8.3	6.0	6.7
	鉧	5.6	6.0	5.0	3.6	4.7
中谷鈩	鋼	20.0	20.3	20.9	16.2	16.7
	銑	10.0	10.7	8.9	9.8	6.7
	鉧	5.0	5.0	5.0	5.8	4.7
八代谷鈩	鋼		12.5	10.3	12.5	12.5
	銑		4.6	6.5	6.5	6.4
	鉧		6.5	4.6	4.6	4.4
杉戸鈩	鋼	22.5	7.0	18.4	11.7	20.0
	銑	9.8	10.9	12.8	6.0	6.7
	鉧	4.0	6.5	5.0	3.6	4.4
八重滝鈩	銑	10.0	10.7	8.3	6.0	6.7
	鉧	5.0	5.8	5.0	3.6	4.4

表18および表19より作成.
註a）各鈩の製品単価を表18よりまとめて示した.
b）杉戸鈩の14年度，鋼の単価が異常に低くなっているが，確認の方法が無いのでそのまま記載した.
c）見積単価の欄は表19で計算した単価を比較のために示した.

以上の観点から表20を見ると、すべての鈩で明治十五年から損金率が拡大しており、製品単価の値下がりと同じ傾向（表21）を示していることがわかる。三日押しの場合、明治十五年以降、鋼の代価を急激に下げた菅谷鈩に比べて、それを高く維持できた中谷の方が損金率が小さい。また同じ三日押しでも八代谷は「見積」代価を低くおいているので、「通年」の損金率と「見積」のそれの間に大きな差は見られない。さらに、四日押しの場合は、損金率の「見積」を高くおいているので、「通年」の損金率は「見積」より低くなっている。ただし、杉戸と八重滝を比較してみると、後者の方は操業数が多く、単価の下がり方もやゝ大きいなど、損金率が大きくなる要素が見られる。

このように、約一年遅れで松方デフレの影響を強く受けた鉄価の値下がりによって、たたら製鉄の経営は一段と困難を極めていたことがわかる。一方、明治十三年以降には低価格の洋銑の圧力が一段と増したことも明らかである。『日本鉄鋼史』が外国貿易年表から引用している「輸入銑鉄値段」（一〇〇斤当り円）（日本鉄鋼史編纂会 一九八一、六七頁）によって一〇〇貫当りの銑鉄単価を換算してみると、約六円となり、明治十一年から十九年まで大きな変動はない。この海外銑の安定した安値は、錬鉄の値段にも影響を与えずには置かなかった。すなわち、田部家の明治十六年の銑の単価が見積額の六円七〇銭を割って洋銑とおなじ六円に値下がりした結果、経営が成り立たないほどの打撃を受けたと言える。

(4) 明治十三年〜十六年の田部家の大鍛冶場経営状況

次に錬鉄の製造場である大鍛冶の収支状況を検討しよう。表22は、表18とおなじ史料より、明治十三年から明治十六年前期の田部家「鍛冶場合計八ヶ所計算表」をまとめたものである。

大鍛冶場の名称は表22の注にあげておいた。大鍛冶場とは、鈩場で生産される銑と鉧を脱炭加工して錬鉄を作る作業場である。錬鉄が「平極」、「平山—青白」、「平山—青赤」などの商品名で売られていたことが、表22からわかる。そしてこの大鍛冶場の仕事は、そこで作られる製品の単価と、原料としての銑や鉧の単価を比較してみれば一目瞭然だが、本来付加価値の高いものであった。すなわち、鈩場で生産された鋼よりも大鍛冶場で精錬された錬鉄の方が、市場価格ははるかに高かったのである。そして、この大鍛冶場は、赤字続きだった鈩場に比べると経済的打撃は少なかった。このことは、地域経済における大鍛冶の重要な地位と役割を暗示している。

支出の欄には原料となった銑と鉧および細鉧、小炭と人件費（職工賃金と諸日雇賃金）、諸雑費のほかに、「鉄廿四貫目入」*があげられている。なお、細鉧は鋼場で毀された鉧の細かな部分であろう。

表22　明治13～16年田部家の大鍛冶収支計算表

区分	種目＼年度		明治13年	明治14年	明治15年	明治16年(前期)	合計(平均)
支出一覧	銑	貫	169020	181892	188971	95903	635786
		代価(円)	16,902.00	19,704.97	17,322.34	5,754.48	59,683.79
		単価(円)	10.0	10.8	9.2	6.0	(9.4)
	鉧	貫	50893	33045	45193	30193	159324
		代価(円)	3,053.58	2,147.93	2,485.62	＊1,149.48	8,836.61
		単価(円)	6.0	6.5	5.5	3.8	(5.5)
	細鉧	貫	12288	9428	7190	7405	36311
		代価(円)	491.52	408.46	263.63	177.72	1,341.33
		単価(円)	4.0	4.3	3.7	2.4	(3.7)
	小炭	貫	294717	297913	321491	170945	1085066
		代価(円)	6,145.55	7,447.82	7,367.50	3,587.65	24,548.52
		単価(円)	20.9	25.0	22.9	21.0	(22.6)
	職工賃金		6,338.25	7,754.40	7,677.45	3,669.75	25,439.85
	諸日雇賃金		2,817.00	3,446.40	3,412.20	1,631.00	11,306.60
	諸雑費		3,746.61	4,081.11	4,676.57	2,271.98	14,776.27
	鉄廿四貫目入		1,189.34	1,373.10	1,293.53	582.92	4,438.89
	支出合計		40,683.85	46,364.19	44,498.84	18,824.98	150,371.86
収入一覧	平〷極	貫	107362	111339	117504	63772	399977
		代価(円)	38,023.90	42,216.04	34,272.00	14,614.40	129,126.34
		単価(円)	35.4	37.9	29.2	22.9	(32.3)
	平山一青白	貫	17215	17022	19378	10318	63933
		代価(円)	5,236.22	5,886.78	5,086.72	＊2,148.47	18,358.19
		単価(円)	30.4	34.6	26.2	20.8	(28.7)
	平山一青赤	貫	2454	3759	4160	1600	11973
		代価(円)	674.74	1,190.35	970.62	297.72	3,133.43
		単価(円)	27.5	31.7	23.3	18.6	(26.2)
	収入合計		43,934.86	49,293.17	40,329.34	17,060.59	150,617.96
差引損益			3,251.01	2,928.98	-4,169.50	-1,764.39	246.10

『新修島根県史』史料篇6，近代下（390-391頁）より作成．

註a）吉田村町鍛冶場，同村芦谷鍛冶場，曽木村杉谷鍛冶場，同村山明山鍛冶場，松笠村滝谷鍛冶場，波多村恩谷鍛冶場，志津見村弓谷鍛冶場，朝原村郷城鍛冶場，合計8ヵ所の収支計算表である．

b）表中（＊）は，明らかに間違いのため，合計値により修正した．

c）収入欄の3品種，平　極，平山一青白，および平山一青赤はいずれも錬鉄である．

＊『鉄山秘書』に「小割鐵入」の櫃の絵がみられ、「鍛冶屋一軒に鉄櫃一つ宛入用、鍛冶屋の大工の人数程調置可申候也」の書込がある〔俵『鉄山秘書』一九三三、一七五頁〕。館充氏より、「鉄廿四貫入」はこの「小割鐵入」に相当するのではないかとのご教授をうけた。

ところで、この大鍛冶場八カ所で使われた銑と鉧類（鉧＋細鉧）の量を見ると、三年半の総量で、銑は六三万五七八六貫、鉧類は一九万五六三五貫である。一方、表18の鈩五カ所で生産された銑の総量は四九万七六八七貫、鉧の総量は二七万九〇〇七貫であった。つまり銑の生産量の約一・三倍もの銑が大鍛冶で原料として使われており、鉧は細鉧も併せて約七割しか使われていないことになる。単年度別でも同様の傾向が認められる。

次に田部家の大鍛冶における歩留り（生産された錬鉄量の、使用原料としての銑および鉧類総量に対する割合）を確認すると、平均で五七・二％であって、通年のばらつきも少ない。比較のために伯耆の近藤家における大正七年の大鍛冶の歩留りを示すと六一％であった〔山田 一九一八、三八〇頁〕。

損益欄を見ると、明治十四年までは益金が計上されており、益金率（収入合計に対する益金の比率）は明治十三年七・四％、十四年五・九％となった。ところが明治十五年になると、一転して損金が出て赤字に転じ、損金率が一〇・三％となった。鈩場の損金率から見れば軽微ともみられるが、明治十五年まではたたら経営全体で何とかやりくりをしてきたものが、それ以降全くの赤字経営に転じたことがわかる。大鍛冶の製品である錬鉄の価格は、明治十四年をピークとして、明治十六年にはその六割にまで低下している。しかも品種にかかわらず同じ傾向を示している。原料としての銑鉄や鉧の値段は下がっても小炭の値段や人件費、諸雑費などが高めに推移して収支を圧迫している。

ここで、表23によって、伯耆日野郡の砂鉄と製品の価格を田部家の場合と比較してみよう。

まず砂鉄の値段は、表18にあげた田部家の全砂鉄の平均は千貫あたり九円二〇銭、日野郡では九円六〇銭であるか

表 23　明治 10～17 年伯耆国日野郡の鉄生産と価格の推移状況

年		明治10年	明治12年	明治13年	明治14年	明治15年	明治16年	明治17年
砂鉄	採取場数	580	600	620	640	620	600	550
	採取高(駄)	91488	109786	110378	118478	109132	89768	72400
	代価(円)	18, 297	24, 153	27, 594	41, 467	32, 739	22, 442	14, 480
	銭/駄	20	22	25	35	30	25	20
	円/千貫	6. 66	7. 33	8. 33	11. 66	9. 99	8. 33	6. 66
製鉄炉数		25	26	28	28	27	24	18
	(鉧押し)	14	15	16	16	＊16	15	12
	(銑押し)	11	11	12	12	＊12	9	6
鍛冶場数		23	21	22	28	27	23	15
鋼	産出(駄)	4200	5400	5400	6600	5520	3700	3183
	代価(円)	25, 200	34, 776	48, 600	58, 178	51, 326	28, 860	19, 111
	円/駄	6	＊＊6. 44	9	＊＊8. 81	9. 30	7. 80	6
	円/百貫	20	21. 44	30	29. 35	31	26	20
銑	産出(駄)	4560	5472	4590	232	1416	460	4301
	代価(円)	11, 400	16, 416	19, 278	1, 044	4, 389	1, 058	7, 311
	円/駄	2. 50	3	4. 20	4. 50	3. 10	2. 30	1. 70
	円/百貫	8. 32	10	14	15	10. 32	7. 66	5. 66
錬鉄	産出(駄)	12600	15100	15840	20160	19440	15000	7231
	代価(円)	100, 800	122, 472	166, 320	241, 920	204, 120	101, 000	30, 370
	円/駄	8	8. 11	＊＊10. 50	12	10. 50	6. 73	4. 20
	円/百貫	26. 64	27	35	40	35	22. 41	14

『明治工業史』7，火兵編・鉄鋼編，62 頁，および『日本鉄鋼史　明治篇』65 頁より作成．

註 a）　表中（＊）は，原本のままの数値である．また（＊＊）は，明らかに計算違いのため改めた．

b）　単価（銭/駄および円/駄）は，1 駄を 30 貫としての値段である．また他と比較するために砂鉄の単価を 1000 貫当りの円に，鉄製品の単価を 100 貫当りの円に換算して加えた．

c）　錬鉄は単に鉄とも表示される．

ら、そんなに変わらない。次に大鍛冶の製品である錬鉄とその原料である銑の価格に着目すると、いずれも明治十四年をピークとして十五年以降低下している。しかし全体的に日野郡の方が銑も錬鉄も高値で推移している。

　さらに明治十六年に最も低下した製品単価を、輸入洋鉄の価格と比較してみよう。田部家の錬鉄三商品の価格は百貫あたり平均二〇円八〇銭、日野郡の錬鉄は二二円四〇銭である。輸入鉄は、錬鉄相当品である「鉄道用鉄」の価格が百貫あたりの換算で一六円五〇銭である。この場合、鉄道用の鉄材として条、板、レールなどの平均価格を普通鋼価格としている（日

本鉄鋼史編纂会 一九八一、六七頁〕。

また一〇〇貫当たりの銑の価格を比較すると田部家は六円、日野郡は七円六〇銭、そして輸入ものは五円九〇銭である。つまり明治十六年の銑の価格は下落し続けて、輸入銑鉄に限りなく近づいていたことがわかる。ちなみに、明治十七年には日野郡の銑鉄は五円六六銭（表23）となり、この年の輸入銑鉄と全くおなじである。そればかりか、錬鉄も一四円一〇銭と急落して、「鉄道用鉄」の一三円一〇銭に近づいている。

ここで明治十年代の鉄価の変動を大づかみに見ると、まず十年から十四年までの好景気時代には鉄価が上昇し、それから反動的に下がり続けて十九年には最高値の三分の一近くの水準まで続落したという〔日本鉄鋼史編纂会 一九八一、六九頁〕。このように和鉄相場は激しく変化していたにもかかわらず、輸入鉄の価格は安定していたのである。例えば、輸入銑鉄は明治十年の価格七円二〇銭が明治十九年には五円五〇銭で、この間の価格の変動もおよそこの中で収まっている。また先記の「鉄道用鉄」も明治十六年の一六円五〇銭から十九年には一一円六〇銭と下降気味であった。このように、国内産の銑鉄も錬鉄も輸入鉄の圧力によって価格が下降し、その結果明治十年代のたたら製鉄の経営は赤字に追い込まれていったのである。

経営が破綻したのは田部家だけではないことは、すでに述べたように、島根県に対したたら業者代表四家の名前で「鉄山鈩稼永続資金拝借願」が出されていることからもわかる。それには次のように述べられている〔島根県 一九六六、三六七頁〕。

年々許多ノ損失ヲ取リテ、遂ニ資本ノ給スルニ道ナク此余不得止一旦休業スルカ又ハ断然廃業スルノ外手段無之、左候テハ譜代召抱ノモノ四千六十二人其他鉱業上ニ使役スルモノ壱万三百十人ノモノ忽チ方向ニ迷ヒ飢餓ニ迫ルノ情態見ルニ忍ヒス（後略）

これにより、厳しい赤字続きであるにもかかわらず鈩場の操業を続けざるを得なかったのは、製鉄業が地方経済に重きをしめていたゆえであったことが窺われよう。

田部家が海軍の要請を島根県経由で請けて、鋼や錬鉄の試料を賣納したのは明治十九年からとする記録が見られる〔島根県　一九六六、四〇九頁〕。だが、すでに十六年から従業員を海軍兵器局へ派遣して、品質規格の習得をはかっていたようである。このようにして海軍という新しい需要先の開拓に期待をかけたにもかかわらず、明治十～二十年代の海軍からの注文は、兵器局による製鋼実験の試料という範囲をついに超えることはなかった。

田部家では、不景気の極に達した明治十八年に「坂井港小石次郎助ヨリ鉄代前金数万円借入致候」とあるように、何とか苦境を凌ぎながら、明治二十一年からの景気浮上時にやっと一息ついたようである〔島根県　一九六六、四一七頁〕。

鈩製鉄業は、その後戦争による需要の増加とその反動としての需要縮小による不景気に振り回されながら、明治三十年以降に起こる海軍工廠への本格的な製品納入へと期待を引き継いでいったのである。

本章では、雲伯のたたら鉄が時代の波に押されて衰退した過程を追求した。

出雲では、江戸時代の藩の優遇政策によって保護されていた少数の大鉄山師が、明治時代にも引き続いて砂鉄山や炭木山を支配し、製鉄職人や関連農民を抱えて製鉄業を行っていた。

しかし、明治初期から輸入され始めた洋鉄の脅威と、鉱業法規の制定や販売規制など、内外の圧力によって、たたら製鉄は産業として成り行かない状態に追い込まれた。多数の裾野の広いたたら製鉄関係者の生活を守るために、大鉄山師を中心として種々の陳情を行ったが、国や県は思わしい施策をとらなかった。

この間明治十年代のたたら製鉄経営の実態を見るために、田部家の明治八年から十六年までの収支表を検討した。

その結果、たたら製鉄がほぼ明治十五年までに経営の収支が成り立たなくなっていたことがわかった。国内の鉄価は、明治十四年をピークに十九年にはおよそその三分の一まで続落し、一方輸入鉄の価格は、たたら鉄に比べて安定的に低値を保っていた。この鉄価の暴落と低価格の輸入鉄による市場の圧迫のために収支が成り立たなくなったことは明らかである。

第七章　明治の軍拡とたたら製鉄

――たたらの特殊鋼へのみち――

たたら製鉄は、第六章で述べたように、明治時代に衰亡の一途をたどった。しかし大正十二年頃までに終焉を迎えるに至るまでの間、その製品*が兵器素材用特殊鋼の原料鉄として、特に海軍工廠で採用されていた。本章の目的は、その経過と理由を明らかにすることである。

＊本章で述べる「たたら鉄製品」とは、銑《ずく》、鋼《はがね》、鉄《てつ》のほかに、後から述べるように鉧《けら》も含まれていた。なお「てつ」とは、歴史的用語の錬鉄《ねりかね》あるいは熟鉄のことで、中国地方では通称庖丁鉄あるいは割鉄の呼称で取引されていた。また、錬鉄《ねりかね》は、洋鉄のパドル法による錬鉄《れんてつ》とはことなる。本章では資料に基づき「鉄」あるいは「庖丁鉄」の名称を用いる。

海軍では、造兵・造艦のために自ら特別な鋼の開発を行っていたこと、更にその原料鉄としてたたら鉄製品が用いられていたことは、すでに報告されている。たとえば、長谷部宏一氏による「明治期陸海軍工廠における特殊鋼生産体制の確立」〔長谷部　一九八九、一〇六頁〕があげられる。長谷部氏は、陸海軍における兵器用特殊鋼の生産体制の確立過程を、日清戦争以前と日清戦争後から日露戦争終結後までの二期に区分して分析している。そして、原料調達に関して中国地方のたたら鋼にも触れているが、具体的な考証は今後の課題であると留保している。一方、各地の県史や町誌（町史）には、たたら製鉄業者が陸海軍向けに製品を納入したという記録も見られる。しかし、第一に、兵器の素材品質と原料鉄に要求される規格および納入条件を明確にした上で、たたら製品の原料鉄としての適性を明らかにした研究は少ない。第二に、たたら鉄製品を納入した側の資料に基づいて、たたら製鉄が軍需にどう対応したか、その状況も明かにされていない。そこで、これら二点を明確にするために次の手順で論を進めることにする。

「一　兵器素材としての特殊鋼生産とたたら製鉄」では、まず特殊鋼とは何かを説明してから、兵器素材に特殊鋼が使われる理由を技術的に説明する。次いで、海軍工廠で特殊鋼生産体制が確立された過程を述べる。この場合、日清戦後経営政策と軍拡の関係を、政治的、軍事的な視点から論述し、海軍が製鋼所を創設して軍艦を製造するまでの歴史過程を述べる。この章の最後に、海軍が本格的な造兵・造艦に着手するに当たって、特殊鋼用原料鉄をどのように調達したかについて論及する。

次に「二　たたら製鉄業者の努力——生き残りをかけて——」では、海軍の原料鉄の調達に対して、たたら製鉄業者がどのような契約を結んで、製品を納入していたかをまず明らかにしたうえで、たたら鉄製品の出荷状況（品種、数量、代価、海軍規格等）を具体的に示す。続いて、特に厳しく規定されていた低燐性について説明し、製鉄業者が具体的にどのような技術的対応策を採っていたか述べる。そして、最後に、ワシントン軍縮会議を直接の契機としてたたら製鉄業が終焉を迎え、揃って製炭業へ転進していった状況を見届けることにする。

一　兵器素材としての特殊鋼生産とたたら鉄

兵器用の素材としての鉄鋼は、一般産業用素材とは全く異なる高級、良質のものが要求され、同じ鉄鋼でも明確に範疇の異なる商品であった（大橋　一九七五、二八三頁）。兵器用鋼材は、兵器の種類によってもまた使う部位によっても、異なる種類のものが使われていて、特殊鋼は主に軍艦の装甲鈑や各種銃砲の砲身材として用いられた。

本節では、まず特殊鋼と一般鋼の製造方法の違いとそれに関連する原料の違いを技術的に説明して、兵器素材の特質を明らかにする。次に、はじめから兵器用の特殊鋼生産を指向した海軍が、その軍備拡張予算を獲得して、呉海軍工廠に製鋼所を創設するまでの背景を、日清戦後経営政策との関連を中心にして述べる。また、その製鋼所での製鋼作業の進展に触れる。さらに、特殊鋼の原料調達については、国内原料鉄としてのたたら鉄採用の経過を、西欧からの銑鉄輸入との関係においてだけではなく、中国大陸における原鉱開発との関わりについても考察する。

1　特殊鋼と兵器素材

兵器用素材としての鉄鋼の属性を説明するために、特殊鋼の定義に基づいて、一般鋼と特殊鋼の違いを製造方法および原料の側面から明らかにする。

(1)　特殊鋼とは

まず、明治から昭和に至るまで、わが国の学者による特殊鋼の年代別定義を概観しよう。俵国一氏は、明治時代の鉄類を炭素含有量によって銑、鋼、鉄の三種に分類し、これらのすべてを炭素鉄と名付けた〔俵　一九一六、一五頁〕。一方、特別の目的に応じて炭素以外の各種元素〔例えばニッケル、クロムやマンガンなど〕をも含有させたものを合金鉄と呼んだ。さらに、合金鉄を合金鋼と合金銑にわけ、合金鋼を特殊鋼と定義していた。

渡邊三郎氏は、大正十年に発表した論文〔渡邊　一九二一、三五六頁〕で、特殊鋼を特殊な炭素鋼と合金鋼とに分類した。特殊な炭素鋼というのは、不純物の燐と硫黄の各々の含有量が〇・〇三％以下の材料で、他の特殊元素が入っていないものである。製造工程で炭素以外にも不純物が入ることは避けられないが、そのうち燐と硫黄が最も有害である。この考え方がその後の分類の基本となった。

さらに昭和十四年頃の特殊鋼協議会では、特殊鋼の用途や商品の取り扱いに応じて、炭素鋼および合金鋼の化学成分を細かく定義するとともに、製造装置も規定しており、特殊鋼は電気炉、坩堝炉《るつぼろ》または酸性平炉《へいろ》によって製造するとしている〔錦織 一九三九、一二頁〕。

しかし、明治時代に学問的な特殊鋼の概念が確立されていたとしても、実際の製造現場では、坩堝鋼、平炉鋼などと、その鋼の製造装置を名称に冠した呼名が用いられていたようである。

(2) 一般鋼と特殊鋼

ここでは、まず鋼精錬《こうせいれん》の概要と生産の技術体系を述べる。次いで、一般鋼と特殊鋼がどのように違い、両者がどのように製造され、かつ使い分けられていたかの諸点と、原料の特性とも関係づけて述べる。

鉄鉱石や砂鉄などの原料から金属鉄を造る操作を製錬といい、鋼を造る操作を精錬という。たたら製鉄の鋼精錬《はがねせいれん》は、原料の銑《ずく》や鉧《けら》、歩鉧《ぶけら》（屑鉧）を大鍛冶場で加熱し、鍛打することによって包丁鉄をつくる工程をとった。一方、近代製鉄の鋼精錬法《こうせいれん》は一七四〇年の坩堝鋼の開発に始まり、産業革命期には他の各種の製鋼法が開発された。すなわち、転炉法、平炉法、電気炉法などである。いずれの製鋼法が主に採用されたかは、各国の鉄鉱原料事情や時代によって異なるが、ほぼ一九五〇年までは塩基性平炉法が主流であった。平炉は平らな炉床をもった反射炉の一種で、蓄熱室を利用することによって炉内温度を千六百度以上に加熱できる製鋼炉である。この高温度により、銑鉄や屑鉄を原料に用いて熔解鋼を大量に造ることができるようになった。

それでは、二つの鋼にはどのような違いがあるのだろうか。まず一般鋼は、塩基性炉で造られる塩基性鋼で、圧延の工程を経て、圧延鋼材または鋼板材として一般産業用に用いられる。これに対し、特殊鋼は酸性平炉や坩堝炉で造られる酸性鋼で、鋳造や鍛造の工程を経て、特殊な用途に用いられる。特殊な用途とは、たとえば機械的強度が特に必要であるとか、高耐食性が要求される場合などで、その目的によって、右に述べた各種の合金鋼（特殊鋼）が設計されるのである。

近代的鉄鋼生産の技術体系は、製銑、製鋼、加工という技術的に連関する三つの一貫した生産部門からなっている。さらにこれらは、二つの鉄鋼生産技術体系に分かれる。すなわち、「低珪素《ていけいそ》銑《せん》生産―塩基性鋼生産―圧延鋼材・鋼板生産」と、「低燐銑《ていりんせん》生産―酸性鋼生産―鋳鋼品・鍛鋼品生産」であって、前者を一般鋼の技術体系、後者を特殊鋼を造るための酸性鋼の技術体系としておこう。ただし、体系がほぼこの様な形で見えてきたのは大正期に入ってからである（堀切　一九八七、一二頁）。したがって明治期は、後述するように、陸海軍工廠や官営八幡製鉄所、あるいは民間の釜石製鉄所が、それぞれの事情によって生産技術を個々に積み上げていた時期といえる。

次に、二つの鋼の製造方法と原料の関係、および各々の用途について述べる。まず一般鋼に加工される塩基性鋼をつくる塩基性炉では、燐や硫黄などの不純物を除去することができる。それは、強アルカリ性のもとで化学反応をさせるからであり、そのためには、耐アルカリ性の炉材を選択しなければならない。したがって、酸性の珪素が多く含まれる原料を用いるとこの炉壁を侵食してしまうので、原料銑鉄は低珪素銑でなければならない。

さらに塩基性鋼の精錬過程では、先述のように、化学反応によって燐や硫黄を取除くことができるが、この反応は、炭素がほぼ燃焼してから起きるので、結果として炭素含有量が低い軟鋼ができる（鉄には炭素量が低い方が柔らかくなる性質がある）。そしてこの強力な酸化反応は、鋼が熔けた状態でガスを発生させ、非金属介在物を形成させる。非金属介在物とは、鋼材の内部に存在する酸化物や硫化物などの非金属物質のことで、鋼材の諸性質に悪影響を及ぼす。

このため、軟鋼であるという本来の性質と相俟って、鋳鋼品や鍛鋼品には向かない。塩基性法による軟鋼は、圧延鋼材や鋼板、そして艦船構造材料の抗張力鋼などをつくることに適しているのである。

では酸性鋼はどうか。鋳鋼品・鍛鋼品は酸性鋼から造る。この鋼を生産する酸性炉は、酸性炉材から出来ていて、基本的には加熱によって原料鉄を熔解する工程だけを行うから、炭素や珪素は除去できても、燐や硫黄は除去できない。したがって、鋼材の燐や硫黄の含有量を〇・〇三％程度に抑えることを理想とする鋼生産を行なうには、原料銑そのものが低燐・低硫銑でなければならない。

酸性鋼の精錬過程では、化学反応を伴わないので、ガスや非金属介在物を含まない。また機械的性質も塩基性鋼よりすぐれている。このため、酸性鋼は特殊鋼の基本鋼として採用され、機械やその部品など、重要な特性を必要とする製品の製造に用いられる。兵器もそれに当たる。

以上、塩基性鋼と酸性鋼の違いを述べ、それに関連して一般鋼と特殊鋼の違いも明らかにした。これら、二つの異なる素材の使い分けは、大正期には一般に認識されており、かつ実行されていたようである〔堀切 一九八七、二四頁〕。

(3) 兵器素材

兵器素材として用いられた特殊鋼は、おもに構造用合金鋼（ニッケル・クロム鋼）で、具体的には、砲身材料、大砲、水雷、弾丸、装甲板、および砲楯などが製作された。ただし、艦船構造材料、速射砲弾丸用丸棒および砲架材などには特殊鋼以外の塩基性鋼が用いられた。

兵器素材は、一定規格の高品質が厳しく要求され、しかも大量生産の対象とはなりにくく、少量多品種注文生産にならざるを得なかった。そして、特殊鋼の質が、兵器の能力を直接左右し、更には国防能力に直接影響すると考えられたのは当然であろう。したがって、特殊鋼の製造技術の開発に着手したのが、まず陸海軍の工廠だったのも自然な経過であったと考える。

2　明治期海軍工廠における特殊鋼生産体制の確立

本項では、明治期に海軍が軍備拡張計画を進めながら、海軍工廠で軍艦および搭載砲などの兵器を国産化していくために、特殊鋼の生産体制を確立して行った過程を追跡してみよう。まず陸海軍の兵器素材に関する基本的な方針を確認した後、海軍が自ら製鋼生産を指向したことを述べる。その海軍拡張計画は急激に膨らんだが、財政上の理由で政府はなかなか一気には応じることは出来なかった。しかし、日清戦後経営の中で、対外情勢の変化とも相俟って、ついには呉海軍工廠に製鋼所が創設されるに至る。この過程を追った後、製鋼所の作業の具体的な進展状況と、その過程でたたら鉄を特殊鋼の原料として採用しようという、海軍の明確な意志が見られた事実を述べる。また海軍が、大倉組に本渓湖媒鉄公司を創設させて、そこから原料鉱を確保した経過にも触れる。

(1)　軍工廠における鋼生産のはじまり

明治政府は、近代的鉱山経営を工部省の管轄とし、鉄鉱山に関係の深い製銑工場も同省に付属させた。ところが、官営とされた釜石製鉄所では、銑鉄生産が当初予期したとおりには成功しなかった。したがって、製鋼および鋳鋼・鍛鋼・圧延などの加工部門まで、手を伸ばすことの出来る状態ではとうていなかったのである。しかし、軍部としては、直接兵器、軍艦の製造に関係の深い鋼生産や加工部門が振興しない状態を、放置するわけには行かなかった。

一方、幕藩が直轄した軍需用の近代的鋳・鍛造設備は、明治になると軍工廠に集結され、製鋼設備を含めて拡充することになった。そこで、製銑部門と製鋼部門とは経営的に分離され、前者は釜石鉄山のように、工部省の官営から民営へ移り、後者は陸海軍直轄経営の工廠として育成された。陸海軍工廠の近代製鋼設備の導入経過を表24に示す。

表24によると、陸海軍とも最初は坩堝製鋼からはじめ、続いて酸性平炉鋼の検討に入っている。海軍が酸性平炉の容量をそのまま上げながら終始その数を増やしているのに対し、陸軍は一旦塩基性平炉を設置してから明治三十三年になって再び酸性平炉を設置している。この設備の設置状況から、陸海軍の鋼生産に対する方針に違いのあったことがわかる。

陸軍大阪砲兵工廠は、明治五年から製砲を開始しているが、製造した仏式四斤山砲は青銅製、砲架は木製であった〔日本工学会 一九九五、火兵編、三一二頁〕。ついで明治十三年にはイタリアの砲制にならって制式材料を青銅と決定した。陸軍は、砲身材料としては鋼材を用いるべきであることをこの時点で承知していたのだが、国産の鋼砲製造技術がなく、しかも、鋼の原料を輸入に頼るほかないが、当時の日本経済がそれを許さないことによる現実的な判断だとしている〔日本工学会 一九九五、火兵編、八七頁〕。そして鋳鉄砲を鋳造したのが明治十八年、鋼製砲の製造努力が開始されたのは明治二十二年からである。そのときから坩堝および小型の酸性平炉による鋼の製造試験が始められた〔日本工学会 一九九五、鉄鋼編、一四五頁〕。

明治十三年に、陸・海・工部三省の共同で製鋼工場の建設計画が議会に提出されたが、経済情勢が許さずという理由から否決されている。明治十三年という年はすでに財政を縮小し、デフレ政策への転換が始まった年である。しかし国際情勢のほうは、明治十五年から朝鮮半島における日清関係がますます悪化し、わが国の軍隊が創設期の内乱鎮圧から外征用に編成替えされていった。そして、軍工廠による製鋼自立の動きが活発化する時期もこれに重なる。そ

表 24　陸海軍工廠の近代製鋼設備導入

明治	海	軍		陸　軍
	造兵廠（築地海軍兵器局）	横須賀造兵廠	呉工廠	大阪砲兵工廠
15 年	坩堝鋼成功			
22 年				坩堝鋼検討開始
23 年			酸性平炉設置（容量 350 k，国産最初の平炉製鋼，仏式）	酸性平炉設置（容量 200 k，翌年 600 k に改良）
25 年			造船部に酸性平炉設置（容量 3 トン，仏式，艦船用鋼鋳物製造）	
28 年			仮兵器製造所に酸性平炉設置（容量 3 トン，英国式，製鋼部の揺籃）	
29 年				塩基性平炉設置（1 号炉，容量 3 トン）
30 年			造兵廠に酸性平炉設置（容量 3 トン，英国式） 造船部に酸性平炉設置（容量 3 トン，仏式）	
31 年			造兵廠に酸性平炉設置（容量 12 トン，英国式）	
33 年				酸性平炉設置（2 号炉，容量 4 トン）
35 年			造兵廠に酸性平炉 2 基設置（容量各 25 トン，英国式）	
36 年			製鋼部独立し，製鋼所となる	
39 年				1 号炉の容量を 8 トンとして酸性平炉に改造
42 年				2 号炉の容量を 8 トンとして塩基性炉に改造

以下の文献を参照して作成．
日本鉄鋼史編纂会（1981 年，159・161 頁）
日本工学会（1995 年，鉄鋼編，233～235・239 頁）
有馬成甫「海軍製鋼作業沿革」『銃砲史研究』12 号（1969 年，4 頁）
各軍工廠の沿革は概略以下のとおりである．
1　海軍造兵廠．幕府の石川島造船所より工作機械，薩摩集成館より造兵機械を継承．
2　海軍横須賀造兵廠．幕府横須賀製鉄所の機器継承．
3　海軍呉工廠．明治 23 年呉海軍造船部設置．明治 28 年仮呉兵器製造所を新設（後に呉造兵廠と改称）．明治 36 年工廠条例により，造船部と造兵部を合併して呉海軍工廠とした．

の場合制砲をいったん青銅砲に後退させることによって原料として国産銅を採用した陸軍に対して、海軍は、はじめから独自の鋼製造に着手して、同じ国産の原料でもたたら製鉄に活路を求めていった。

海軍は明治八年に軍艦三隻を英国造船会社へ発注した。その備砲がクルップ社製であったので、発射試験の結果クルップ砲を採用することに決定した（日本工学会 一九九五、火兵編、一一四頁）。さらに、海軍はその砲材料が優秀であることを認め、明治十一年頃、製鋼技術習得のために海軍造兵大監大河平才蔵をクルップ社へ派遣した。また、明治十三年には海軍造兵総監原田宗助に命じて、東京築地海軍兵器局内にクルップ式坩堝製鋼炉を設置すべくその設計を行なった（有馬 一九六九、二頁）。明治十四年大河平が帰国し、原田らと協力して設備および諸原料の選択、作業手順の検討を経て、翌十五年には鋳鋼に成功した（日本工学会 一九九五、鉄鋼編、二二二頁）。

坩堝製鋼作業に必要欠くべからざるものは、坩堝用の炉材、原鋼およびコークスである。これらの総てを国内産に求めるためには、なお幾多の研究と年数を必要とした。このうち原鋼は山陰地方のたたら鉄の製品によるほかはなく、その包丁鉄と「玉鋼《たまはがね》」*の鋼質を調査・分析したうえで、十分に使用に耐えると認めて採用した。有馬成甫氏は、その論文の中で、玉鋼の採用について「明治十六年一月、伯耆国日野郡笠木産、同国鑪面山産、及び出雲国飯石郡吉田村産、同能義郡上山佐村産の粗鋼を以って、黒鉛坩堝を用い鋳鋼製錬を開始した」と述べている（有馬 一九六九、三頁）。さらに、明治十六年の秋、大河平は出雲、石見地方を巡視して、その数量においてもまた品質においても、たたら鋼が坩堝鋼原料として適当であることを確かめて、それ以来たたら鋼を使用して開発を続けた（日本工学会 一九九五、鉄鋼編、二三頁）。

＊出雲のたたら製鉄の製品には、「銑」「包丁鉄」「鋼」の三種があり、鋼にも最上級の造鋼《つくりはがね》、次を頃鋼《ころはがね》、切り落とし鋼を砂味（すなみ、じゃみ）の区分があった。造鋼は高級刃物材料として出荷された。残りの頃鋼は大鍛冶場で庖丁鉄の材料とするか、適当な大きさに

表 25　明治前期における海軍拡張案

回	年	拡　張　規　模	正否
1	明治 3年	軍艦 200 隻（20 ヵ年計画）	不成立
2	明治 6年	軍艦 104 隻（18 ヵ年計画） 横須賀造船所での中小艦の建造計画を含む．	不成立
3	明治 8年	軍艦 3 隻（国防上の一大計画ではない）	発　注
4	明治14年	軍艦 69 隻（20 ヵ年計画）造船所新設（5 ヶ年計画） 斬新的整備（毎年 3 隻），軍艦国産化指向．	不成立
5	明治15年	軍艦 48 隻（8 ヵ年計画）朝鮮事件で日本海軍の弱体ぶりが露呈し，清国艦隊に対抗すべく，短期かつ急速な整備案となる．造船所計画切り捨て．輸入依存主義．予算大幅削減．	成　立

室山義正『近代日本の軍事と財政―海軍拡張をめぐる政策形成過程』（1984 年，112〜121 頁）を参照．

砕いて軍工廠へ納められた。その頃鋼の小型の鋼が「玉鋼」である。現在では「玉鋼」が上等の和鋼を意味することに定着している。（以上は島根県横田町在住の高橋一郎氏から伺った）

坩堝鋼を地金として、明治十六年には一インチ口径四連ノルデン機関砲を試製し、翌十七年には完成して命中試験も好結果を収めた。また明治十八年には、クルップ式短七・五拇（ドイム）を完成した。これがわが国における鋼製砲の国産化の最初であった〔日本工学会 一九九五、火兵編、一一九頁〕。

日本海軍の拡張計画は、明治三年の海軍創設と同時に始まっている。表25には、明治十五年までの海軍拡張案の政府への提出経過を示す。

明治十五年になって、予算を大幅に削減した上で拡張案が成立するが、松方デフレにより、増税による軍拡計画は破綻した。しかも、この計画では軍艦維持費を大幅に削減しているが、一方で艦艇が増加するのであれば、その維持費も増加することは当然のことであった。またこの間に、造船造兵技術の急速な革新が世界的に進行し、計画は再検討が必要な段階でもあった。ついに、政府は明治十九年、海軍公債募集を決定し、それを財源として特別費を設定した。その結果、明治十九年から二十一年までの三年間、軍艦製造・鎮守府設立・海防水雷・火薬製造所設立・兵学校設立などの諸事業に資金を当てることになった〔室山 一九八四、一三三頁〕。

海軍工廠における製鋼作業が本格化するのは、明治三十六年に製鋼部が造兵部から分離独立してからだと考えられる。したがって、次には、そこに至る明治二十八年以降の約一〇年あまりの海軍拡張計画が、国内政治の政策と対国外的状況の変化との間でどのように展開されたのかを見ておく必要がある。

(2) 日清戦後経営と海軍拡張計画

海軍拡張をめぐる政府の政策について研究した室山義正氏は、次のように日清戦争前後の時期を大きく三期に区分して、海軍拡張に伴う海軍費の構造的変化を捉えた〔室山 一九八四、三〇〇頁〕。

第一期 日清戦争以前（明治二十三〜二十六年）
　海軍の縮小、ないしは停滞期。特に艦船製造費が強く圧迫され、したがって後方造修施設の拡張も制約された。

第二期 戦後経営前期（明治二十九〜三十二年）
　海軍費の未曾有の急膨張期。輸入に依存しつつ、艦船製造費が破天荒の大膨張を遂げた。

第三期 戦後経営後期（明治三十三〜三十六年）
　艦船急増に伴い、維持修理の必要から後方施設費が急増した。さらにこれが造兵・造船を中心とする製造部門で発生し、しかもその費用の中で製造用機械費が増大した。このことは、後方施設費が単に輸入軍艦補保守を目的とするに止まらないことを示していた。

ここでは、この室山氏の見方に依拠しながら、日清戦後経営の経過の中で海軍拡張計画が順次進められ、ついには大口径砲を搭載した主力艦製造のために、その原材料を供給する製鋼所を建設するまでの過程をまとめておく。

表 26　日清戦後経営と海軍拡張計画の経緯

内　閣	年　　代	政策の内容および海軍拡張計画
伊藤博文 第 2 次	明治 25-29 年	＊海軍が明治 25 年度拡張計画を根本的に見直し，28 年 7 月**閣議提出案**として作成(大艦巨砲主義および水雷戦術採用が特徴). ＊松方蔵相は大幅な軍備圧縮を含む健全財政型政策による戦後財政計画を立案し，臨時議会の招集を主張したが，首相の拒否により辞任. ＊明治 28 年 11 月渡辺蔵相が財政計画案提出(軍拡費の大幅増). 続いて実行プランの作成. 海軍拡張計画は 2 期に分割，第 1 期分を**第 9 議会**へ，**第 2 期分**を**第 10 議会**へ提出された. 第 9 議会(28 年 12 月)で 29 年度予算通過により製鉄所(農商務省担当)設立予算決定. ＊海軍は明治 29 年 5 月に拡張計画の修正案を閣議へ提出(巡洋艦 2 隻の追加と装甲艦への設計変更). ＊戦後経営が軍備拡張に偏重していることへの批判が高まる中で，伊藤内閣退陣(明治 29 年 8 月).
松方正義 第 2 次	明治 29-30 年	＊明治 30 年度予算は与野党の賛同を得て第 10 議会を通過(30 年 1 月). ＊海軍の拡張計画は修正案の通り通過.（海軍拡張第二期分に相当） ＊明治 31 年度予算編成(方針は軍備縮小，公債追加募集，増税). ＊地租増税案を第 11 議会に提出. 政党の反対により否決，解散.
伊藤博文 第 3 次	明治 31 年 (1-6 月)	＊地租・酒税・所得税増徴案を第 12 議会に提出. ＊地租増徴案は否決され，解散.
大隈重信 第 1 次	明治 31 年 (6-10 月)	＊地租増徴以外の財源確保をもって明治 32 年度予算を立案. ＊内紛により日本初の政党内閣は瓦解.
山県有朋 第 2 次	明治 31-33 年	＊松方蔵相は地租および酒税を主とし，所得税・登録税で補完する増税案および軍備計画の完成のための外債募集案を第 13 議会に提出. ＊明治 32 年度予算成立(31 年 12 月). ＊明治 33 年度予算案をもって第 14 議会(32 年 12 月)に臨み，戦後経営が 32 年度の再編を経て順調な軌道に乗ったことを表明. ＊呉造兵**廠拡張費**(目的は主力**艦搭載**大口径砲の**製造準備**)を**第 14 議会**に提出，協賛を受ける.（海軍拡張第三期分に相当） ＊明治 33 年より呉造兵**廠製鋼**所建設の要求起こる(33 年 8 月閣議決定). ＊明治 33 年 6 月北清事変勃発. 事変は数ヶ月で平定されたが，財政に重大な影響を付与. 政府は事変後始末用の増税案を第 15 議会へ提出. ＊明治 33 年 9 月山県首相と憲政党の断絶により総辞職.
伊藤博文 第 4 次	明治 33-34 年	＊渡辺蔵相が就任して第 15 議会へ臨んだ. 増税諸法案の成立は難航したが，伊藤首相はこれを詔勅によって封じ，漸く可決(明治 34 年 3 月).

内　閣	年　代	政策の内容および海軍拡張計画
伊藤博文 第4次	明治33-34年	＊政府が**第15議会**へ提出した海軍の**製鋼所**建設案は貴族院で否決. ＊渡辺蔵相，明治34年度公債支弁官営事業の中止を閣議に提出. 政友会出身大臣はこれに激しく反対(渡辺蔵相，積極政策からの「転向」). ＊内閣不一致により総辞職.
桂　太郎 第1次	明治34-38年	＊曽禰蔵相就任. 明治35年度予算は政友会との妥協で第16議会を通過(方針は経費節減・事業繰り延べなど). ＊**第16議会**で**海軍製鋼所**建設案成立(34年12月). (海軍拡張第三期分相当) ＊日英同盟協約締結され，議会で発表(明治35年2月). ＊**海軍は第9,10議会**へ提出した第1,2期に続いての**第3期海軍**拡張計画を提出(明治35年10月). ＊政府は地租増徴継続を財源として海軍拡張計画を第17議会に提出. 地租増徴継続案反対で否決(明治35年12月). ＊地租増徴以外の増税案で第18議会に臨み，**第3期海軍**拡張計画可決. (**海軍拡張第三期分**相当)

室山（1984年，215-334頁）の内容からまとめた.

註a）　表中「海軍拡張第二，三期分」とあるのは，本文（2）の冒頭の軍事費の構造変化を伴う拡張の区分である.

b）　表中海軍が提出した「海軍拡張計画」の第1,2期は，「海軍拡張第二期分」に相当し，第3期は「同第三期分」に相当する. その間に補正案や，海軍製鋼所建設案が提出されている.

c）　表中**太字**は，海軍拡張計画案提出と，その議会における通過状況を示す.

表26は、右の第二期と第三期、つまり日清戦後経営前期と後期の経営内容と海軍拡張計画との関係を時系列にまとめた表である。

海軍拡張計画第二期の主体が、主力軍艦の購入という、いわば正面装備におかれていたのに対して、次の第三期の特徴は、後方設備費の急増にある。そこで、購入艦の修理にはじまり、大口径砲の製造（造兵）、製鋼所設立および主力艦の国産化（造艦）へと計画を推し進めようとする海軍拡張計画予算の獲得経過を述べる。

海軍の提出した海軍拡張計画第二期は、外国から主力軍艦を購入することが主体となり、軍事費は未曾有の急膨張期となった。このため明治三十二年には貿易赤字が甚だしく、深刻な正貨危機が訪れていた。日清戦争の賠償金をほとんど使い果たし、外資導入によって辛うじて危機の乗り切りを図るという状態に陥っていたのである。したがって、これまでのように老朽艦の代艦を輸入することは困難な状況にあった。こうして代艦の国内建造指向が高まり、第一四議会に呉造兵廠拡張費案が提出されて協賛を受けた。拡張の目的は、主力艦搭載大口径砲の製造準備にまず着手しようというものであった。

一方明治三十二年は、軍艦水雷艇補充基金が設定されて、主力艦の国産化が具体的な日程に上った年であった。この基金は、清国賠償金のうちでも非常準備金として保有する予定の金額から三〇〇〇万円を基金とし、艦艇の逓減歩率額を毎年一般会計から基金に繰り入れて、それを代艦建造費に充当しようとするものであった。具体的には、明治三十七年度以降、各前年度末に艦籍のある艦船の代艦建造費として、逓減歩率で計算した金額を、毎年一般会計から基金に組み入れる仕組みであった〔室山 一九八四、三四三頁〕。

第一五議会には、呉造兵廠製鋼所の建設案が提出された。明治三十三年になると、主力艦搭載兵器の製造に続いて、主力艦国産化方針が主張されるようになった。右に述べたとおり、三十七年度から軍艦水雷艇補充基金による代艦建造が開始されるが、これを期に軍艦の原材料となる鋼も国産化を実現すべきであるとの考えによって、製鋼所の建設が提案されたのである。そこで内閣は、三十四年度以降五ヶ年計画で、継続六三〇万円を計上して製鋼所を建設することに決し、議会に諮ったのである。しかし、貴族院で否決され、結局その成立は第一六議会に持ち越された。反対の理由は、「政府は先に八幡製鉄所を軍器独立の名のもとに建設しているにもかかわらず、今また、海軍で同じ理由によって別の製鋼所を設立するのは、財政窮乏の折、差し控えるべきである」というものであった。これに対して、当時の山本海相は、大要次のような説明を行って原案の通過を要請した。

八幡製鉄所は、一般産業向けの施設を中心としており、将来銑鉄・造船用一般材・速射砲弾用丸棒などの、「間接的」な軍用材供給は可能となるかもしれないが、装甲板・砲身などの特殊鋼の製造は行わない。そこで海軍は、これら特殊鋼の製造を主目的とする製鋼所を速やかに設立し、軍艦の国産化を達成したい。そうすれば兵器の国産化のみならず、戦時の艦船輸入杜絶にも耐えうることになり、真に「兵器独立」が達成される、という内容であった〔『貴族院議事速記録』一八、第一五議会、二〇〇頁〕。

海軍製鋼所案は明治三十四年十二月、第一六議会で成立した。こうして、八幡製鉄所は間接的軍用材を供給し、呉製鋼所は軍用特殊鋼材を製造するという並行生産体制が出来上がった。製鋼所設立と連動して、三十六年度より呉造船廠に一万屯超の主力艦建造用主船台の建設が開始されることになった。このように、日清戦後経営の後半に、主力艦国産化に向かって、技術面・材料供給面・造船造兵施設面にわたる準備が着々と進行していった。

明治三十四年に入ると、ロシア東洋艦隊が著しく増強されるという事態に至り、極東の情勢は急変した。さらに、明治三十五年一月三十日に日英同盟協約の調印が終了し、日本は「優勢海軍維持」の義務が追加された。山本海相は、三十五年十月「海軍拡張ノ議」を閣議に提出した。その予算は、閣議決定を経て同年十二月第一七議会に提出された。しかし、拡張財源を地租に求めたために猛烈な反対が起こり、ついに議会が解散されて予算は不成立となるが、結局、第一八議会で可決され実行に移されることになった。この拡張案は、戦闘艦整備を主要な目的とするものであったが、他方で「造船工場ノ施設ヲ完備スルニ必要ナル造修機械」および「艦船ノ造修ニ必要ナル船渠」を整備することも大きな目的だった〔室山 一九八四、三三三頁〕。そこで、海軍に特殊鋼製造を目的とした製鋼所の創設が日程に上ることとなった。

(3) 呉海軍工廠における製鋼作業

ここでは、実際に呉海軍工廠での製鋼作業が始まるまでの、主力艦の海外発注、艦船修理、造兵技術の蓄積などについての経過を述べ、ついに主力艦の国産化を達成するために、特殊鋼の生産が順調に行われたことについて論述する。

建艦材料を輸入に頼ることは、建造コストを割高にすると同時に、工期の延長をもたらす。それのみならず、正貨流出を促進し、有事の際の鋼材確保が困難になることも明らかである。この問題を解消するためには、建艦および兵器製造用の鋼材の自給がぜひとも必要となり、次いで製鋼所設立が日程にのぼり、表26の桂内閣の明治三十五年に、第3期拡張計画が決定されたのである。

日清戦争後、軍艦の国産化は、工期・コスト両面から不利であり、技術的にも不可能であると考えられていたので、その建造量は艦船建造費の一〇%未満に当たる量であった。それも三〇〇〇トン級三等巡洋艦以下の小型艦で、職工の技能熟練維持と戦時輸入杜絶に備えるという観点からの建造にとどめられた。

これに対して、艦船修理部門は著しい膨張を示した。それは先述のとおり、日清戦後の建艦政策は輸入依存、ならびに急速整備の方針が採られ、その保守・修理の急速な拡張が必要となったからである。戦前の横須賀・呉の二大造船廠体制から、佐世保を加えた三大造船廠体制へと移行するのであるが、このうち佐世保造船廠は修理専門工場となった。

またこの間、兵器造修部門も顕著な発展を示し、特に戦後後期には兵器造修費に対する兵器製造費の割合が急増している〔室山　一九八四、三四〇頁〕。これは呉海軍造兵廠*における艦船搭載兵器の製造によって引き起こされた事態である。

*明治十九年（一八八六）の海軍条例・鎮守府官制の交付によって、同二十四年呉鎮守府の造船部が操業を開始し、呉造船部兵器製造所（仮設）製鋼工場が創立された。明治三十年造兵廠条例が交付され、呉造船部兵器製造所（仮説）は廃止されて呉海軍造兵廠となった。続いて同三十六年（一九〇三）の海軍工廠条例では、呉鎮守府の造船と造機・造兵工場を統合して呉海軍工廠が設置され造兵

部から製鋼部が分離独立した〔呉海軍工廠 一九八一年、二頁〕。

呉海軍造兵廠は、軍艦急増により佐世保工廠と共に修理を受け持っていたが、部分的ながら軍艦搭載兵器の製造開始によって造兵部門の代表となった。さらに呉海軍造兵廠は、軍艦の国内建造が低調なときにも、造船・造兵部門を充実して行き、やがて主力艦国産の動きを開始するに至った。それと同時に、製鋼技術も充実していった。次にその状況を見よう。

呉における製鋼作業は、明治二十五年設置の容量三トンの酸性平炉によって始まり、砲身鋼の製造は同二十八年から本格化した。有馬成甫氏は、野田鶴雄海軍造兵少将の手記をもとに次のように述べている〔有馬 一九六九、四頁〕。

明治二十八年七月呉兵器製造所内に製鋼工場を設置し「コークス」使用の白坩堝炉及び瓦斯発生装置つき「シーメンス」式酸性三砘炉の操業を開始し、当初は専ら砲身・砲架・弾丸等の鋳造及び鍛錬を行ったが、明治三十年中瓦斯発生装置付酸性十二砘炉と、千砘水圧鍛錬機及び砲材焼入装置とを増設して此等の操業を開始し、明治三十五年には呉造兵廠に四千砘水圧機及十二砘汽鎚作業を開始し、更に第十工場には二十五砘酸性「シーメンス」炉二基の作業を始めた。

有馬氏の記録から、呉兵器製造所内に次々と酸性鋼用製造装置の数を増やし、その容量をも上げて、本格的な兵器の製造に取り組んだ様子がわかる。はじめは砲身・砲架のように小型の兵器から、明治三十年からは大容量の鍛造設備が設置され、三十五年からは更にその設備が大型化されて、実際に大容量の製鋼と鍛造作業を始めたこともわかる。

第一四議会で協賛を得た呉造兵廠拡張案は「明治三十三年度ヨリ三十六年度ニ至ル四箇年度ヲ期シ総額百拾壱萬参百四拾四円五拾四銭五厘ヲ目途トシ……現今我海軍ニ於テ使用スル大口径新式砲ヲ製造スヘキ施設ナキヲ以テ呉造兵廠ヲシテ其規模ヲ完備セシメル」という内容であった〔長谷部 一九八三、三九〇頁〕。

次に有馬氏が「二十五砘酸性（シーメンス）炉二基」と述べているのは酸性平炉のことで、これは第一五議会（明治三十三年度予算）に提出された呉造兵廠製鋼所建設案に関連する設備と考えられる。有馬氏は「明治三十三年度帝国議会に、甲鈑製造設備の為呉海軍製鋼所の予算が提出され、山内（満寿治）造兵廠長が特に政府委員となって説明に当たられたが、不幸にして否決された」と述べている（有馬 一九六九、九頁）。山内政府委員は、第一五議会衆議院予算委員第三分科会で「唯今ノ所デハ鋼ヲ鋳造致シマスニハ……六十噸カ七十噸ヨリ出来マセヌガ、此装甲板ノ方ノ予算ガ成立チマシテ……モウ五十噸殖エマスカラ、百十噸ヨリ百二十噸ハ日々出来マス……又此中ニ二十五噸ノヲ二ツ造リマス」と述べている（『第一五回帝国議会衆議院第三分科会会議録』一九頁）。これによって、明治三十四年の時点で呉造兵廠での兵器用特殊鋼生産能力は日産六〇〜七〇トンであり、さらに二五トン酸性平炉を二基増設して装甲板用鋳鋼を行う計画であったことがわかる。

呉造兵廠では製鋼所設立予算が通過しなかった明治三十四年一月の時点で、「議会に対して本邦に於ても甲鈑製造の可能なるを示す必要があったので、既成設備を以って六吋甲鈑の試製に着手した」のである（有馬 一九六九、九頁）。当時はまだ厚板鍛造設備であるローリングミルも設置されていないので、「一千噸水圧機」によって試験的に鍛錬作業を行い、かつ炭和油焼（浸炭表面硬化法）等の加熱作業も苦心の末実施した。同年十月開催の第一六議会で再び製鋼所建設および装甲板製造設備費が提出され、可決された。明治三十五年一月に、試作品の六吋甲鈑二枚に対して射撃試験を行い、一枚は好成績を収めたので衆議院議員の参観に供している。

明治三十六年、海軍は呉造兵廠と同造船廠を合併して呉海軍工廠とし、また製鋼部も独立させて、一層製鋼作業の発展を期することになった。設置された装甲板製造用設備は、「二十五噸〈シーメンス〉熔鋼炉二基、ローリングミル、八千噸水圧機、甲鈑用灼熱炉三基・油槽・水槽・スプリンクラー其他の甲鈑仕上用機械」で、日露戦争中に損傷した装甲板の自製修理に成功したという（有馬 一九六九、一〇頁）。また呉海軍工廠では、明治三十八年にこの設備を使って装甲巡洋艦生駒の装甲板「約二〇〇〇トン」をはじめて製造した（佐々川 一九六七、一一二頁）。

海軍側の呉拡張による特殊鋼生産量の見通しは、その必要量を示すという形で、山内満寿治政府委員が第一五議会で次のように説明している（『第一五回帝国議会貴族院予算委員会会議録』一一頁）。

> 年額凡ソ壱萬七千噸ノ兵器用ノ鋼ガ製造出来ルノデゴザイマス、種々ナ兵器ニナルノデゴザイマス、是ハ何噸何噸ト申スコトハ唯今此席ニ於テハ答ヘラレマセヌ、聊カ軍秘ニモ関係致シマスルノデ、唯全体壱萬七千噸ノ兵器用ノ鋼ガ出来ルト云フコトハ申上ゲテ置キマス

一方、陸軍では大砲などの兵器の地金（特殊鋼）を八幡製鉄所から供給を受けて、大阪工廠で使用する予定でいた。しかし、この見込みは外れて、設立当初の八幡では兵器材料を作らない方針を採った。

これに関して、陸軍省総務局長中村雄次郎陸軍少将は、第一五議会の貴族院予算委員会（明治三十四年二月）で、「農務省ガ拵ヘルノガ未ダ出来ズ海軍ノ方デ出来ル、斯ウ云ウコトニナリマスレバ海軍ノ方デ出来タ鋼デモ陸軍ニ用イテモ何モ不都合ハナイ……陸軍ノ大砲ニ使フノハ海軍デ使フ地金デモヨロシイ」と述べている。陸軍の地金必要量は「二千五百噸」であった。こうして、呉海軍工廠から大阪砲兵工廠への、砲身地金の供給方針が決まったものと見られる。

以上から、特殊鋼の必要量は、海軍の一万七〇〇〇トンと陸軍の二五〇〇トンを合計した一万九五〇〇トンということになる。では実際に呉海軍工廠における製鋼量はどうであったか。そこで、表27に呉海軍工廠の製鋼量の推移をしめす。

表27によると、明治三十八年には陸海軍の特殊鋼必要量を満たすことになるが、総てが酸性平炉鋼を使った特殊鋼ではない恐れがある。『明治工業史』には、呉海軍工廠の作業として「明治三十七年度（日露戦役中）塩基性シーメンス

炉によりて鉄鋼屑を使用し、燐硫黄を精洗したる鋼材を製作したり」という記述がある（日本工学会 一九九五、鉄鋼編、二四一頁）。この場合は酸性鋼の原料を作っていたという見方もできる。一方、佐藤昌一郎氏が『海軍省年報』より「（三十八年度）製鋼高ニ於テハ砲身、砲架地金、甲鉄地金、普通鋼材、鋼鋳物ノ製出金ニ〈ニッケル〉鋼二千七百三十六噸ノ製出金ヲ合セ二万三千三十三噸ヲ産スル至ル」と引用している箇所に（佐藤 一九七五、三四七頁）、はっきりと「普通鋼材」の名称があげられている。これらは、日露戦争中の緊急あるいは異常事態であったかもしれない。

呉工廠の製鋼量が増加するのに伴い、軍艦の国産化が本格化するようになった。有馬成甫氏は、「明治三十八年には巡洋戦艦筑波・生駒の新造に関与してその兵器用鋼材・装甲板・船体・機関の諸鋼材に至るまで、総て同部（製鋼部）において製造し、一切船来品を用いず、兵器自給の実を挙げ得た」と述べている（有馬 一九六九、四頁）。『明治工業史』にも同様な記述があるが（日本工学会 一九九五、火兵編、二八一頁）、『呉海軍工廠造船部沿革史』によれば、総てを呉工廠製鋼部の材料で造艦したとは考えにくい。というのは、同書に、明治四十年五月に起工した「一等装甲巡洋艦伊吹ハ船体鋼材全部本邦ノ製品ヲ以テ建造セラレタル軍艦ノ嚆矢ニシテ……」とあるからだ。

さらに続いて次のように述べられている（呉海軍工廠 一九八一、一九頁）。

鋼材ハ呉工廠製鋼部ト枝光製鉄所トノ製作ニ係ルモノニシテ、前者ニ於テハ鋼鉄ノ悉皆ヲ製作シ、後者ニアリテハ軟鋼材全部ヲ製作供給シタルモノナリ……同艦ノ起工後僅ニ六ヶ月ノ短時日間ニシテ進水セシムルヲ得タルハ、一ニ製鋼部ノ鋼材製作供給ノ迅速ナリシト、其ノ材質ノ良好ナリシトニ起因セスンハアラス、又製鉄所カ創業以来日尚浅キニ拘ハラス、如此長足ノ進歩発達ヲナシタルハ実ニ国家ノタメ賀セサルヲ得ス。

表27　呉海軍工廠の製鋼量　（単位：トン）

年度	明治36年	明治37年	明治38年	明治39年	明治40年	明治41年
製鋼量	8, 262	15, 452	23, 033	24, 821	37, 346	34, 177

佐藤昌一郎「国家資本」（大石嘉一郎編『日本産業革命の研究』上，1975 年，346 頁）を参照して作成.

是ヲ要スルニ呉工廠ト枝光製鉄所ハ互ニ相俟テ、以テ軍器ノ独立ヲ完全ナラシメタルナリ。

また、呉工廠製鋼部が、筑波、生駒、薩摩など、三十八年以来起工した軍艦の甲鉄板鋳鋼板および機関主軸類の鋼鉄全部を供給していることも述べられている。枝光製鉄所とは官営八幡製鉄所のことで、八幡は明治三十八年十二月に、二五トン塩基性平炉一二基を備える第一製鋼工場内に厚板工場を完成し、以後甲鉄戦艦や装甲巡洋艦製造の需要に応ずることが出来た〔堀切 一九八七、一八五頁〕。

以上、呉工廠における兵器用特殊鋼の生産が明治三十六年から始まり、日露戦争後にその体制が確立して本格的な軍艦の国産化に入ったことを明らかにした。次に特殊鋼の原料調達について述べる。

(4) 特殊鋼の原料とその調達

特殊鋼は酸性平炉や坩堝炉で作られる酸性鋼であり、その製錬の過程で鋼鉄にとって有害な燐及び硫黄を除去することが不可能であるため、それらの含有率の少ない銑鉄や屑鉄を原料にしなければならない。このことについてはすでに述べたとおりである。ここでは、特に大量の兵器素材としての鋳鋼品や鍛鋼品を得るための、大型酸性平炉に用いられた原料鉄とその調達について論及する。

鋼製砲がはじめて国産化された明治十八年、英国の河瀬公使から井上馨へ製鉄状況に関する報告書*が提出されている。

*この報告書とは、外務省記録総目録〔戦前期〕第一巻五・一・一・七号「帝国軍備拡張参考資料トシテ英国製鉄及造船ニ関スル取調書在同国河瀬公使ヨリ提出一件」(外交資料館所蔵)である。本資料には、Z. Miyabara の署名のある英文報告書とその翻訳が添付されている。英文は、技術用語も正確でわかりやすく書かれているが、翻訳は所々技術用語が抜けていた。

実際の報告担当者は、英国ニューキャッスルで粗鉄（pig iron の訳、銑鉄のこと）の種類と価格を調べている。粗鉄の価格は、各地に生ずる鉄鉱石の種類によって異なり、「カムバランドヨリ生スル鉄砿ハ赤質ヒーメタイトトシテ、サルファ及フォスフェートノ交物ナク、百ニツキ六十ヨリ七十ノ純鉄ヲ含蓄セリ、此砿ヨリ製シタル粗鉄ハベシマ并ニシーメンマーチン方ヲ用テ鋼ヲ製スルニ最モ適セリ、然レドモ價ハ稍々高シ」とある。英国産のヘマタイト鉱が、酸性転炉または酸性平炉法による製鋼に適した原料銑鉄の原鉱としてすぐれており、硫黄や燐の夾雑物がなく、六〇〜七〇％の鉄分を含み、値段は少々高いと報告しているのだ。

一方英国のクリーヴランド産の鉱石は「ベーシック方」（塩基性炉法）でないと製鋼が出来ないが、英国ではこの鉱石を用いた銑鉄をフランスやドイツに輸出しておきながら、自国での製鋼には酸性炉法を専ら用いていたという。原鉱にヘマタイトを用いた低燐銑だけでは量的に不十分であるため、スペインとスウェーデンから銑鉄を購入している。そして、当時の日本が軍艦の購入先にしていたアームストロング社もスウェーデン鉱を購入しており、「大砲ニ用ユル鋼ハ最良質ノモノヲ要スレハ又之ヲ製スルニ最良ノ鉄砿ヲ用ヒサルヲエス」と述べている。

したがって、明治政府は明治十八年の時点で、スウェーデンおよびスペインの鉄鉱が世界一最良の高級鋼原料であるという情報を知り、その買い付けの可能性を調査していたことがわかる。

酸性平炉へ装入する原料としては、高価な低燐銑と屑鉄および少量の鉄鉱石、それにフェロアロイ（各種元素と鉄の化合物）が用いられた。わが国の酸性平炉法においては、屑鉄の配合率が著しく高く、七〇％前後から八〇％にまで達していたことがひとつの特徴であった。それは銑鉄よりも屑鉄のほうが安価であるばかりでなく、屑鉄には不純物の含有量が少ないことも考慮されたためである。明治時代には、低燐銑も屑鉄も国内調達は殆ど出来ず、両者とも輸入に依存しなければならなかった。そこで、海軍工廠では屑鉄の代わりに在来のたたら鉄製品を利用することを考えたのである。明治十五年に坩堝鋼の原料として包丁鉄や「玉鋼」を採用して以来、生産規模の大きい酸性平炉鋼の原料としても引き続きそれらを採用して開発を進めてきたことからしても、それは当然の結果であったと考えられる。さらにその事情は、第一五議会において製鋼所創設の呉拡張案が論じられた折、政府委員として山内満寿冶が行った答弁の中で明らかに読み取れる（『第一五回帝国議会衆議院第三分科会会議録』一九頁）。

材料ハ外国品ガ三分日本品ガ七分三分デヤッテ居リマス、此内国産ノソンナラ品物ハ何カト申スト今日ノ所デハ雲伯地方カラ出マス砂鉄、砂鉄カラ精錬シテ送リ越マス一種ノ是ハ錬鉄ト申シテ宜シイノデゴザイマス、夫ト鋼ノ一種ノ物是等ヲ重モナル材料ト致シテ使ヒマシテ、是ハ外国ノ瑞典ノ銑鉄其他特殊ノ材料ガ少々ヅツ方々カラ、英吉利カラモ独逸カラモ参リマス、サウ言フ原料ヲ集メマシテ丁度七分三分ノ割合ニ致シテ今日ハ製造致シマス、夫カラ弾丸ニハくろむモ使ヒマス、ふぇろくろむヲ入レテ製造致シマス、にっけるハ板ノ方ニイレマスケレドモ弾丸ノ方ニハイレマセヌ

「一種ノ錬鉄」とは包丁鉄を、「鋼ノ一種ノ物」とは「玉鋼」をさす表現で、いずれもたたら製鉄の可鍛鉄を、七〇％の割合で使っているという説明である。たたら製鉄の原料鉱である砂鉄には、燐などの不純物の含量が少なく、還元剤に木炭を用いるため硫黄の含量も非常に低いので、酸性平炉法の原料として最適の性質を持っていた。

その可鍛鉄を「雲伯地方」から供給していた山元について、「雲伯地方ト申シマシテモ、余リ少ナイ家ノモノハ当テニナリマセヌ……唯今取引イタシマス家ハ田部長右衛門、ソレカラ御田郡デ桜井……其他モウ二軒ゴザイマス、伯州能義、ソレカラ郡ノ名ヲ忘レマシタガモウ一軒雲州ニアリマス、総テ四件」と山内満寿冶は述べている。郡名など不正確な点もあるが、要するに雲伯地方での大鉄山師四家を指していることは明らかである。すなわち、島根県飯石郡の田部家、同仁多郡の桜井家および絲原家、鳥取県日野郡の近藤家の四家のことであり、この点に関しては次の節

で具体的にとりあげる。

海軍における兵器素材用特殊鋼の製造のために、国産のたたら製品を調達しようとしていたことは明らかである。一方、高級低燐銑についてはスウェーデンからの輸入を前提としていた。また、英国からは「ヘマタイト銑」も輸入して酸性鋼の原料としていた。ところが、大正三年（一九一四）に第一次世界大戦が勃発した結果、低燐銑の輸入が杜絶して、「将来ニ於テハ現在ノ在庫品ヲ以テ工事ヲ継続スルノ他ナク軍器ノ独立上実ニ寒心ノ至リニ堪ヘス本邦内ニ於テ純銑鉄製造所ノ設立ハ実ニ焦眉ノ急ヲ告グルニ至レリ」という状況になった〔奈倉 一九八二、七〇八頁〕。このとき、呉海軍工廠の現場でも、「瑞典銑鉄及び英国〈ヘマタイト〉銑鉄の輸入杜絶により、製鋼部の新案により削屑を利用せる自製銑鉄の使用の為、幾分燐及硫黄分の増加を来たした」〔有馬 一九六九、一四頁〕という状況であった。

次に、奈倉文二氏の大蔵財閥の研究に依拠して、海軍が新たな低燐銑鉄を調達した経緯をまとめておく。

海軍は大正四年に大倉組（大倉喜八郎）との間で「純銑鉄製造所設立ニ関スル契約書」を締結したのである〔奈倉 一九八二、七〇九頁〕。これに関して、海軍は「軍器独立」上、軍用高級鋼材製造のための原料銑鉄を、日本の「勢力圏」内において入手することを早くから企図していた。大倉組が、「満州」の安奉沿線にある本渓湖炭田や廟児溝鉄鉱が有望なことを確認したのは、日露戦争中に日本軍に従って資源調査をした結果である〔奈倉 一九八四、二〇九頁〕。明治四十四年、日中合弁の本渓湖媒鉄公司が設立され、製鉄事業が計画された。当初の原鉱としては自己所有の廟児溝鉄鉱のみが使われることとなった。大倉側の調査の結果、廟児溝鉄鉱のある種の鉱石を、磁力選鉱した上で団鉱とすれば、木炭吹《もくたんぶき》製錬によって「純銑鉄」の製造が技術的には困難でないことが確認されていた〔奈倉 一九八四、二一六頁〕。この「純銑鉄」とは、低燐原鉱を木炭吹製錬した高級低燐銑鉄のことで、大倉鉱業での呼称だったようである。

表28　山陽製鉄所「純銑鉄」標準品位　(単位：%)

「純銑鉄」		全炭素	硅素	マンガン	燐	硫黄	銅
特1号		3.00以上	0.70以上	0.50以上	0.025以下	0.015以下	痕跡
特2号		〃	〃	〃	0.030以下	0.02以下	〃
特3号		〃	〃	〃	0.035以下	〃	〃
1号		〃	〃	〃	0.040以下	〃	〃
2号		〃	〃	〃	0.045以下	〃	〃
3号		〃	〃	〃	0.050以下	〃	〃
〈参考〉							
スウェーデン銑		3.00以上	0.70以上	0.30以上	0.025以下	0.015以下	0.030以下
海軍規格	1号	〃	〃	〃	〃	〃	〃
	2号	〃	〃	〃	〃	0.02以下	〃
	3号	〃	〃	〃	0.030以下	0.030以下	0.040以下
	4号	〃	〃	〃	0.035以下	0.035以下	0.050以下

奈倉文二「日本鉄鋼業と大倉財閥」(大倉財閥研究会編『大倉財閥の研究』1982年，717頁) を参照して作成.

先記の海軍と大倉組との間に締結された契約に基づいて、山陽製鉄所の設立が決定された。これにより、本渓湖媒鉄公司で製造された低燐団鉱を原料として、木炭吹「純銑鉄」を広島県大竹の山陽製鉄所で製造するという計画が実現したのである。しかも、大倉組はこの「純銑鉄製造計画」とあわせて、本渓湖媒鉄公司におけるコークス吹「優良銑鉄」製造をも企図し、「純銑鉄及優良銑鉄製造計画」とともにその所要資金（二六〇万円）のうち、二〇〇万円の政府資金貸付を要請した。これに対して、海軍側が大蔵省と折衝した結果、大正四年十二月に大蔵省預金部資金二〇〇万円の低利貸付が実行された（奈倉 一九八四、二一七頁）。木炭吹の「純銑鉄」に対し、「優良銑鉄」はコークス吹低燐銑であり、大倉鉱業では前者をスウェーデン銑対応、後者を英国へマタイト銑対応という位置づけにしていたようである。

　しかし、本渓湖の「銑鉱工場」および「団鉱工場」の立ち上げは大幅に遅延して、大戦直後の大正七年十二月となり、本渓湖低燐団鉱を原料とする山陽製鉄所「純銑鉄」の製造ができるようになったのは、翌大正八年になってからであった。それ以降、海軍の兵器用高級鋼材の原料銑鉄が、日本国内においても製造可能となったものと見られる。だが、山陽製鉄所「純銑鉄」の生産高のピーク（約八〇〇〇㌧）は、「ワシントン軍縮」直前の大正十年（一九二一）であった。

山陽製鉄所の「純銑鉄」の標準品位は表28に示すとおりである。

表28のうち、「特一号」は「鋼鉄板、砲塔、砲楯並ニ砲身其ノ他造兵用諸鋼材等ノ製造」に最も適し、スウェーデン銑鉄に匹敵した。「特二号」および「特三号」は英国へマタイト銑級で、「造兵材料ニ次ギ重要ナル造船材料並ニ船舶機関材料ノ原料」として使用された。「一号〜三号」は、前二者には及ばないが「酸性平炉ヨリ鋼鋳物ヲ製造スル場合特ニ妙」といわれた。

以上、大正十一年頃までの海軍工廠における酸性平炉鋼の原料鉄とその調達の概要を述べた。

本節では、たたら鉄製品が主として海軍工廠に製鋼原料として採用された背景を論じた。すなわち、海軍が造兵、造艦のために高級鋼材を必要とし、国家予算を順次獲得しながら、ついに呉工廠製鋼部を創立した経過を追った。そして、当時の海軍工廠では、兵器素材としての鋳鋼品や鍛鋼品を造るための高級酸性鋼用原料として、低燐銑とたたら鉄製品の可鍛鉄とを調達しようとしていたことを論証した。

二　たたら製鉄業者の努力——生き残りをかけて

本節では前節をうけて、たたら製鉄業者が軍工廠の要求にどのように対応していたのかを明らかにすることを目的とする。まず、海軍工廠への酸性鋼用原料鉄の納入が、海軍の技術の向上と設備費の獲得段階に応じて増加した状況を述べる。次に、たたら製鉄に新技術を取り入れることに意欲を示した、たたら製鉄経営者の様子を垣間見ることに

表29　明治20年代の海軍製鋼作業の沿革

年	内　　　容
明治19年	海軍兵器製造所製鋼盾の「牢徹試験射撃」の結果，成績良好.（鋼盾製造の最初）
明治20年	熔鋼炉を改造し燃料を節減して鋳鋼の品質を一層良好にすることが出来た.
明治21年	保式（注：ホルツァー式）砲身・「ノルデン」砲身，克砲 21 cm・17 cm・12 cm（注：クルップ社製の砲）の砲架，12 cm 鋼鉄榴弾を製造し，なお横須賀造船所の委託による軍艦八重山用水雷発射管・「スターンチューブ」「ブラケット」金物を鋳造し，製鋼作業の進展を見た.
明治23年	造兵廠製鋼板は，仏国「クルーゾー」製特別鋼板と同等の品質を持つに至ったが，設備上，4 尺平方以上のものは鍛錬困難のため明治 25 年には両種採用となった.
明治27年	安式（注：アームストロング社式）12 cm 速射砲用鋼鉄榴弾を鋳造.
明治28年	呉兵器製造所内に製鋼工場を設置し，「コークス」使用の白坩堝炉およびガス発生装置付「シーメンス」式酸性 3 ㌧炉（注：酸性平炉のこと）の操業開始. 当初は，砲身・砲架・弾丸などの鋳造および鍛錬を行った.
明治30年	ガス発生装置付酸性 12 ㌧炉と，1000 ㌧水圧鍛錬機および砲材焼き入れ装置とを増設して，操業開始.

有馬成甫「海軍製鋼作業沿革」『銃砲史研究』12 号（1969 年，3-4 頁）を参照して作成.
註）この論文では，呉工廠の兵器製造所の設備について述べているが，造船部にも酸性平炉（3 ㌧）2 基が設置されていた. また，30 年に「酸性 12 ㌧炉」が増設されたとあるが，日本鉄鋼史編纂会『日本鉄鋼史　明治篇』(1981 年，161 頁）によれば，12 ㌧酸性平炉は明治 31 年に設置されたとしている.

する。最後に、たたら製鉄にとって、特殊ではあっても確実な需要をもたらすと思われた軍需に対応したにもかかわらず、たたら製鉄業が大正十二年頃迄にほぼ一斉に終焉を迎えた事情を、ワシントン軍縮会議の影響との関連で考究する。さらに、製鉄業から撤退した経営者が、製炭業へ進出していった状況とその理由を追求する。

1　海軍工廠への原料鉄納入

ここでは、海軍における本格的な製鋼作業の進展に伴って、たたら鉄製品が賣納契約の締結を要請されていった経過を明らかにすることを目的とする。そのために、たたら製鉄業者が海軍工廠へ原料鉄を納入した記録を参照したが、それらは時期的に三つに区分することができる。まず明治十七年から二十一年までは、海軍工廠における製鋼技術開発の実験段階にあった時期に、試験あるいは試作材料として少量づつの納入が要請された。次が明治三十年から三十五年までの時期で、海軍工廠での製鋼開発が次第に大規模化していき、ついに主力艦搭載大口径砲の製造を行うまでに至る時期に一致する。それ以前、明治二十年代の海軍製鋼技術は、表29に示すように着実に進展したのであるが、設備規模は三トン酸性平炉に止まり、大規模の製鋼がおこなわれるのは明治三十年以降と見られる。そしてその間の製品納入は、はじめの頃と変わらない少量にとどまったものと推察される。最後は、明治三十五年以降大正の初めまでの時期で、明治三十四年に呉海軍工廠の製鋼所建設が決定されると、この時期の記録からは、たたら鉄製品の納入量が急増した様子が窺われる。

前節では、海軍が明治十五年にたたら鉄製品を原料として坩堝炉による鋳鋼に成功した後、翌十六年に山陰地方を巡視して、たたら鉄製品の品質と生産量を調査したことを述べた。また、海軍は明治三十四年の第一五議会で製鋼所の設立を提案し、政府委員であった山内満寿冶が、具体的に、二五トン酸性平炉の原料としてたたら鉄製品を採用する予定であることを説明し、さらに雲伯地方の鉄山経営者四家と推定される山元から、包丁鉄や「玉鋼」を調達する予定であると発言したことについて述べた。そこで本項では、海軍工廠へ製品を納入したたたら製鉄業者の側が、どのような体制をとって納入の努力をしたのか、先記三つの区分によって段階毎に明らかにする。

(1)　たたら鉄製品納入のはじまり

海軍兵器局における製鋼実験と兵器試作が盛んになるにつれ、海軍省は明治十九年から二十一年頃にかけて、雲伯地区の製鉄業者に鉄製品の注文を出した。

それに先だって、明治十六年四月には政府工部省の技師が島根県の製鉄業を実地調査したと『工部省沿革報告』に記録されている〔大内・土屋　一九三一、六六頁〕。またそれとは別に、同年秋には、先述のとおり海軍兵器局の大河平造兵大監も島根県を巡視した。この調査に対応した記録として、島根県飯石郡の田部家では「明治十六年十月海軍工部両省ヨリ鈩鍛砂鉄穴御検分ノ節差出候書類ノ控」（島根県 一九六六、三七七頁）を残している。この史料には田部家の砂鉄穴《かんな》、製鉱所（たたら場）、鍛冶場（大鍛冶）、所有山林、木炭、砂鉄、労働人員、賃金、運賃など鉄山経営の実態が数字を挙げて詳細に報告されている。なお同様の報告書が同県仁多郡の絲原家からも『民行鉱山志料取調書』（雨川絲原家文書）が提出されていた（横田町誌編纂委員会 一九六八、四二五頁）（第六章四参照）。

調査の翌年（明治十七年）、海軍省兵器局により、たたら鉄製品の「銃器類製造用試みとして買い上げ」が実現することになった。具体的には、絲原家が鋼と包丁鉄を夫々一万斤（約六トン）ずつ海軍省へ納入したという。

さらに、鳥取県日野郡の近藤家文書を紹介した景山猛氏は、次のように述べている（景山 二〇〇〇、三一頁）。

> 鋼は明治一七年、大阪府庁を通して東京兵器局御用鉄八百貫（包丁地）の注文があったのを始め、軍の工廠、横須賀造船所、海軍省などから注文が相次ぐ「二一年四月 大阪鉄店今朝電報ヲ以、極天、飛細（折鋼票目）共汽舟へ御積入被下候様上伸仕候間、御承引夫々御手配可被下、右者海軍省購買より始テ之注文之處、品揃兼困却罷在候」。
>
> 鋼は二二年には極稀（上鋼）・豆目（下等鋼）までの一三品目に仕訳して出荷されたが、軍部は厳しく低燐性を要求してくる。

近藤家では大阪に鉄の販売店を経営していたようで、そこへ海軍から注文が寄せられたのである。右の記述から、海軍では、坩堝鋼の開発成功に伴って低燐の材料を種々検討していたことがわかる。

田部家では、明治十九年から二十一年にかけて、海軍省兵器製造所から島根県勧業課を通じて鉄製品を受注していた（島根県 一九六六、四〇九頁）。その請書をまとめて表30に示す。

表30　田部家の海軍省注文に対する請書　　（明治19-21年，島根県宛）

請書日付（明　治）	品　名	数　量（斤）	納　期（明　治）	単　価（¥/200斤）	単　価（¥/100 kg）
19.02.20	包丁鉄	12000	19.03.10	5.86	4.88
19.03.07	包丁鉄	3000	19.03.20	5.86	4.88
19.03.19	ジャミ鋼	10000	19.03.末	20.60	17.16
19.(空欄)	玉　鋼	15000	19.04.05	4.00	3.33
20.10.28	ジャミ鋼	4000	19.11.末	3.00	2.50
21.07.13	包丁鉄甲号	8000	19.07.31	8.00	6.66
21.07.13	包丁鉄乙号	15000	19.07.31	6.80	5.66

島根県『新修島根県史』史料篇6，近代下（1966年，409-414頁）よりまとめた．
註1）　単価：200斤当たりの単価は田部家から申請したもの．製品の等級によって価格差あり．100 kg当たりの単価は他との比較のために計算した．（1斤＝0.6 kg換算）
2）　ジャミ鋼：2件のジャミ鋼（砂味鋼）の単価が大きく違う理由は不明．

表30の中にある「玉鋼《たまはがね》」の名称は、海軍からの請書の中に出てきたもので、先に述べた明治十六年の海軍・工部両省による中国地区製鉄業検分の際に提出された報告書の中では使われていない。鋼全体を「造鋼《つくりはがね》」と称しており、「銅折場ニテ打砕キタルモノヲ荒鋼トス、此荒鋼ヲ荒造リシタルモノヲ折地ト云フ、山元ニテ仲買人ニ販売スル多クハ此折地ヲ以テス」と説明している〔島根県　一九六六、四〇二頁〕。先にあげた近藤家文書に関する記述にも「折鋼」の名称がみられ、さらに各種の標目に分かれていたようである。田部家では、「折地」を「造り立」、すなわち破砕して大きさを整えてから、通称（品名）として頃《ころ》、小頃、角中折、中折、小中折の五種類の重量別の区分けをしている。そして、同じ品名でもさらに最上、上、中、下の品位による等級に分けて値段を決めている。表30の「玉鋼」は、おそらく、一塊の重量が二〇〇匁から四〇〇匁の中折鋼、あるいは角中折鋼で、値段から見て、下等に分類されている品種を「玉鋼」と称したものと推察される。以後、海軍工廠への納品に「玉鋼」がしばしば見られるようになった。

また表30中にあるジャミ鋼については、「至テ細物ニテ自然ニ出来候品ニ有之、仮令御注文相成候テモ俄ニ製造致シ候訳ニモ不相成」として、意図して製造できるものではないので、たまたま在庫があるときしか納入できないとしている〔島根県　一九六六、四一一頁〕。

明治十九年といえば、鉄価下落によって、たたら経営が全く成り立たなくなっていた時期にあたる。田部家当主の田部長右衛門は、同年四月二十一日付で海軍省兵器製造所長宛に「鉱物御買上願」を提出している（島根県 一九六六、四一一頁）。その際同時に、島根県令に対しても「御添書之上御進達被成下度」と、「御添書願」を提出している。「御買上願」の具体的内容は、庖丁鉄八〇万斤（四八〇トン）、玉釼（鋼）四〇万斤（二四〇トン）計一二〇万斤（七二〇トン）とあって、表30に示す各請書の数量単位と比較すると、なお在庫が多量にのぼっていたことがわかる。この間の事情を、田部長右衛門は「客年来、屢々兵器局ヨリ鉄鋼御用向御申付相成、御蔭ヲ以幾分販路ノ拡張ヲ覚へ、聊愁眉ヲ開クノ思ヒ有之候へ共、巨大ノ産出額如何スルモ販売シ尽スノ目的相立不申云々」と述べて、大量買い上げを嘆願している。田部家では、そのほとんどがたたら製鉄業に従事している飯石郡の「細民」を救助するために、目前の損失を省みず生産を続けていたという。しかし、表30に示すように、その後も受注量は増えることはなかったようである。海軍の製鋼設備の三トン酸性平炉という規模からみても、原材料の発注量が急増する理由はなかったものと推察される。

また、右記「御買上願」のなかに、田部家では、明治十六年中に三人の従業員を兵器局へ派遣して、品質の基準を学ばせたことを窺わせる記述がある。すなわち、「去明治十六年中、兵器局工場ニ於テ数月職工勤仕候廉モ有之、貴所御需要ノ鉱物品位ノ一端モ粗相心得可申候ニ付、可成適切ノ物品調達仕度候」とある。同様に、絲原家が、鋼と庖丁鉄を明治十七年に海軍省へ納入して以来、当主絲原権造は、「新しい技術を修得させるために技術者を兵器局製鋼所へ送るなどして品質改善にも努めた」という（横田町誌編纂委員会 一九六八、四二五頁）。

田部家の記録（島根県 一九六六、四一七頁）によれば、明治十八年頃は不景気の極に達し、「鉄代前金数万円」を借金したが、景気の快復も到底見込みが立たず、廃業のほかはないと考えていたところ、同二十一年頃より販売が上向いて借財も返済し、どうにか事業を継続したとある。それでも、次第に洋鉄鋼の輸入増加とともにたたら鉄製品の値段が下落して経営を圧迫していたが、「(明治)参拾年頃ヨリ、呉海軍工廠ヨリ雲伯鉄業者へ対シ百万貫内外ノ注文ヲ受、尓来同工廠ヲ唯一ノ得意先キニ致居候得共云々」との記述に見られるとおり、明治三十年より、いよいよ海軍の注文が本格化してきたことがわかる。

(2)　海軍の兵器製造拡大期の納入——絲原家の例

明治二十年代は、海軍工廠において兵器製造技術が蓄積された時代であった。それにともなって、製鋼作業も次第に盛んになり、明治三十年代になると本格的なたたら鉄製品の受注が始まった。それに先立って、製鉄業者間で「賣納同盟契約」が結ばれた。また、呉海軍造兵廠への納入は特約販売店を通して行っていた。さらに、海軍造兵廳の責任者と個々の製品賣納請負人(製鉄業者)との間で、品種、品質、価格、納入条件などを取り決めた契約を交わしていた。ここでは、絲原家文書(島根県仁多郡横田町雨川の絲原記念館所蔵)によって契約の内容と、実際に絲原家が明治三十年十月から同三十五年二月まで納入を請け負った具体的な内容とを示して、分析する。

(2)—1　三家の賣納同盟契約と代理店契約

絲原家文書として残されていた賣納同盟契約書は、島根県仁多郡阿井村の櫻井三郎右衛門より、同郡入川村の絲原武太郎宛となっており、表書きのある包紙に入っていた。そこには、「海軍省江賣納品櫻井自分、近藤三家契約証親展」と記されており、契約書の冒頭には「銘々共製造ニ係ル玉鋼、ジャミ鋼、並ニ庖丁切断鐵ヲ諸管所属諸工廠諸製造所へ賣納方今般申合ノ上三家同盟左ノ各項ヲ締結ス」と述べられていて、契約書の作られた背景がわかる。

近藤家は鳥取県日野郡根雨町の製鉄業者で、櫻井、絲原両家は田部家とあわせて出雲御三家といわれる製鉄業者であった。田部家がこの賣納同盟の中に入っていないが、その理由は不明である。

まず、競争入札と指名注文とにかかわらず、全量を櫻井三八％、近藤三六％、絲原二六％の割合で分担して供給し、品質と価格は三家とも同一とするとしている。この比率は申し合わせの上で決められているので、おそらく当時の生産規模に応じて決められたものと考えられる。

品質は、試験規格によって各自が責任を持って調整し、万一不合格の場合は、各家の責任とするとしている。さらに、納入に要した経費は出荷の割合によって負担すること、契約の期間は締結の日（明治二十八年三月十日）から三年間とするなどを決めている。

以上のように賣納同盟を結んだ三家は、明治二十九年十二月に、呉海軍工廠への製品賣納に関して、やはり三家共同で広島市の平尾雅次郎商店と代理店契約を結んだ。いよいよ本格的な納品を始めるための準備と見られる。その内容は次の通りである。

代理店としての平尾商店は、工廠の購買庁からの受注と、広島へ水揚げされた製品の納品とを請負うこととし、その手数料は五％と決められている。さらに、賣納にかかわる保證金を無利子で立て替えることも契約に含まれている。ただし、賣納品数量不足、品質不合格、および納期遅延の責任などに関しては、賣納同盟契約書の内容と同じであり、契約期間も三年間とされている。

(2)―2　物品供給に関する請負契約書

絲原家文書として直に閲覧した請負契約書は二七枚であった。これらは同家が当時の呉海軍造兵廳および佐世保海軍兵器廳との間で交わしたもので、日付は明治三十年十月から三十五年二月までであった。

明治三十年は、呉兵器製造所内に大型（一二トン）酸性平炉が設置され、砲材の焼入れ装置も増設されて、兵器製造が本格的にスタートした年であり、上記請負契約書にあるたたら鉄製品が、砲熕材料などの兵器製造のために使われたことが想定される。
二七枚の契約書の形式はほぼ統一されているので、日付の最も早いものを代表例として、全文を次に引用する。

契約書

第一条　呉海軍造兵廰長心得山内満壽治ハ左ニ記載スル物品ノ供給ヲ絲原武太郎ニ請負ハシムルニ付キ左ノ条項ヲ契約ス

一、玉鋼　別紙説明書ノ通　壱萬弐千五百基

此請負代價　金壱千参百参拾七圓五拾銭

但シ百基ニ付金拾円七拾銭

第二条　請負人ハ前条ニ記載スル代價ヲ以テ本品供給ノ義務を負擔スルモノトス

但物品荷造費及本契約ニ定メタル納入ノ場所ニ於テ物品領収済マテノ運搬費其他ノ費用ハ総テ請負人ノ負担トス

第三条　本品ハ左記ノ期限迄ニ呉海軍造兵廠ヘ納入スヘシ納入ノ日ヨリ各拾五日以内ニ受渡ヲ結了スルモノトス

但物品領収前ニ生シタル損害ハ官其責ニ任セス

明治三十年十月三十一日　弐千基
仝　十一月三十日　弐千基
仝　十二月二十五日　弐千基
明治三十一年一月三十一日　参千弐百五拾基
仝　二月二十八日　参千弐百五拾基

第四条　契約保證金ハ請負代價ノ百分ノ拾ニ相当スル金百参拾参円七拾五銭ヲ契約締結ノ当日呉海軍造兵廠ヘ納

入スヘシ

（此處ヘ軍事公債証書額面百圓券貳枚）

第五条　請負人本契約ノ履行ヲ全フセサルトキハ契約全部若クハ一部ヲ解除シ其解除ニ對スル契約保證金ヲ官ノ

所得トス

但呉海軍造兵廠長ニ於テ天災若クハ防制スヘカラサル事故ニヨリ契約ヲ履行スルコト能ハサルモノト認

定シタトキハ契約保證金ヲ還付スルモノトス

第六条　本品ハ左ノ方法ニヨリ検査ヲ行ヒ合格ノ上ニテ領収ス説明書ニヨリ分析ス

第七条　検査ノ結果ニ依リ本品ヲ排却シタルトキハ契約ノ全部若クハ一部ヲ解除スヘシ此場合ニ於テハ契約保證

金ハ第五条ニ據リ処分シ排却ノ物品ハ五日内ニ搬移スルモノトス

但時宜ニ依リ呉海軍造兵廠長ハ更ニ期限ヲ定メ代品ヲ納入セシムルコトアルベシ

第八条　請負人納期ニ後レ物品ヲ納入シタルトキ呉海軍造兵廠長ハ時宜ニ依リ之ヲ受領スルコトアルヘシ此場合ニ於テハ延滞日数壱日毎ニ物品代價ノ百分ノ壱ニ相当スル金額ヲ納付スルモノトス

第九条　本品代價ハ現品ノ領収ヲ了リ代價請求書受領後拾五日以内ニ呉鎮守府経理部ニ於テ支拂フベシ

但契約ノ一部解除ノ場合ニ於テ既納物品アルトキハ其部分ニ對スル代價ハ其際仕拂フモノトス

第十条　前各条ノ外ハ明治廿九年三月海軍省告示第三号物品購買賣却規則ニ従フモノトス

右契約ヲ證スル為メ本書貳本ヲ作リ双方署名捺印ノ上各一本ヲ保有スルモノナリ

明治三十年十月十六日

呉海軍造兵廠心得　　山内満壽治　印

出雲國仁多郡入川村大字大谷八百五拾六番地

請負人　　絲原武太郎　印

玉鋼説明書

一、品質　燐　〇・〇一三以下　　硫黄　〇・〇〇六以下

砒素　〇・二以下　　炭素　一・五以下

他金属ヲ含有スルモ痕跡ニ止マルモノタルベシ

二、形状　壱個ノ量参百グラム以上トス

契約書の内容は、まず品名、価格、納期を決め、添付の説明書によって品質規格を示している。その規格による低燐低硫黄の要求はかなり厳しいもので、表28に示したスウェーデン銑規格（〇・〇二五％以下）よりも、さらに低い規格値（〇・〇一三％以下）が示されている。そして、受け入れ検査として納入品の分析を実施し、合格したもののみを領収するとしている。品質規格としては燐、硫黄のほかに珪素、炭素含有率の規格が示されているが、明治三十二年以降には燐と硫黄のみとなり、燐の規格値も〇・〇三％以下から〇・〇二％以下へと緩められ、しかも〇・〇三％までは条件付きで受領するとしている。但し、この場合は代価の減額を要し、その率を規定している。硫黄の規格値は〇・〇〇六または〇・〇〇五％以下で、これについてはたたら鉄製品が問題なく規格をクリアできたためか、緩められることはなかったようである。

また、海軍造兵廠では契約保証金として請負代価の一〇％を納入することを要求し、さらに軍事公債証書の添付も

指示している。ただし、この呉海軍造兵廠での保証金の納入例は明治三十年中の三件のみで、翌三十一年からの契約書にはこの項目がなくなっている。また、一件だけある佐世保海軍兵器廳納入分については、保証金納入が契約に入っており、軍事公債証書の添付は契約されていなかった。

品質が不合格とされた品物については、請負人の責任において廃棄することとし、その際に上記保証金は還付されず、「官ノ所得」とされるとしている。その一方で、代品の納入を認めたり、納期に遅れて納入する場合には遅滞金を取ったり、あるいは燐の規格値も一定の限度を設けて受け入れることが取り決められている。これをみると、海軍では多少条件を緩和しても、なんとしても製品を調達しようとしていたことが窺われる。

(2)—3　絲原家の請負契約書内容一覧

請負契約書の内容を検討するために、先述の二七枚を一覧表にまとめて表31に示す。

まず品種とその契約量についてみよう。庖丁鉄は毎年ほぼ定量的に契約されており、全契約量の五二％を占めている。次いで銑鉄の契約が三〇・九％で、鋼は一七％弱に止まっている。鋼のうち、玉鋼は初め頃の明治三十年と三十一年に集中しており、明治三十三年からは頃鋼の納入が始まっている。玉鋼は人間のこぶし大、頃鋼は頭大といわれるように、両者は大きさの違いで区分されていた。すると、このころになると、形状はやや大型のものでも受け入れられるようになったようである。呉造兵廠に設置された平炉が三トンから一二トンの大容量のものになったことに伴い、全契約量は明治三十一年から急増している。

各品種の価格は漸次高くなっている。庖丁鉄が、一〇〇キログラム当り一一円五〇銭から明治三十四年になると一四円八〇銭になっている。次に高いのは鋼で、一〇円五〇銭から一一円五〇銭になっているが、玉鋼も頃鋼もほぼ同じである。銑鉄は六円五〇銭から八円五〇銭で、一番安い。明治三十四年には、佐世保海軍兵器廠へ庖丁鉄と玉鋼を

表31　絲原家の請負契約書内容一覧

No.	契約日(M：明治)	品　名	数　量(kg)	単　価(¥/100kg)	代　価(¥，銭厘)	品質規格(燐%)	備　考
1	M30.10.16	玉　鋼	12,500	10.70	1,337.50	0.013＞	保證金有
2	M30.10.16	庖丁切断鐵	37,500	11.50	4,312.50	0.013＞	保証金有
3	M30.12.20	鉧　鐵	20,000	6.50	1,300.00	—	保証金有
4	M31.01.14	鉧　鐵	25,000	6.50	1,625.00	0.013＞	
5	M31.06.15	鉧　鐵	37,500	7.50	2,812.50	0.013＞	
6	M31.06.15	庖丁鐵	20,000	12.00	2,400.00	0.013＞	
7	M31.06.15	玉　鋼	20,000	11.50	2,300.00	0.013＞	
8	M31.10.06	鉧　鐵	7,000	7.50	525.00	0.013＞	
9	M31.12.10	庖丁鐵	19,571.9	11.80	2,309.484	—	
10	M31.12.10	玉　鋼	14,000	11.30	1,582.00	—	
11	M32.02.19	鉧　鐵	11,050	7.40	817.70	0.02 ＞	註1
12	M32.04.28	庖丁鐵	42,500	12.00	5,100.00	0.02 ＞	註2
13	M32.07.10	鉧　鐵	50,950	7.50	3,821.25	0.02 ＞	
14	M32.07.10	庖丁鐵	8,000	12.00	960.00	0.02 ＞	
15	M33.01.06	庖丁鐵	30,570	13.80	4,218.66	0.02 ＞	註2
16	M33.02.02	庖丁鐵	15,500	13.80	2,139.00	0.02 ＞	註2
17	M33.02.03	頃　鋼	10,000	10.50	1,050.00	0.02 ＞	註3
18	M33.03.12	庖丁鐵	25,000	13.80	3,450.00	0.02 ＞	註2
19	M33.08.26	庖丁鐵	50,000	13.80	6,900.00	0.02 ＞	註2
20	M34.03.05	頃　鋼	25,000	10.50	2,625.00	0.02 ＞	註3
21	M34.03.05	庖丁鐵	6,250	13.80	862.50	0.02 ＞	註2
22	M34.05.18	庖丁鐵	37,500	13.80	5,175.00	0.02 ＞	註2
23	M34.05.18	鉧　鐵	37,500	7.50	2,812.50	0.02 ＞	註3
24	M34.10.15	庖丁鐵	5,000	15.00	750.00	0.02 ＞	佐世保納入
25	M34.10.15	玉　鋼	5,000	13.00	650.00	0.02 ＞	保証金有
26	M34.11.11	鉧　鐵	25,000	8.50	2,125.00	0.02 ＞	註3
27	M34.11.11	庖丁鐵	25,000	14.80	3,700.00	0.02 ＞	註2
28	M35.02.17	頃　鋼	30,000	11.50	3,450.00	0.02 ＞	註3
29	M35.02.17	庖丁鐵	40,000	14.80	5,920.00	0.02 ＞	註3

絲原家文書の27枚の契約書をまとめ，No.は整理のために付けた．

No.13と14およびNo.24と25は夫々1枚の契約書である．

註1)　分析の結果燐＝0.03%までは受領する．代價の減額率は，①燐＝0.02〜0.025の場合6.7%，②燐＝0.025〜0.03の場合13.5%とする．

2)　分析の結果燐＝0.03%までは受領する．代價の減額率は，①燐＝0.02〜0.025の場合8%，②燐＝0.025〜0.03の場合16%とする．

3)　分析の結果燐＝0.03%までは受領する．代價の減額率は，①燐＝0.02〜0.025の場合5%，②燐＝0.025〜0.03の場合10%とする．

納めており、この契約のみ代価が高いのは、代金に運搬費用の上積みがあったためであろう。

表31の契約内容は、絲原家に関するものであるから、他家の場合の正確な内容は不明であるが、明治三十年から同三十五年二月までのたたら鉄製品の納入量全体を思い切って予測してみよう。先述のとおり、田部家文書には、明治三十年以後呉海軍工廠から雲伯鉄業者に対して、一〇〇万貫内外の注文があったとの記述がある。表31の全量を合計すると約六九三トンで、この絲原家の総量を基準として、三家同盟契約の桜井家および近藤家の納入比率に従って計算すると、それぞれ一〇一三トンおよび九五九トンとなり、三家をあわせた全体量では明治三十五年二月までに二六六五トンの契約がなされたことになる。一〇〇万貫は三七五〇トンであるから、残りのほぼ一〇八五トン程を田部家が納入契約していたと推定しても、不自然ではあるまい。

以上、呉造兵廠に一二トン酸性平炉が設置されて、本格的な兵器製造のための製鋼が盛んになった時期における、原材料としてのたたら鉄製品の納入の状況を述べた。次は呉海軍製鋼所が独立し、二五トン酸性平炉が設置されて、本格的に造艦用の製鋼がおこなわれる環境が整った時期へと論を進めたい。なお雲伯の製鉄業者四家が「鉄材賣納組合」を結成したのはこの時期である。

(3) 造艦拡大期の納入——鉄材賣納組合の例

第一六議会で、製鋼所建設が可決されたのが明治三十五年十月である。それに先立つ四月には、雲伯の製鉄業者、田部、櫻井、絲原、近藤の四家が「海軍用鐵材賣納ニ関スル組合契約」を結び、海軍への鉄材納入体制を整えた。ここでも絲原家文書により、賣納組合契約と、組合の呉海軍工廠への請負に関する契約内容を分析する。

(3)―1　海軍用鉄材の賣納組合契約

この組合結成の目的は、「庖丁鐵、頃鐵、鉧鐵、玉鋼等ノ鐵材ヲ海軍部内ヘ賣納スル」こととされており、組合員は田部長右衛門、櫻井三郎右衛門、近藤喜兵衛、絲原武太郎の四家である。

組合員が製造する鉄材の賣納割合は、呉造兵廠とその他（全体で呉海軍工廠）については平等分担とし、赤羽造兵廠に賣納する場合は田部三八%、櫻井二四%、近藤二二%、絲原一六%を分担することを取り決めている。ここでは、製鋼所を独立させて大々的に製鋼作業を開始した呉海軍工廠に着目する。したがってこの大口需要先に対する納品量も平等分担であり、これには賣納方法と関連があるものと推察される。

賣納に関する一切の事務は、抽選で決められた代表者が持ち回りで行うとされており、代理店を通さなかったようである。代表者の任期は一年で、抽選の結果、順番は第一田部、第二絲原、第三近藤、第四櫻井と決まった。また、賣納に要する費用は各自が負担するものと取り決められている。

品質に関しては、「最モ精良品ヲ撰別シ勉メテ官ノ便益ヲ図ルモノトス」と規定し、一定の試験規格（燐分は〇・〇二%以下）によって賣納することになった。但し、試験規格以外に、さらに低燐の規格注文のあった場合は、売価を三%以上高くして賣納するとしている。

(3)―2　賣納組合の請負契約書内容一覧

四家による賣納組合の請負契約書が、絲原家文書の中に一四枚存在していた。明治三十五年九月から明治四十五年六月までの期間のもので、これらから窺えるものが賣納請負契約のすべてであるかどうかはわからない。契約内容が確実に把握できるこれら一四枚を、具体的な事例として検討してみよう。一四枚の契約書とその契約内容を一覧表にまとめて表32に示す。契約書の形式は先にあげた絲原家と呉造兵廠との間で交わされた契約書に準じるもので、さらに事務的に品名数量などを具体的に表示している。

表31には絲原家の場合のみを示したが、これらは賣納同盟の一定の分担を示す内容であるから、ほぼ賣納同盟の契約内容全体を代表するものと考えて表32の内容と比較できるだろう。

まず、賣納契約量全体を見ると、契約量は明治三十六年から急増する。特に明治三十七年度には全体量が二一五〇トン（四家の平均契約量が約五四〇トン）に及び、最高値を示している。これは、明治三十六年に呉製鋼所内で二五トン酸性平炉二基が稼動したことに呼応した結果であったと考えられる。また、翌三十八年には国産大型艦船（主力艦級）が五隻建造出来ることになった〔山田 一九九七、六六頁〕ことに備え、大量の原材料鉄が購入されたものと推定される。しかし、この二一五〇トンの可鍛鉄は、呉製鋼所が明治三十七年度に生産した鋼一万五四五二トン（表27）に用いた原料鉄の、約二〇％を満たすに過ぎない量であったと推定される。すると、海軍が特殊鋼の原料として低燐銑と共に用いる屑鉄の代わりにたたら鉄を採用するという計画は、達成されなかったことになる。したがって、呉製鋼所は低燐銑ばかりでなく、屑鉄も外国からの輸入に大きく依存していたことがわかる。

次に契約された品種をみると、鋼は明治三十六年以降安定的に契約されて全体量の五〇％を占めているが、玉鋼ではなく頃鋼のみであった。庖丁鉄も安定した需要があり、全体量の約三七％を占めている。鉧鉄は、全体では約一三％弱を占めるが、三十六年、三十七年に集中している。大量の契約があった明治三十七年度には鉧鉄が二五％以上も占めている。このように、表31と表32を比較すると、品種構成比率が庖丁鉄は五二％から三七％へ、頃鋼が一七％弱から五〇％へと変化し、主要品種の全体量に占める比率が逆転している。この事実から鋼生産のために鉧押し法が多用されるようになっていたことが予測される。

明治三十二年から大正五年までの中国地方のたたら製鉄の品種別生産高を表33に示し、さらに参照の便をはかるた

表 32　海軍用鉄材賣納組合契約書内容一覧

No.	契約日 (M：明治)	品名	数量 (kg)	単価 (¥.銭/100 kg)	代価 (¥)	備考
1	M35. 09. 01	庖丁鐵	200, 000	14. 80	29, 600	代表田部長右衛門
2	M36. 06. 03	頃　鋼	300, 000	11. 50	34, 500	代表絲原武太郎
3		銔　鐵	150, 000	8. 50	12, 750	合計 800, 000 kg
4		庖丁鐵	350, 000	14. 80	51, 800	代価計¥99, 050
5	M37. 01. 06	頃　鋼	140, 000	11. 50	16, 100	代表近藤喜兵衛
6		庖丁鐵	100, 000	13. 50	13, 500	合計 240, 000 kg 代価計¥29, 600
7	M37. 01. 06	銔　鐵	200, 000	8. 50	17, 000	代表近藤喜兵衛
8	M37. 02. 21	銔　鐵	20, 000	8. 50	1, 700	代表近藤喜兵衛
9		庖丁鐵	127, 000	13. 50	17, 145	合計 200, 000 kg
10		頃　鋼	53, 000	11. 50	6, 095	代価計¥24, 940
11	M37. 03. 15	銔　鐵	150, 000	8. 50	12, 750	代表近藤喜兵衛
12	M37. 10. 03	銔　鐵	180, 000	8. 50	15, 300	代表近藤喜兵衛
13	M37. 10. 03	頃　鋼	780, 000	11. 50	89, 700	代表近藤喜兵衛
14	M37. 11. 20	庖丁鐵	400, 000	13. 50	54, 000	代表近藤喜兵衛
15	M38. 04. 04	庖丁鐵	400, 000	11. 00	44, 000	田部，絲原，近藤，桜井に安来会社を加えて 5 等分
16	M38. 06. 23	頃　鋼	50, 000	12. 50	6, 250	田部，絲原，近藤，桜井各 11 トン，安来会社 6 トン合計 50 トン
17	M41. 04. 29	頃　鋼	950, 000	7. 00	66, 500	
18	M45. 06. 20	頃　鋼	500, 000	8. 20	41, 000	
19	M45. 06. 20	庖丁鐵	500, 000	11. 16	55, 800	

絲原家文書の 14 枚の契約書（写）をまとめ，No. は整理のために付けた（呉工廠の資材部門の No. が付いているものもあったが省略した）.

品質規格は燐%＝0. 02＞で，分析の結果 0. 03％までは受領するが，代価の減額率を「① 0. 02～0. 025 の場合 5%，② 0. 025～0. 03％の場合 10%」とすると決められていた.

No. 15, 16 にみえる「安来会社」とは，安来にあった「雲伯鉄鋼合資会社」のことと考えられる．同社は明治 42 年に「安来鉄鋼合資会社」と社名を変更した.

め図を添付した。

このグラフによれば、明治三十七年以降は「鋼鉄」の生産量が「庖丁鉄」（錬鉄）を上まわっている。これは、表32における明治三十六年から四十五年までの頃鋼の契約が多いことと併せて、雲伯の製鉄業者が、この間海軍の需要

表33　中国地方のたたら製鉄の品種別生産高

（単位：トン）

年　度	銑　鉄	鉧　鉄	錬　鉄	鋼　鉄	合　計
明治32年	3593	1382	1379	909	7262
33年	5337	1192	1054	938	8458
34年	4597	1258	768	1078	7702
35年	4541	1271	1183	1300	8296
36年	4787	1377	1153	436	7754
37年	3602	1407	1435	1541	7985
38年	2875	1137	1004	2202	7219
39年	3544	1135	1383	1897	7958
40年	4768	885	1086	1897	8605
41年	2584	686	94	939	4303
42年	2642	475	285	170	3572
43年	2205	475	20	912	3610
44年	2612	431	160	739	3942
45年	2055	458	121	1131	3765
大正 2年	2858	385	592	234	4069
3年	2465	419	148	1321	4353
4年	3664	173	1168	42	5047
5年	5075	312	1167	402	6956

山田賀一「中国に於ける砂鐵精錬」（1918年，38頁）を参照して作成.

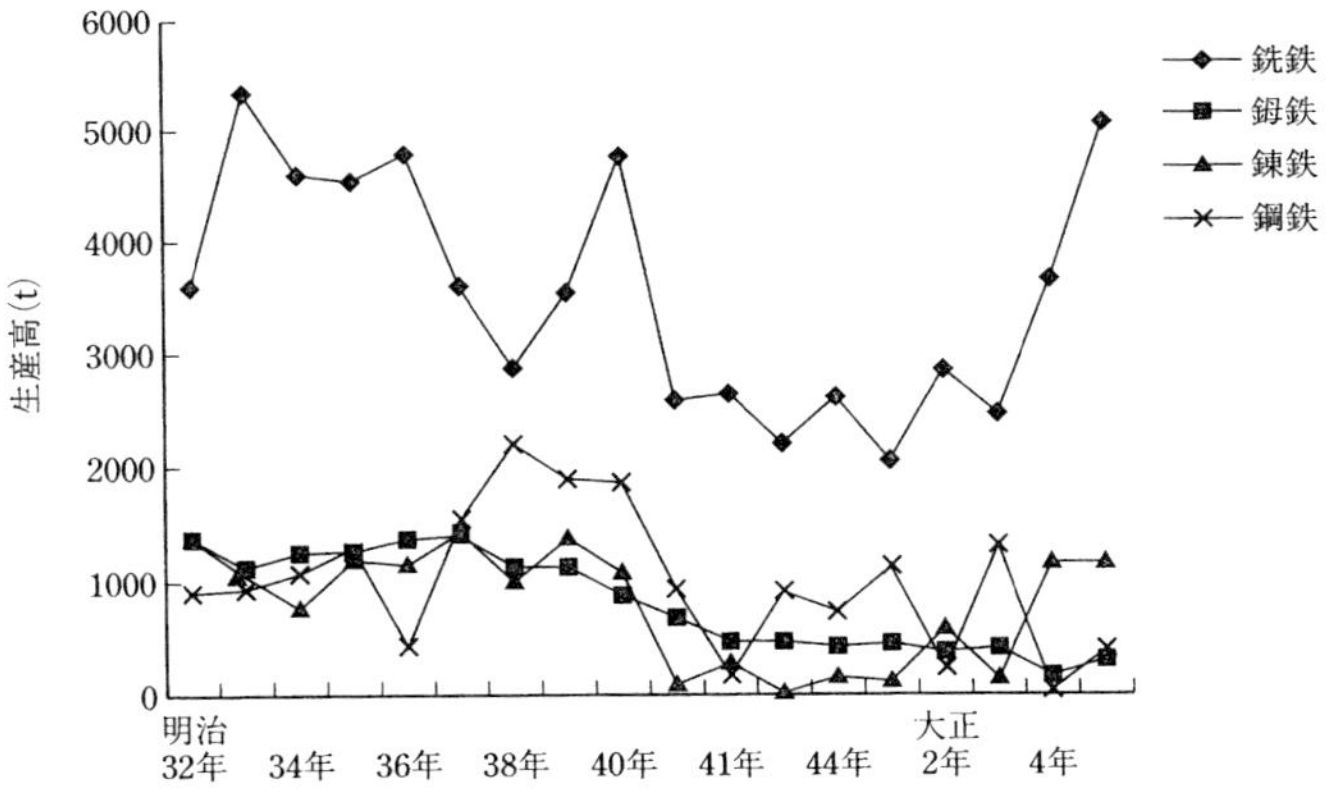

に応じようと、必死で鋼《はがね》の生産に励んでいたことを裏付ける資料だといえる。

最後に価格を見よう。まず表31における一〇〇キロ当りの最高値は、頃鋼が一一円五〇銭、包丁鉄が一四円八〇銭、鉧鉄が八円五〇銭であり、表32の明治三十六年まではこの価格が保たれている。翌三十七年の頃鋼と鉧の値段はそのままだが、包丁鉄は一三円五〇銭となり、さらに明治三十八年には一一円に低下して、頃鋼と値段が逆転している。包丁鉄の値段には大鍛冶での加工賃が繰り入れられているので、通常なら鋼より値段が高く取引されて当然なのである。

ところが頃鋼も明治四十一年には七円、四十五年には八円二〇銭という異常な安値で契約されており、三十七年に契約された鉧鉄よりも安くなっている。鉧塊からわざわざ鋼を選りだしても、高い付加価値を活かして高値で販売できなければ、製鉄業者の経営は成り立たない。この間の事情は、先に挙げた田部家文書にも、「四十年度ヨリ又々不景気ニ陥リ、工廠納メモ燐分多量ノ口実ノ下ニ半額迄値引ノ強請ヲ受ケ、泣々捨売致候様ノ成行ニ相成」（島根県　一九六六、四一七頁）とあることからも明らかである。その結果、田部家では次々とたたら場や大鍛冶場を休業または廃業して、経営を縮小するほかはなかったようである。

以上表32の賣納組合の請負契約書の内容を検討したが、納入実績はどうだったのか。それを推定できそうな資料が「明治三拾七八年度海軍納」（島根県　一九六六、四一六頁）と題する田部家文書の中に見られる。この史料は、明治四十二年に飯石郡役所からの照会に田部家が回答したものである。この中から呉海軍工廠への納品の実績をみると、包丁鉄一〇三一トン（代価一〇万一八四〇円）、頃鋼七二七トン（八万三六三六円）、鉧鉄四百六トン（三万四一五九円）である。おなじ明治三十七年と三十八年の契約を表32から合計してみると、包丁鉄一〇二七トン（一二万八六四五円）、頃鋼一〇二三トン（一一万一八九五円）、鉧鉄五五〇トン（四万六七〇〇円）となる。この結果をみると、包丁鉄は契約量よりもやや多く納入しているが、頃鋼と銑鉄は逆に低い実績になっている。代価から単価を計算してみると、頃鋼と銑鉄は契約価格と売価がほぼ一致しているが、包丁鉄では契約（一一円八〇銭から一一円）よりだいぶ低く、九円八七銭であった。

日露戦争が起こると同時に、海軍の諸工廠からの注文が増加し、特に呉工廠からの注文は明治三十七年に急増した。一方、製鉄業者側の事情は、増産しようにも労役者不足という状況だった。それは鉄山の労役者が軍に徴集されたり、高賃金の呉工廠や九州の炭坑へ出稼ぎに向かったためであった。製鉄業者は、仕方なく収支を度外視して、高賃金で労役者を集めて製造力を確保したという。それでも契約量を満たすことが出来なかったものと思われる。そして包丁鉄の単価が異常に低くなっているのは、低燐の規格を満たすことが出来なかったために買い叩かれた結果と推定される。たたら鉄は本来低燐の性質をもっていたので、海軍がそれに目をつけたのではあるが、すべての製品が厳しい燐含有量規格に合格するわけではなかった。たたら製鉄にとっての主力製品であり、一般市場では一番価格の高い包丁鉄であっても、海軍工廠では「低燐」の一点に品質要求を絞っていたので、このような異常に低い価格での取引となったのであろう。

この厳しい低燐規格（〇・〇二％以下）に合格するために、たたら製鉄業者がどのような対策をとったのか、次の項で明らかにしたい。

2　原料鉄の低燐化への挑戦

武信謙治氏は、明治三十五年に中国地方の砂鉄製錬事業の調査結果を報告しているが、その中で、呉海軍工廠が原料鉄材として中国地方産の鉄材を採用することを約束したと、次のように述べている〔武信　一九〇二、七〇八頁〕。

表 34　中国地方の砂鉄の特徴

種類	母岩	産地	成分・外観・不純物
真砂	花崗岩	（中国山地北側） 伯耆国日野郡 出雲国仁多郡 出雲国飯石郡 石見国邑智郡	主として磁鉄鉱 （赤目より熔解しにくい） 大粒で黒みがかっている 燐・チタン分が少ない
赤目	赤粘土質 角閃花崗岩	（山陽道に面する地方） 安藝・備後・備中	磁鉄鉱中に褐鉄鉱，赤鉄鉱混入 （比較的熔解しやすい） 小粒で多少赤みがかっている 燐・チタン分がやや多い

山田賀一「中国に於ける砂鐵精錬」（1981 年，348 頁）を参照して作成.

幼稚ナル自然製錬ノ鐵ハ世界ニ有數ノ鐵材トシテ呉製鋼所ニ歓迎スルコトトナリタリ呉造兵廠長山内満壽治氏ハ親シク実地ヲ視察シ近藤製鉄所及外數名ニ約シテ呉製鋼材料タラシメンコトヲ期セリ

しかし、海軍工廠製鋼所は特殊鋼の原料特性としての低燐性の確保をたたら鉄製品に厳しく要求した。先述したように、海軍は賣納契約の中で燐の含有量を最終的に〇・〇二％以下と規定している。表28で示したとおり、本来の海軍規格は〇・〇三％で、スウェーデンの木炭銑に対してはこの規格を適用していた。たたら鉄製品も〇・〇三％までを上限として受け入れたのだが、その場合には細かく値引きの巾を決めていたことは、すでに述べたとおりである。また、すべてのたたら鉄製品が、この厳しい低燐性の要求に適応できたわけではなかったのである。

ここでは、原材料砂鉄と各種製品について燐含有量の説明をした後、製鉄業者が製品の低燐性を確保するためにいかに努力したか、具体例を示して論じる。

(1)　二種類の砂鉄

砂鉄については第二章で述べたが、ここでは「低燐鉱」の観点から再度とりあげる。

俵国一氏は砂鉄について概略次のように説明している〔俵　一九三三、一〇頁〕。中国地方では砂鉄を小鉄《こがね》といい、さらに砂鉄の性質によって真砂小鉄《まさこがね》、赤目小鉄《あこめこがね》の二種類に分けていた。両方とも主成分は磁鉄鉱だが、成分および外観の違いは母岩の質の相違による。砂鉄の採取現場では、母岩の種類をみるほか、砂鉄の粒の大小や色を観察したり、手の中で摩擦してみたりして二つの砂鉄を区分していた。これら二種類の砂鉄の特徴を表34に示す。

磁鉄鉱の成分比がより大きい真砂は赤目より熔融し難く、鋼が直接できる鉧押に用いられ、加えて燐分も〇・〇五％程度と低いので、低燐銑を目的とする銑押にも用いられた。一方、赤目は褐鉄鉱や赤鉄鉱を含むので熔融し易く、もっぱら一般の銑押法の原料とした。また赤目は通常〇・一％以上の燐分を含むので、同じ銑押法で造られても、山陰の真砂白銑*はほとんどの場合燐含有率が〇・〇五％以下であったのに対し、備後や安芸地方の赤目を原料とする銑鉄には、その比率が〇・二％に達するものが時々あった〔山田 一九一八、三七三頁〕。

＊銑鉄には鼠銑と白銑の二種類がある。鼠銑とは、銑鉄中に黒鉛が出来ていて、破砕面が鼠色を呈するものである。黒鉛は、鉄中に多量の炭素と同時に硅素があると発生する。黒鉛がなければ破砕面は白いので白銑という。砂鉄は硅素量の少ない原料であり、しかもたたら炉の温度は溶鉱炉（高炉）のように高温にならないので、硅素を還元するだけの能力がなく、白銑鉄が出来るのである〔俵 一九一〇、一一一頁〕。

表35　大正7年頃のたたら操業例

操業法	原料鉄（貫）	木炭（貫）	製品（貫）	合計（貫）	歩留（%）
銑押法	砂鉄6,100	5,150	白銑 1,625	1,625	44
溜吹法	〃 5,340	4,250	除燐銑鉄 1,260 包丁鉄原料 90 鉧 150	1,500	46
鉧押法	〃 4,750	4,250	鋼 480 鉧 300 銑鉄 600	1,380	48
大鍛冶	白銑1,350 鉧 150	1,300	包丁鉄 912	912	61

山田賀一「中国に於ける砂鐵精錬」（1918年，371～380頁）を参照して作成．
註）銑押法および鉧押法の数字は平均値．歩留りの計算は，鉧操業の場合，砂鉄の品位を60％として計算している．

表34に示すとおり、低燐製品に適している真砂の産地はほとんど限定

表36　たたら製品の燐量分析例

製　品	生産者・製　品	燐　量 (%)	分析結果出所
白銑鉄	伯　耆(近藤家)	0.043	俵博士
	〃	0.033	〃
	出　雲(田部家)	0.043	大阪博覧会審査報告
	安藝産	0.150	広島鉄山
除燐銑鉄	伯　耆(近藤家)	＊0.005	呉海軍工廠
	〃	＊0.009	〃
	〃	＊0.016	〃
鋼	伯　耆(近藤家)鋼	＊0.014	俵博士
	〃　玉　鋼	＊0.008	〃
	〃　白　鋼	＊0.011	大阪博覧会審査報告
	〃　頃　鋼	＊0.021	〃
	出　雲(田部家)鋼	＊0.018	〃
鉧	出　雲(櫻井家)鉧	0.040	大阪博覧会審査報告
錬　鉄	伯　耆　包丁鉄	＊0.013	俵博士
	安　藝　包丁鉄	0.081	広島鉄山
	伯　耆(近藤家)包丁鉄	0.101	大阪博覧会審査報告
	〃　包丁鉄	0.063	〃
	出　雲(田部家)包丁鉄	0.031	〃
	出　雲(櫻井家)包丁鉄	0.060	〃
	出　雲(絲原家)包丁鉄	0.045	八幡製鉄所
	出　雲(田部家)包丁鉄	＊0.019	〃
	〃　包丁鉄	＊0.026	〃

山田賀一「中国に於ける砂鐵精錬」(1918年，373～382頁) を参照して作成.
記号＊は，海軍規格（燐量0.03%>）に合格する数値である.

されていて、それを原料とする鉄山師は、伯耆国日野郡には近藤家が、出雲国仁多郡には桜井家と絲原家が、そして同じく飯石郡には田部家があり、いずれも軍需に対応する低燐製品を製造していた。

(2)　大正七年頃のたたら操業

山田賀一氏は、大正七年一月に近藤家の鈩《たたら》場と大鍛冶場でたたら操業状況全般の実態調査を行った。その調査結果の要約をまとめて表35に示そう。

表35中の鈩は吉鈩、菅福鈩、砥波鈩を調査したものであり、また大鍛冶は福岡山鍛冶場である。たたら操業は一代《ひとよ》（一工程）の操業結果を示し、大鍛冶操業ではあるまとまりの作業結果を示すものである。通常大鍛冶の一日の精錬作業では、包丁鉄約五〇貫を製造することが出来、さらに蒸汽鎚を使用すると製造量を一〇〇貫またはそれ以上に増やすことが可能だったという。なお、たたら操業法の「溜吹法」とは低燐銑製造法のことで、詳細は後述する。

山田氏による各製品の分析表から、燐の含有量の項目のみを取り出し、まとめて表36に示す。

まず、この表の各製品の製造年代を推定しておこう。分析者「俵博士」とあるものは、俵国一氏がが明治三十一年頃に分析したものである〔俵 一九三三、八六・一二二頁〕。大阪博覧会審査報告の資料は博覧会の開催された明治三十六年直前の、また八幡製鉄所分析とあるものは明治三十八年以降のものであろう。そして、後述する除燐銑鉄の分析値は明治四十一年以降のものである。

表中（＊）を付した数値は、燐含有量が海軍規格〇・〇三％に合格する値である。この表では鋼がすべて合格し、包丁鉄はほとんどが規格外ということになる。これは、明治三十六年以降、海軍が包丁鉄より鋼の方を多く契約した事実を裏付けるものと考える。包丁鉄の燐含有量が多いのは、その原料となる銑または鉧の燐含有量が多いからであった。したがって、たたら製鉄業者は海軍規格に合格するために、包丁鉄の原料となる銑の燐含有量を低下させることと、包丁鉄の製造方法をも改良することの必要に迫られたのである。次に、その除燐法について述べる。

(3) 除燐法の開発

除燐法には、精錬過程（包丁鉄を作る大鍛冶作業）で行われるものと、包丁鉄の原料となる銑製造の製錬過程で行われるものの二種類がある。また、銑鉄の製造方法にも旧来の釽で行われる銑押法と、明治末期に広島で開発されて雲伯地方に伝えられた角炉法とがある。ここでは、釽、大鍛冶炉、角炉の順に、それぞれの場で行われた除燐法について述べる。

(3)―1 「銑押し」における除燐法

野呂景義氏は、近藤家が熱心に事業全般の改善に努力していることを紹介し、「（近藤家が）汽力、水力を利用して人力を省き或いは除燐法の研究により製品の品位を高め或いは半製錬鉄を造り平炉製鋼の原料に供給し以て製品の販路を広むるなどその成功少なしとせず」と述べている〔野呂 一九一五、一五一頁〕。

また、明治工業史（鉄鋼編）は、近藤家の製鉄所五ヶ所（福岡、菅福、吉鑪、谷中、新屋）の設備を詳しく紹介している〔日本工学会 一九九五、鉄鋼編、七八頁〕。いずれも「水車鞴を備え、福岡製鉄所には汽鎚三個および蒸気鎚を一個設備」していたという。さらに、明治四十年頃には新屋製鉄所に「角型五廐高炉」を設置して、「爾後砂鐵吹きには概ね此の爐を使用するに至れり」としている。そのうえで、除燐法に関しては「明治四一年頃、近藤家の製錬所に於て武信謙治の行った除燐銑鉄を製造する方法を採用した」と述べている。その武信氏は、次のように技術論文誌に発表している〔武信 一九一八、七二四頁〕。

近藤製鐵場に於て發明したる燐除銑鐵の如きは需要增加に付き今や已に吉鑪、菅福、谷中、砥波の四箇所の製鐵場に於て製造するものなりしか、その方法は柄實中の鐵の酸化物か鹽基性なるを利用し爐の一部を改造して柄實溜りの層を厚くしいわゆるスラッグ漉し作用を為さしむるにありて、この場合に生する白銑鐵中の燐分は僅かに萬分の二以下に下降するに引替へその柄實中に含める燐分の量は千分の三以上となるものなり以て除燐作業の効果の著しきを推知せらるゝなり。

これが、表35に示した溜吹き法であって、山田賀一氏がおなじ技術論文誌に、より具体的な説明を発表しているので〔山田 一九一八、三七三頁〕、次にその内容を要約して紹介する。

砂鉄は真砂を使い、炉底のくぼみを通常の約五倍に増大し、鉄滓溜めの層を厚くすることによって、鉄滓を強い塩基性にしておき、炉の上方から滴下してくる熔けた銑のすべてを、その熔けた鉄滓の厚い層を通過させるのである。すると、銑鉄中の燐分が熔滓に吸収されて、銑鉄の燐含有量は〇・〇〇二％以下になった。また、普通は四〜六時間で出銑させるのを、この場合には九時間以上も出銑せずに炉底に溜めておいて、品質を一定にした。ただし、この方法でも、印賀地方に産するような良質の、すなわち本来低燐成分の砂鉄を用いないと成功しなかったという。

近藤家では、明治四十一年頃から低燐銑鉄を生産したが、低燐銑製造に踏み切った動機を書き残している〔近藤一九二六、一六頁〕。それによると、日露戦争後の物価の上昇にあわせて労賃が高騰した結果、鋼の製造原価も上昇し、ますます輸入鋼に対抗できなくなった。こうして折角「順良な成分」を持つ真砂を産出しながら、そのままでは廃業せざるを得ない所にまで追い込まれた。そこで、当時スウェーデンから輸入していた低燐銑鉄の代用品を製造することに活路を見出そうとしたのだという。近藤家は必死に真砂の製錬方法を研究し、その甲斐あって低燐銑鉄を市場に出すことができた。販路の開拓にも鋭意努力し、大正三年に至って、従来の鉧押法のたたらを全部低燐銑鉄の製造に充てるように生産体制を変更したという。つまり、近藤家では上述の新屋製鉄所に設置した角炉で一般銑鉄を製造し、旧来のたたら炉ではすべて低燐銑鉄を製造したということで、鋼の生産は殆ど行われていなかったものと考えられる。

以上近藤家の場合を具体例として示したが、明治工業史（鉄鋼編）には田部家の製品群の中にも低燐銑鉄が含まれていたとの記載があるので、他家でも近藤家同様何らかの除燐処置がとられていたものと推定される。

(3)―2　大鍛冶作業における除燐法

まず燐含有量が多いとされていた広島鉄山の例を検討しよう。広島鉄山では、コスト削減のために、砂鉄の代わりに鉄滓（鉄含有量約四〇％）を原料とした製銑法である「鉄滓吹き」を行っていた。広島（安芸・備後）地方の赤目砂鉄には燐が多く含まれていることは既に述べたが、その鉄滓の燐含有量はさらに多く、したがって鉄滓吹きの銑を原料とする錬鉄は品位が劣ることは当然であった。野呂景義氏が広島鉄山の水谷工場で鉄滓吹き銑の除燐試験を行い、好結果を得たと自ら次のように報告している〔野呂一九一五、一五〇頁〕。

其方法は極めて簡単にして鹽基平炉と等しく鍛冶床を苦石灰若しくは石灰にて作り左下吹及仕上吹の作業中砂鐵或は砂鐵と石灰末の混合物を加装するにあり即ち其目的は（一）酸化鐵に富みたる鹽基性の鐵滓を造り以て除燐を促す事（二）鎔流し易き鐵滓を造り鎚打の際容易に製品と分離せしむる事（三）製品の歩留を増進することにあり此の方法に依り製造したる錬鐵は其質純能く坩堝鋼の原料に適す。

これは、まず鍛冶床（炉）を耐アルカリ性の材料で作り、精錬作業中に砂鉄あるいは砂鉄と石灰末の混合物を加える方法である。つまり、砂鉄の表面にある酸化鉄が本来塩基性（アルカリ性）であることを利用し、その塩基性を高めるためにさらに石灰を加えるのである。大鍛冶作業で精錬するとき、銑がこのアルカリ成分に触れると除燐が促進される。したがって、前述の「銑押」の除燐法と原理はおなじである。ただし、この坩堝鋼の原料に適した錬鉄製造法は広島鉄山では採用されなかった。明治三十七年に広島鉄山は民間に払い下げられ、その鳥取県米子町所在の米子製鋼所で採用されたのである。

野呂氏の実験は鉄滓吹きの例であるが、砂鉄吹きの銑を原料とする大鍛冶作業でも、同じ化学反応原理で除燐法が行われた例を、近藤家の包丁鉄の除燐法に見てみよう。それは「大鍛冶作業に於て、旋削屑を混和して鹽基性鐵滓を生ぜしめ、以て、其の燐分を排除する」という方法であった（日本工学会 一九九五、鉄鋼編、八〇頁）。この現場を大正七年に調査した山田賀一氏は「現今多くの左下場作業には燐を除去する目的にて原料白銑に對し四％内外の石灰を用ふ。尚これに砂鐵若しくは酸化鐵（ハンマースケール）の少量を混し結果良好なりという」と述べている。また、本場作業についても、「此際にも石灰を地金の六％内外砂鐵若しくは酸化鐵（ハンマースケール）の少量を混して用ひ、結果頗る良好なりと云ふ」と記述している（山田 一九一八、三七九頁）。以上により、除燐法の基本はアルカリ性の鉄滓に燐分を吸収させる工夫であることがわかる。ただし、この場合の分析値は示されていない。

(3)—3　低燐銑鉄を製造した角炉

山田賀一氏の調査結果〔山田　一九一八、三八五頁〕によって判断すれば、「出雲国仁多郡阿井村櫻井三郎右衛門所有の槇原製鐵場における角炉」の製品は、まさに低燐銑鉄である。この桜井家の角炉の製品を呉海軍工廠で明治四十三年に分析した結果、燐含有量は〇・〇一二〜〇・〇二％（サンプル数七個）の範囲にあり、平均〇・〇一五％である。

角炉は明治二十六年頃広島鉄山で開発された製銑炉であり、雲伯の櫻井家や近藤家は明治四十年頃にこれを採用した。広島鉄山の小花冬吉技師は、明治十九年頃から洋式製錬法を加味した新しい製鉄法の開発に取り組む。そして鉄滓を原料とした鉄滓吹きを目指して、丸炉や角炉を設計し開発に着手した。その業務は黒田技師に引き継がれ、明治二十六年に落合作業場に角炉が建設された。後に、雲伯の製鉄業者がこの角炉技術を導入して、砂鉄を原料とする銑鉄の増産を図ったのである。黒田式の新式角炉をそのまま採用した他に、在来のたたら炉の背を高くして、新式角炉に似せて改良した旧式角炉もあったようである〔大橋　一九七五、三〇四頁〕。

櫻井家の槇原製鉄場の角炉は、在来の槇原鈩の基礎の上に築いた黒田式角炉であった。山田氏の槇原製鉄場の調査の内容を次に要約する。炉の高さは一一尺（約三・三メートル）で、炉壁に耐火煉瓦を用い、炉の内部には厚さ二寸の粘土を塗りつけてあった。また、炉には熱風装置が設置してあり、送風には水車鞴が採用されていた。原料は洗いの程度を加減した真砂で、砂がかなり混ざったまま十分に乾燥させてあった。そして、燃料の木炭とともに少量の石灰石を装入していたという。作業は熱風装置を約一時間稼働して炉に予熱を与えてから銑鉄屑を少量投入し、それが溶融して炉底に滴下してくるのを待って、木炭、砂鉄、石灰石をそれぞれ一六貫、二〇貫、〇・八貫の割合で装入し始めた。石灰石と銑鉄屑を投入する操作は塩基性鉄滓による除燐効果を期待することができる。

以上、本項では、海軍工廠の厳しい低燐性要求に対応するために、たたら製鉄業者が様々な技術の開発や改良を試み、製品の燐含有量を極限近くまで低減させる努力をしていたことを明らかにした。

山田賀一氏が中国地方のたたら製鉄の実態を調査した大正七年は、第一次世界大戦による鉄鋼需要増大の余燼がまだ感じられる最後の年に当っていた。その後間もなくたたら製鉄がほとんど一斉に消滅していったのだが、その過程を次の項で追うことにしよう。

3　たたら製鉄の終焉

日露戦争明治三十七年（一九〇四）、および第一次世界大戦大正三年（一九一四）によって、鉄鋼の需要が一旦急増し、それぞれの戦争の後に訪れる不況のために鉄価が激落するという、極端な好不況の波にたたら製鉄業は翻弄された。

一方、明治四十年代の列国の建艦競争が激化する中で、日本海軍も砲熕技術の国産化から軍艦の国産化を行って、ひたすら列強の仲間入りを果たそうとした。しかし大正十一年二月、ワシントン海軍軍縮条約が調印されるに及んで、軍需は一気に後退した。そのため、たたら製鉄業も民間製鋼企業も共に大きな打撃を受けた。その直後、主要たたら製鉄業者は次々にたたらを廃業して製炭業へ進出したのである。

本項では、たたら業者が戦争による好不況の後に翻弄されながら、大正十一年のワシントン軍縮条約による決定的な打撃を受けて廃業に至るまでの過程を追いながら、それぞれに独自の対策をとらざるを得なかった民間製鋼企業の状況についても言及する。そして最後に、たたら製鉄業者が揃って製炭業へ進出した背景について論述する。

(1)　日露戦争後のたたら製鉄

日露戦争中の海軍への製品納入状況については、すでに田部家の史料「明治三十七八年度海軍納」によって論じたが、ここでも、たたら製鉄全般についての当時の状況を知るために再びこの史料の引用部分の続きを参照したい。海軍からの注文の額が大きかったので、田部家では不足していた労役者を「収支度外視」の賃金を払って集め回り、漸く需要に見合う生産を達成した。しかし、次には輸送方法が大きな問題となった。日本海に出没する敵艦隊の脅威を理由とし、各汽船会社が境港からの積み出しを中止したために、呉工廠から「御用船ヲ派遣シ積取ヘクニ付出来得ル丈ケ多数ニ搬出可致トノ事」となったという。

ところが、こうした活況も短期間のことで、戦後には忽ち不況となる。そして次の第一次世界大戦による膨大な需要増を見るまでの間、またまた苦しい経営状態が続いた。

続いて、別の田部家文書〔島根県 一九六六、四一七頁〕からその具体的な経過を見てみよう。市況は明治四十年度より不景気に陥り、海軍工廠に納めた製品については、「燐分多量ノ口実ノ下ニ、半額迄直引ノ強請ヲ受ケ、泣々捨賣致候様ノ成行ニ相成」り、その結果、田部家の数十ヶ所に及ぶ鈩や大鍛冶屋を減少せざるを得ない状況となった。さらに不景気は続き、田部家では、大正四年一月より「鈩鍛共半稼ニ減シ召抱人別モ過半解雇致ス」という状況になった。

ところが、それに続く時期には、今度は「欧州戦乱」が鉄市場を激変させたのである。第一次世界大戦による鉄類輸入禁止と同盟国への武器輸出は、たたら製鉄にとって一時的ではあったが、まさに最後の炎を高く燃え上げさせる好況をもたらした。右にあげた田部家文書は、次のように続けられている。「諸工廠ノ注文続々到リ、直段モ順次騰貴ノ結果、大正四年迄ノ堆積品約壱万弐千駄ノ内、九千五百駄ハ五年度ニ於テ売尽シ」た、と。

そして、翌大正六年には「枝光製鉄所ヨリ、雲伯組合へ対シ鉄鋼銑鉄ヲ合セ二千八百屯宛三年継続ノ注文ヲ受ケ」

た。つまり、この時には、八幡製鉄所も原料鉄をたたら鉄に求めたことがわかる。さらに、東京造兵廠と大森製鋼所からも、やはり雲伯組合に対してとみられるのだが、それぞれ一五六〇トンの注文があった。この注文に対して、田部家は「造兵廠は数十年来の得意先ニモ在之」であると一五〇トンだけ引き受け、一方大森製鉱所に対しては全部謝絶したとある。しかも「呉工廠ヨリモ、製産年額調査等申越候得共、製産額ハ既ニ契約済、余量ナキヲ以テ断置候」と記されていて、呉工廠の要求も、すで生産額はすでに契約済みで、もうそれ以上は在庫がないからと断っているのである。先述のとおり、田部家は運悪くこの大需要の舞い込む直前に鈩や大鍛冶を半減し、従業員の大半を解雇しているので、利益を得る千載一遇ともいうべきチャンスを逃している。史料には「今更繰返シノ要ナキモ、半稼ヲ一ヶ年延期シ置カハ、此好機ニ際シ多数ノ利益ヲ見ル事ナランニ惜哉」と、無念な思いを書き残している。

このように、大正五年以降七年までは鉄価が暴騰した。その結果、たたら製鉄業者は「収支ヲ償ヒ、既往稀ニ見ル利益ヲ獲得」した。しかしながら、この直後にまた不況を迎えるのである。そこに到るこの間の島根県のたたら鉄の浮沈を、柳浦文夫氏は次のように述べている〔柳浦　一九七一、四九頁〕。

明治四〇年以降、第一次欧州大戦中期大正六年までは、細々と二〇万から四〇万貫程度の生産が行われていたが、大戦末期の好況を迎える大正七年には、六年の一〇倍以上の三百五四万五千貫という、明治以降のたたらの統計史上空前絶後の生産を上げたと思うや、それも束の間八年には半減して、百八七万四千貫、しかも九年には四〇万貫台に急減し、以下急速に最後の終止符に向かって大正一〇年五七万六千貫、一一年九万九千貫、一三年二万一千貫、を経て一四年三百貫で、神代以来、わが国の鉄生産を長く支えてきた島根のたたらの火は遂に地上から火を消してしまう。

柳浦氏がここに引用しているのは島根県のみの数字（生産量）ではあるが、業界全体の衰退状況を十分に推し量ることが出来よう。

(2)　ワシントン海軍軍縮条約のたたら製鉄業への影響

まず、ワシントン海軍軍縮条約の締結が軍艦の建造計画に直接及ぼした影響を見よう。当時、装甲板の研究に当たっていた佐々川清氏の回顧によれば、巨艦が次々に完成された大正十年から、一転して次のような事態を迎えた〔佐々川　一九六七、一一二一頁〕。

各国の軍備競争に対応してわが国でもいわゆる八‐八艦隊計画が出来、これにより建艦に着手したものに四万トン級の戦艦加賀、土佐、巡洋戦艦の天城、赤城があった。このうち加賀、土佐は装甲鈑の製造も完了、艦に取り付けられた。しかし軍拡の競争に耐えかねた結果は、大正十年（一九二一）のワシントンにおける軍備縮少会議となり、その結果、加賀、赤城は航空母艦に改造され、土佐はむなしく、亀ヶ首射場における、実験射撃の標的に使用されるに至った。

その結果、海軍の鉄材料の需要は激減し、たたら製鉄業者はもちろんのこと、それまで鉄材料を供給していたすべての会社は大きな影響を被った。すなわち特殊鋼を供給していた民間の製鋼会社、各種軟鋼材を供給していた官営八幡製鉄所、低燐木炭銑の生産が漸く軌道に乗って「純銑鉄」の供給を始めた大倉鉱業山陽製鉄所などの名を挙げることができる。次にその影響を受けて、たたら製鉄業がどのように変化していったかを見ていく。

再び、島根県田部家の大正十三年三月の記録、「製炭事業開始ニ就テ」〔島根県　一九六六、四二三頁〕を見よう。田部家は、当時やっと持ちこたえていた菅谷鈩、大吉鈩、杉谷鍛冶屋、芦屋鍛冶屋の四ヶ所は大正十二年度末をもって「断然廃業して木炭専業に従事ス」という結論に達した。その理由として次の四項目が挙げられている。

(一)　世の進歩ニ伴ひ製鉄術之進歩著しく従来行ひ来候姑息の方法等ニてハ如何ともする能はす
(二)　最近治水問題、日に増八釜敷相成、之レカ為め原料たる砂鉄ノ採取容易ならさる事ニ相成
(三)　殊ニ欧州戦乱の打撃（世界の平和と同時ニ各国とも軍艦を制限し日本在来の艦艇も若干砕廃爾来造船部を始め一般需要無きに至ル）を受、販路頓《にわか》に塞かり
(四)　反対に木炭等の価格騰貴し、到底収支相償はさる事と相成

すなわち、技術進歩には追随できず、原料の砂鉄は鉄穴流しによる治水への影響から採取が難しくなり、木炭も高騰して収支が成り立たず、その上軍縮条約によって販路を急に絶たれたのでとても経営を継続出来ないと述べているのである。そして、大正十年頃に普通木炭の製造試験にも着手したことに触れて、いよいよ木炭製造に乗り出すことを宣言している。

なお、同じ島根県の絲原家は、既にワシントン軍縮条約の締結以前、大正九年に製鉄業を廃止した（横田町誌編纂委員会 一九六八、五三七頁）。

次に鳥取県日野郡の近藤家の史料『日野郡に於ける砂鐵精錬業一班』から砂鉄製錬業の終結について取り上げる。この史料は大正十五年に近藤家当主喜兵衛の子息、壽一郎氏が日野郡史の編纂に当たって依嘱されて書いたものである。壽一郎氏はたたら製鉄経営からの撤退の理由を冷静に分析している。それを次に要約する。

(一)　明治維新後、「砂鉄精錬業」は海外貿易の自由化によって国内での競争から、世界の競合へと移行した。
(二)　海外貿易は年々盛んとなり、安い洋鉄が洪水のような勢いで日本市場へ流入した。それに対抗するために原価を抑え、水力や蒸気力の利用をはかり、工場規模を拡大して合理化に努めた。
(三)　しかし近代製鉄業では、原料は豊富な鉄鉱石を、燃料は安い石炭を用いることになっているが、砂鉄は微

粒であるため新式の溶鉱炉で操業することが出来ない。溶鉱炉で製錬すれば鉄分のほとんどを銑鉄として取り出せるのに対して、鉧による製鉄では原料中の鉄分の過半を鉱滓中に逃してしまう不利益がある。

(四) その上、現代の製鉄業は年額数十万トンを生産する大規模経営が必要であるにもかかわらず、「砂鉄精錬」では最大年産額一万トンにすぎない。これでは到底外国の鉄と競争できない。

(五) 欧州戦乱が終わり、昨今の物価指数は急激に高くなり、経営はいよいよ困難をきたした。

(六) 一方、鉄道(伯備線)が日野郡に向かって延長され、林業の経営が有利となった。この機を逸することなく、製鉄業を廃止して市場向け木炭の製造を開始することに決定した。

以上近藤壽一郎氏の分析は当時のたたら製鉄業の位置づけを的確に言い表している。近藤家は、新しい技術や装置の取り込みに積極的で、熱心に新進の技術者との交流も図っていた。それゆえに、外国の情報をも集めて的確な技術的判断をして、砂鉄製錬業の限界を把握していた。

以上で明らかなように、たたら製鉄業者は廃業に追い込まれていった。しかし、苦境に陥ったのは、たたら製鉄業者だけではなかった。

(3) ワシントン海軍軍縮条約の民間製鋼業への影響

海軍の強力な技術的援助によって設立された民間製鋼会社もまた、ワシントン軍縮条約の締結によって影響を被り、経営方針の転換を余儀なくされたのである。

例えば、海軍指定工場の認定を受けていた神戸製鋼所は、従来からもっていた造機技術を生かして、産業用機械の製作に新たな進展の方向を見いだした。さらに同社は、大正十三年から圧延鋼材の生産を新たに始めた。すなわち酸性平炉鋼生産に加えて、塩基性平炉鋼生産を開始したのである〔堀切 一九八七、一七四頁〕。

また八幡製鉄所は、設立当初軍器素材を製造しない方針をとっていたが、日露戦争後、軍事関連設備の設置によって軍器素材供給の一端を担うようになった。第一次世界大戦を機に始まった軍拡政策に対応して、八幡製鉄所の陸海軍需用が急増し、全販売高の二〇%以上を占めるようになっていた。だが、ワシントン軍縮条約によってその需用が一気に激減した。一九二一年以後昭和七年（一九三二）に至るまで、陸海軍の需用は五%にも満たない僅かなものになった。ただし、官庁需用のうちでも、好不況に関わりなく、鉄道省向けには引き続いて一定量を納入していた〔長島 一九八七、六四頁〕。

さらに、大倉鉱業山陽製鉄所はワシントン軍縮に伴って海軍との契約が解除され、工場閉鎖を余儀なくされた。大倉鉱業のみならず、八-八艦隊建造計画に関連して艦艇・兵器およびその原料を生産してきた軍需関連会社一三社は極めて大きな打撃を受けた。それら一三社と軍および政府との折衝の結果、一定の「軍縮補償」が行われることになった〔奈倉 一九八二、七二二頁〕。大倉鉱業は、「純銑鉄」製造諸設備の建設に要した固定資本投資総額、約二九四万円の「補償請求額」を提出し二〇〇万一四〇〇円の「実際補償額」を得た。しかし、この固定資本投資総額の中には、「純銑鉄」製造のためにのみ使用されるものではない諸設備も含まれていた。こうして経営的打撃を免れた大倉鉱業は、本渓湖における残存工場で本渓湖「コークス吹き純銑鉄」の製造を実現することが可能となったのである。

(4)　たたら製鉄業者の製炭業への進出

最後に、たたら製鉄業者の製炭業への具体的な取り組み状況とその背景を島根県を中心に見ておこう。山陰本線が東から西へ延びて、明治四十四年には出雲まで、大正十二年四月には益田までの区間が開通した。加えて、同年九月には関東大震災が発生し、生活必需品としての木炭の需要が拡大した。これらが契機となって、遠い関東地方が島根木炭の最大市場として台頭し、県外移出が急増した。山陽本線につながる地域に、新しい木炭産地が形成される条件が生まれたのである（島根木炭史編集委員会 一九八二、一一頁）。これが島根県に「家庭用燃料木炭」産地が出現するひとつの前提であったとすれば、もうひとつは、たたら製鉄の衰退が前提となったといえる。

明治四十年代には、たたら製鉄業が衰退過程に入って、「鉱業用木炭」の生産が初めて約百万貫を割るに至った（柳浦 一九七一、七三頁）。そして、家庭用燃料炭の生産量が鉱山用木炭（鈩用大炭と鍛冶用小炭）を圧倒的に凌駕していった。柳原文夫氏は「島根県商工業概要によれば、鉱山用炭として劣悪な県内たたら製錬用木炭が、明治三十年代頃から技術革新が導入され、逐次家庭用燃料炭へ転換していったことが知られる」と述べたうえで、「極めて重要なことは、需用の方向に応じつつ、質的により商品価値の高い家庭用木炭へ逐次転換していったことである」と論評している。そして、これと同時に「鈩用の木炭を焼く専業的製炭労働者である山子も、また農閑期にたたら用木炭を焼いた農民も、家庭用木炭へと転換」していった（柳浦 一九七一、一〇五頁）。つまり、この時代には木炭製品の向け先も、また労働力需要もたたら用から家庭用への転換が行われたのである。

江戸時代から続く大鉄山師といわれるようなたたら製鉄業者は膨大な炭木山を所有していた。先に見た近藤壽一郎氏の記録にも、「従来の製鉄燃料林を以て市場向け木炭の製造を開始して、旧来製鐵業に従事せる労働者の大部分を之に轉業せしめ其職を得せしめる事になった」とある。田部家を例にとると、明治十六年の記録では、経営する五つの鈩が保有する鉄山《てつやま》（炭木山のこと）は一五ヶ村、面積は「合計一万七百一六町七反歩」に及ぶという（島根木炭史編集委員会 一九八二、二三八頁）。

島根県の場合、松江藩の官林のうちで、明治に国有林に引き継がれたのは僅かで、ほとんどの山林が私有林か町村の公有林になった。柳浦文夫氏はこの間の事情を、「鉄山には、木炭の独占的利用権を鉄師に認めた上で、一定の制限下において、農民の権利が重畳的に認められていたのであるが、その鉄師（鉄山師）の独占的利用権の強さ、鈩についての先納銀の存在、あるいは出雲における長年月のかつ又広範な鉄山利用慣行の強力な存続等々の故に、地租改正時において、所有権へ転化していったもののようである」（柳浦 一九七一、八八頁）と推察している。いずれにしても、雲伯のたたら製鉄業者が広大な炭木山を保有していたことは、たたら製鉄業から家庭用製炭業へ転換出来た基盤になっていたといえるであろう。

田部家では、大正元年に杉戸鈩が火災によって焼失したのを機会に、一部「市場炭（家庭用木炭）」の製造に着手したという。最初は、八重滝鈩を製炭所に転換し、紀州から製炭教師を招いて山内者（鈩の専属労務者）に市場炭製造の技術を習得させた。後に別の製炭所を新たに開設し、大正五〜六年頃には大阪の田部支店で木炭の販売を開始するようになったという（島根木炭史編集委員会 一九八二、二三八頁）。

絲原家でもたたら製鉄からの撤退後、製炭業に進出している。すなわち、絲原家は「大正九年製鉄業廃止ト同時ニ（中略）多数累代ニ亘ル労働者ノ失業ヲ救ヒ、併セテ所有山林ノ経営ニ対処」するため、木炭製造卸を開始し、「主任者ヲ阪神地方ヘ派遣シテ研究調査ヲ為サシメ、先進地石州方面ヨリ指導講師ヲ傭聘シ（中略）年額二十万貫ヲ目標」と定め、製鉄業から転換して大規模な製炭業を開始したという（柳浦 一九七一、一〇五頁）。

また近藤家では、大正七年に市場向け製炭事業への転換を決意して、新しい事業計画を立てたという。大正十年八月、鈩工場の閉鎖を決定した時に、操業していた鈩は、新屋、吉、砥波の三鈩であったが、それぞれに付属の鉄山《てつやま》があり、製炭労働者が多数存在していたので、これらの鈩を製炭事業所へ転用する方針がとられた。さらに、これらのほかに川平製炭所が新たに開設された（島根木炭史編集委員会 一九八二、二四〇頁）。さらに、近藤家では自家の木炭を「樹齢二〇〜三〇年生の原木を規則正しく輪伐して製炭していますので、材質緻密にして比重も重く、堅硬なるが故に火持ちよく実用的な木炭であります」と宣伝していた。たたら製鉄の技術開発に努力を重ねていた同家の特質がいかにもよく現れている宣伝文句で興味深い。

いずれの場合も、たたら製鉄業者は製炭技術を、木炭製造業へと転身する以前に、あらかじめ習得するなど綿密に準備を重ね、しかも好不況にかかわらず着実に計画を進めていた様子が窺われる。彼らは自立の道を選択して、多くの従業員の雇用をもつなぎ止める努力をしたのである。

かくして、「島根木炭のブランドは、東京、横浜等の関東市場で大きなシェアを占めて名声を博し、東の横綱（岩手県）に対して、西の横綱（島根県）とうたわれた」という（島根木炭史編集委員会 一九八二、一三頁）。これは、山また山の豊富な森林をもち、製鉄用木炭を確保するのに恵まれて、いずれもたたら製鉄を盛んに操業した両県を、まさに象徴している表現ではないだろうか。

第八章　たたら製鉄技術の近代化

本章の目的は、たたら製鉄の技術がいかに現代の先端技術につながったのか、その過程を明らかにすることである。中国地方のたたら製鉄法に新しい洋式製鉄技術の理論と技術を適用し、いささかでもこれを近代化することによって在来の製鉄業の生き残りを果たそうとする様々な努力が試された。それは、具体的には、(一)原料の砂鉄を鉄鉱石のように固める技術、(二)鉄滓の原料としての利用、(三)送風法の改良であり、(四)たたら炉を高炉に似せて改良した新型炉の開発であった。しかしながら、そのような努力にもかかわらず、洋式製鉄技術との基本的な差異を埋めることはついに出来なかったと言ってよい。わずかに、たたら炉を改良した角炉製鉄法だけが昭和期にまで引き継がれた。本章では、こうした努力の所産としてのたたら製鉄技術の改良経過と、その成果をいち早く取り込もうと努力したたたら製鉄業者の活躍について述べる。さらに、明治末期から技術ならびに経営組織の側面で近代化の努力を続け、角炉製鉄を取り込みながら「砂鉄の原点」を守り通して現代に至った一企業の歴史を考究する。

一　たたら製鉄の技術改良への努力

1　広島鉄山における角炉の開発

ここで、明治十七年(一八八四)当時の中国地方のたたら製鉄の実態をまとめてみよう。概括的に表現すれば、それぞれ産出砂鉄の特質に応じて、鋼《はがね》（和鋼）は専ら山陰側の雲伯（出雲・伯耆）で、銑《ずく》（和銑）は山陽側の官営広島鉄山とこれに近い石見で生産された。

これに対し、一種の間接法に基づく錬鉄《ねりかね》（和鉄あるいは庖丁鉄）は山陰・山陽両地区から、銑もしくは鉧を原料としてつくられた。価格が高いのは庖丁鉄、次いで鋼であり、多量に生産されたが経済的に採算をとることが困難だったのは銑であった。

また技術的には、たたら炉から出される滓には鉄化合物としての鉄分のほか、未熔解の砂鉄が混入するのでおよそ四〇％以上の鉄が棄てられることになる。加えて、砂鉄は粉状であるために大きな溶鉱炉での製錬では「つまり」を起こして不適当な材料であった。大型高炉では、温度が高く、しかも風力も高いので、粉状の鉱石（砂鉄など）は炉内で舞い上がったり、一部が早く熔けて詰まりの原因になったりして、作業の障害となる。

このたたら製鉄法に新しい洋式製鉄技術の理論と技術を適用し、いささかでもこれを近代化して在来の多数の砂鉄労働者を救おうと、広島鉄山に農商務省技師小花冬吉が派遣された。明治十七年、広島鉄山落合作業所に着任して以来、小花は砂鉄製錬法の改善をめざして多面的な活動を展開した。たたら製鉄の最終的な改良技術として、高炉に似た「角炉」があるが、その開発者として小花冬吉の名前がよく挙げられている。しかし実際には、小花の発想を引き継いだ黒田正暉によって「角炉」の実作業が開始されたことを、大橋周治氏の研究（大橋 一九七五、二九一頁）によって知ることが出来る。

まず小花の業績には、概略つぎの四項目があげられる。

（一） それまで広島鉄山で行われなかった鋼製造試験と、「粘柔鋳鉄」（可鍛鋳鉄のこと）の製造実験が試みられた（東城町史編纂委員会 一九九一、九五一頁）。なお、これは広島鉄山の製品を軍需用に売り込もうとして行われたものと考えられる。

（二）送風機の改良として、在来の足踏みによる天秤ふいごを「トロンプ」に代える試みがなされた。これは管を通じて落下する水に空気を取り入れ、下部に設置した気密性の箱から一気に圧力をかけた形にして送風する装置である。出雲の絲原家も採用したようであるが、すぐに水車式吹子に代わっていて、同家ではあまり経済的効果が認められなかったものと考えられる。

（三）送風機の改良とあわせて、「鉄滓吹き」が行われた。中国山地一帯で過去に長い間行われていたたたら製鉄の鉄滓が、四〇〜五〇%近い鉄分を含有しながら大量に遺棄され、しかも、それが塊状であるのに着目したものである。在来のたたら炉の炉高を約一・三メートルから三・三メートルくらいに高めて、煉瓦で築造するとともに、洋式高炉による鉱石製錬の場合と同様に石灰石を溶剤として用い、送風も強化して銑鉄を生産しようと試みた。ただし、小花技師の在任中に本格的生産に至ったことを裏書きする記録は見当たらない。

（四）明治二十年から約一年間小花はフランスに派遣された。彼は粉鉱石の処理法を砂鉄に適用して、砂鉄を団鉱化することにより高炉による砂鉄の大量生産法の試験研究を行った。同二十一年九月、小花は帰国報告を兼ねた「仏国における砂鉄試験報告」（東城町史編纂委員会　一九九一、九五五頁）を大蔵省に提出した。

小花技師はこれらの業績に大きな誇りをもっていたようで、鉄滓製錬に関する講演要旨「シンタースメルティング」（東城町史編纂委員会　一九九一、九五三頁）の中で、自ら「当時足踏み鞴を以って唯一の送風機としたる時代に、余の工夫せるトロンプはSinter smeltingと共に一大発明としてセンセイションを惹したのである」と述べている。さらに小花は、フランスでの工業化実験をもとに「広島官行鉄山改造案」（日本鉄鋼史編纂会　一九八一、一七二頁）を提出したが、官営製鉄所の創設が改めて提起されるようになると、「たたら吹き」の改良も、広島鉄山の存在も中央からは関心の薄いものとなっていった。この頃すでに政府の方針は鉄鉱石による近代高炉と鋼を中心とすることに定まりつつあり、小花技師も明治二十二年農商務省へ転任した。後に彼は官営八幡製鉄所の製銑部長となった。

このような経過の中で、小花技師のあとを引き継いで「鉄滓吹き」を実用化させたのが黒田正暉技師である。彼は明治十八年十二月に広島鉄山の技師として入所、以来二〇年近くを中国山中の落合作業所で過ごし、砂鉄製錬の近代化一筋に生きた技術者といえる。黒田は、明治二十六年に小花から直接引き継いだものは「鉄滓吹き」であったが、改善を加える過程で「砂鉄吹き」も実験したようである。彼は最初の本格的な「高炉」を落合に建てて操業を開始した。この「高炉」は厳密に言えばたたら炉の改善されたものである。その砂鉄製錬炉は、一部「丸炉」もあったが、のちに「角炉」と総称された。その設備や付帯装置の様子を知る資料としては、黒田技師の助手を務めた柴田杢次郎が残した実験記録「銑鉄事業雑記録」*の中に、落合「角炉」に関する記述がある。この中で、炉は「熔鋼炉」または「高鑪」と表現されているが、一般の鉄鉱石製錬用高炉（洋高炉）とは違うので、「角炉」と表現する。

＊「銑鉄事業雑記録」は、米子市在住の生田清氏（故人）が、柴田杢次郎のノートを筆記して、ガリ版刷りにして紹介したものである（鳥取県米子図書館所蔵）。原資料（愛知安城・柴田正治氏蔵）は東城町史に収録されている（東城町史編纂委員会 一九九一、九五一頁）。

また、柴田家に残された落合作業所の全景写真（写真2）や、その後この角炉を採用した、島根県横田町鳥上木炭銑工場に現存する二基の角炉（写真3）によって、設備の概略や作業方法を知ることができる。

落合の装置は角炉と温風炉（熱風炉）があり、炉高は七・六メートル、内径〇・九メートルという煉瓦積みの縦長な高炉様の炉で、その上にさらに約四メートルの煙突が設けられていた。落合全景を撮った写真では煙突部分が屋根から突き出ている。炉は下部前面に出銑口と鉱滓流出口をもち、両側面と後面の下部三方に羽口が設けられていた。右の「雑記録」では原料

写真２　落合作業所の角炉
左下の建物が角炉で，屋根に煙突が見える．左上は倉庫に利用した旧式鑪（三次市教育委員会所蔵）

写真３　鳥上木炭銑工場の角炉
（島津邦弘『山陽・山陰鉄学の旅』1994 年より）

の装入口の位置が明らかではないが、鳥上木炭銑工場に残る角炉には炉底から四メートルの高さに作業用の床が組まれており、そこに原料装入口がある（写真3参照）。また向井義郎氏によれば、炉の背後に、炉と接して高い石垣を築きその上縁部から炉体の中部に向けてほぼ水平に板状ブリッジをかけ渡し、炉の投入口から原料を投下させたという（向井 一九六〇、八五頁）。たしかに落合の全景写真（写真2参照）にも石垣がみられる。事実、現在島根県仁多郡阿井町の桜井家の槙原たたら跡地に建設された「たたら角炉伝承館」の角炉も似たような地形に建設されていた。

つまり、角炉というのは炉高が七〜一〇メートル以上という、かなり縦長の炉ではあるが、実際に原鉱や木炭が充塡される部分は比較的短く、三メートル前後だったのである。従って、炉高の三分の二近くを占める上部は、反射炉と同様に、煙突の役目を果たすものであった。実際、炉高をこれ以上高くすると、水車またはトロンプによる限られた送風量では通風が悪い。しかも粉状の砂鉄をそのまま装入する場合は、通風がいっそう困難になることが考えられる。そのため、塊状の鉄滓あるいは砂鉄団鉱を原鉱に用いることが検討されたのであろう。落合作業所では、角炉と併設した温風炉によって、これまでたたら製鉄で用いられていた冷風を熱風に変えた。「槇原角炉」ではさらにこれを改良して、原料装入口上部に、排ガスの燃焼熱を利用した熱風管が設けられ、冷風を熱風（二〇〇℃）として羽口経由炉内へ送り込み、操業効率を高めたようである。*

＊たたら伝承館に展示されている角炉と送風装置は槇原角炉を再現させたものである。同館の展示説明を参照した。

「雑記録」には明治二十六年から二十九年までの操業状況が詳しく記録されている。操業がほぼ軌道に乗った二十七年の生産量は一六八トン（稼働日数一二二日）、同じく二十八年には百六十四トン（稼働日数一一〇日）である。日産量は一・四〜一・五トンであるから、幕末釜石の洋式高炉が初期に日産約二トンであったのに対してやや劣る。しかし当時のたたら炉の一炉当たりの年産量は、平均して銑押法で三四トン、鉧押法で三九トンに過ぎなかった。これと比較すれば、落合角炉の年生産量は四〜五倍も大きかったことになる。これは在来のたたら製鉄のように三〜四昼夜で炉が破壊されるのと異なり、角炉では四〇〜六〇日までの長期操業が可能となったことと、鉄滓を原料としたので、一年のどの時期にも操業出来たからであると考えられる。コストも広島鉄山の在来たたら炉による銑鉄コストがトン当り二八円（明治三十一年）であったのに比べて角炉では一七〜一八円であったので、大幅なコスト減となった。原料も、砂鉄が当時トン当り二円四〇銭だったのに対して、鉄滓は約一円五〇銭ですんだ。この結果、労働力節約の効果と相まって、角炉による鉄滓吹きのコスト引き下げが、一応達成されたものと見られる（大橋 一九七五、三〇〇頁）。

しかし、角炉の連続操業日数は平均四〇日程度にとどまっており、ここに限界があったことも事実である。角炉の操業を停止した理由を「雑記録」にみると、鉱滓の流動不良や粘着という冶金上の理由もあったが、多くの場合、送風器、水車、羽口など付属器械の損傷が目立つ。それは、当時日本の機械工業技術水準がまだ低かったことによるものと考えられる。

大橋周治氏は黒田正暉の業績をつぎの三点で注目されると述べている（大橋 一九七五、二九一頁）。

(一)　明治の製鉄近代化が、西欧で完成した近代製鉄技術の移植・導入をひたすら追求していったなかで、広島鉄山の黒田式角炉は在来の砂鉄製錬法の近代化を長期にわたって自主的に追求して、一定の成果をおさめた唯一の事例である。

(二)　黒田技師が広島鉄山で開発した「角炉」、「丸炉」による砂鉄製錬法は、その後中国地方各地に伝播した。島根県側では日立金属鳥上木炭銑工場、広島県側では帝国製鉄で、一九六〇年代までそれらの炉による生産が続けられていたという事実がある。

(三)　同じ工部大学の卒業生である野呂景義や小花冬吉が官営製鉄所創設に関って華やかな活動を展開しているとき、黒田正暉は技術者として中国山中に一人とどまって砂鉄製錬の近代化に一生を捧げた。

黒田式角炉が、在来のたたら吹きを改善して、一定の成果をおさめたことは事実である。しかし、広島鉄山において鉄滓吹きが実施されたのは、落合、上野、門平の角炉三基、門平の丸炉一基の計四基のみに終わり、大部分の作業所では在来のたたら製鉄を維持したまま衰退の過程を辿った。

広島鉄山の廃業は明治三十七年に決定されたが、それは官営八幡製鉄所がまさに安定操業に入ろうとしていた時期であった。そして、その後広島鉄山の角炉が、おなじく衰退過程に入っていた中国各地の砂鉄製錬業者によって、事態挽回の一策として採用されていった。武信謙治氏は、「欧州戦乱後に於て俄に鐵の需要を増加し、随て砂鐵製錬業者は其数を増し、最近に至りては中国に於て約四十箇所を増設したるを見る、而して今や銑鐵の年産額は約三万噸を予想せらるゝに至れり」と述べている（武信　一九一八、七二四頁）。この大正期に増設した「約四十箇所」の設備は砂鉄製錬用の「角炉」であったのではないかと予想される。

2 広島から山陰へ伝播した改良技術

広島鉄山での小花冬吉技師の業績について前項で述べたが、まずその内容と、彼が開発した技術の伝播について検討する。先に挙げた業績の各項目(一)～(四)を追って見ていくと、(一)鋼製造試験と「粘柔鋳鉄」の開発については、銑鉄の製造が中心であった広島鉄山の製品の付加価値を高めることを目的としたものと考えられるが、山陰のたたら製鉄業者にとっては魅力的であったとは考えられない。(二)の送風機改良のトロンプは、番子による足踏み式天秤ふいごに代わるものとして工程の合理化に役立つとみられ、山陰側にも真っ先に取り上げられた技術であった。次に(三)の「鉄滓吹き」だが、これに比べ、小花が送風機改良と同時に狙っていた「砂鉄吹き改良」に関する情報のほうが、山陰では重要視されていたようである。ただし、小花は「砂鉄吹き改良」に成功したとは自らも認めていない。山陰側では「鉄滓吹き」を発展させるインセンティブはなく、あくまでも砂鉄によるたたら製鉄の改良を目指していた。それゆえ、「鉄滓吹き」が伝播した先は、広島鉄山と同じ地域にあって角炉または丸炉を設置した新興の砂鉄製錬業者であった。また、「鉄滓吹き」を角炉（或いは丸炉）によって実用化したのは黒田正暉技師であることも先に述べた通りである。黒田正暉の実験内容から彼が「砂鉄吹き」にも成功したことが窺われるが、その「砂鉄吹き」角炉が伝播した先は山陰側で、新興の安来製鋼所の例を挙げることが出来る。最後に、(四)のフランスでの砂鉄団鉱化試験の結果は報告書の作成に止まるのみであったが、その基本的な技術方向は正しく、安来製鋼所でも後に真剣に砂鉄のペレタイジング、すなわち砂鉄を固めてペレット（小球）にする技術の開発に取り組んだのである。以上の内容を年次に従って表37にまとめておく。

表37にあるように、伯耆の鉄山師であった近藤家と小花冬吉および杉村次郎との往復書簡*が取り交わされた時期は

表37　広島鉄山から山陰砂鉄製錬業者への改良技術伝播の経緯

年代 明治	年代 西暦	項目
16	1883	広島県令千田貞暁　広島鉄山改良案を政府へ提出
17	1884	小花冬吉（工部権小技長）広島鉄山へ赴任
		（トロンプ，鉄滓吹，粘柔鋳鉄等の開発）
19	188	黒田正暉（農商務省技師）広島鉄山へ赴任
		近藤喜八郎小花冬吉との往復書簡
		杉村次郎（鉱山局技師）岡山県他へ調査のため出張
		近藤喜八郎「具状書」を杉村次郎宛提出
20	1887	近藤喜八郎と杉村次郎との往復書簡
		小花冬吉書簡
		小花冬吉フランスシュナイダー社クルゾー製鉄所へ出張
21	1888	小花冬吉帰国報告書（広島鉄山改良見込・砂鉄試験報告）を政府へ提出
22	1989	小花技師本省へ転勤．千田県令新潟県へ転勤
		広島鉄山の技術開発を黒田技師が引き継ぐ．
24	1891	近藤家「トロンプ」設置
		田部家「トロンプ」設置（小花—近藤往復書簡にあり）
26	1893	黒田正暉広島鉄山落合作業所に角炉建設
		助手柴田夲次郎「銑鉄事業雑記帳」（M 26–28）作成
28	1895	野島国次郎西城町大屋に鉄滓吹炉（2ﾄﾝ）建設（新型角炉）
34	1901	野島国次郎大暮に鉄滓吹炉（13ﾄﾝ）建設（新型炉）
		絲原家「トロンプ」を廃して水車吹子を設置
37	1904	広島鉄山廃業
40	1907	近藤家角炉（5ﾄﾝ）新設（旧型角炉）
		櫻井家角炉（高さ3 m，幅1 m，長さ2 m）新設（旧型角炉）
41	1908	近藤家低燐銑鉄の製造開始
大正 8	1919	安来製鋼所角炉1号（日産3ﾄﾝ）建設（新型角炉）
		櫻井家角炉建設（新型）
大正 9	1934	安来製鋼所角炉2号（日産5ﾄﾝ）建設（新型角炉）

註1)　旧型角炉＝たたら炉の改良　新型角炉＝黒田式

2)　大正8年には，絲原家でも新型角炉を建設したようであるが，櫻井家共々大正末期までに廃業した．但し，櫻井家は日立金属安来工場（安来製鋼所）との関係で，昭和になってから角炉を再開している．

3)　大正期の山陰地方における角炉の操業はさらに拡大した模様で，新たな研究の対象となる．

明治十八〜二十年であった。これらの書簡によって、近藤家がたたら製鉄の工程を合理化することに非常な意欲をもっていたことは明らかであり、また、出雲の鉄山師も同様であったことと推察される。以下にこの往復書簡の内容を中心として、鉄山師の新技術獲得への意欲について述べる。

＊「銑鉄事業雑記録」の編集者である生田清氏が、近藤家文書の中からこの往復書簡を発見し、ガリ版資料として残した。本資料（コピー）は、鳥取県立米子図書館の「たたら文庫」の中に、『近藤家文書　製鉄関係書翰』として収められている。

近藤家の第五代近藤喜八郎は、明治維新後の鉄業経営に腕を振るい、それまでの代表的な出雲の三大鉄山師田部、桜井、絲原家を抜いて、山陰第一の和鉄鋼業者となった。

喜八郎はまず明治十八年十二月に広島鉄山の林技師へ錬鉄製造場の鍛工装置を見学したいと申し込んで、次男を広島へ出張させている。その年、広島鉄山の錬鉄装置が竣工したこと、技手黒田正暉が入場したこと、機械類の組み立てが未了のため思わしい成績は得られていないことなどを認めた返事が林から喜八郎宛てに出されている。明治十九年二月になって、喜八郎は小花冬吉宛てに質問および依頼を認めた長文の書状を出している。その要旨は次の通りである。

(一)「洋風水鞴新工夫」（トロンプのこと）によって職工が省けるとのことだが、装置を実際に見せてほしい。

(二)「鍛冶淬製鉄」の現場試験に着手されたとのことで喜ばしいが、順次情報を頂きたい。

(三)「製銑用砂鉄ニ粘土ヲ加減シ鋳鉄ナルモノ（粘柔鋳鉄のこと）御製造」について好成績を得て『鉱業会誌』に結果を発表された由だが、まだ同誌上に見当たらないので待っている。

(四)砂鉄製銑についても検討されていることは非常に喜ばしく、雪解けを待って代理を差し向けたい。

(五)広島県令経由で大蔵省へ出された報告書を見ると、新製銑法の完成は困難と推察されているがもう少しのところなので、成功を祈る。

(六)　予てからの約束である鳥取県への「御巡回之義」は、是非実現して頂きたい。

その後の小花冬吉の書簡としては同年六月のものがみられる。その内容は、「当作業上改良之義ハ、何時ナガラ目覚敷進歩モ無之」となっている。しかし、結果の断片的な情報は近藤家へ送っており、トロンプの実地見学にも招待している。さらに、近藤家の鋼のサンプルを東京海軍省で試験をした結果を送ってもらったことの礼も述べている。

以上のやり取りを見ただけでも、近藤家が当時の最新技術と考えられる小花冬吉の業績を真剣にフォローし、出来得る限りの情報交換を望んで、努力をしていたことがわかる。

明治十九年夏、近藤家は村下《むらげ》（たたら炉の技術責任者）の高木宗太郎を広島鉄山へ送り込んだ。高木の出発に当たって、喜八郎は六代目当主喜兵衛と連名で、出張伝習の心得から始まる事細かな「預書」を与えている。心得の第一に、何事も手をつけて伝習し「職人ニナルノ心得ニテ勉強スヘシ」と言っている。次に「小花氏ハ短慮ニシテ稠敷人物ニ相見」、しかも作業場は官業だから、滞留することを許してもらえるかどうかはわからないが、手厚く頼んで何とか置いてもらうようにと指示している。そして文面全体には、近藤家が技術的・経済的な新情報として、製鉄法の改良技術を取り入れようとしているすさまじいばかりの意欲が、具体的な指示となって現れている。その主なものを次に要約して示す。

(一)　たたら炉に「風送器」を用いることは具合がよいようだが、実際の結果はどうか。当家のたたら場へ設置することが適していると判断したら、値段を調べよ。

(二)　銑の改良は未完成ながら、一部「再度吹キ」の結果がよいとのこと。その場合、銑を砕いて在来のたたら炉で再度吹いたのか。それとも別のたたら炉を築くのか。釜（炉）の塗り方、石灰の交ぜ方など知りたい。

またその再製銑を工廠に提出したのなら、その試験結果を入手せよ。

（三）「水鞴」（トロンプのこと）は好結果の由、伝習したいので送り込む職人の職種を調べよ。小花氏の話によれば、田部氏（出雲田部家）でも検討し、既に採用中とか。本当か。

（四）水車仕掛けで（鍛冶場に作った）大鎚を使用しているとのことだが、既に完成したか。その鎚で鉄が十分に鍛えられるか。水車で鎚を使用することは古い方法で、鎚の重い、軽いの差は少ない（強弱をつけにくい）から存分に使用するに適し難いのではないか。

（五）現在考えていることは、従来の鍛冶場で作った「胴切鉄」（適当な大きさに切断した銑鉄）を「暖炉」（簡単な精錬炉）で焼き、「汽鎚」（スチームハンマー）で打延して海軍に納める角鉄・長鉄を製造したいのだ。そのために八〇〇〇円ほど掛かるというのでままならない。だから、（四）の結果を知りたい。

以上の近藤家の質問に対し、小花冬吉は、自分が一年以上研究していても、砂鉄から上等の銑をつくることは「一大難事」であって簡単には答えられないと返事を書いている。また見積と言われても、現場を見なければ何ともいえないし、出張する予定も立たないとつれないことを書いている。また、小花は村下に砂鉄製錬の新しい情報を話しても、難解な事だから別段何も話さなかったと喜八郎へ書き送っている。「万一彼らが諒解するくらいなら、自分らが今日までの長い日月を費やして苦労することはない」とも述べている。これは、後に黒田正暉が、角炉の開発成果報告に「成果を見る事が出来たのは、村下ほかの職工達の努力による」と書き添えているのとは対照的である。

これに対し、喜八郎は再度小花の出張を懇願した手紙を出している。さらにその中で、喜八郎は「出雲では砂鉄と木炭とを節約するために、既に炉高を高くし、風送機を設置して試験をしているのを実際に見た」といい、だから自分のところでもよい銑を作り、それを精錬するための機械設備をしたいので、その設備のことを質問したのだと述べている。これによれば、既に出雲でも幾許かの改良試験に自ら取りかかっていた事が窺われる。

その後明治十九年十一月頃、岡山県から同県の河上の地域に当たる鳥取県の砂鉄採取を取りやめるよう国に申請が出された。その頃、上京中だった小花は、近藤喜八郎の依頼によって、申請の件について鉱山局へ調査に赴いている。一方、鉱山局から現場取り調べのために岡山へ出張したのが杉村次郎であった。同年十二月、喜八郎は杉村に「具状書」を提出して、砂鉄採取の必要性を説き、中止の期間が何時までで、またどんな対策をすべきかを問い合わせている。さらに、具体的な対応策を回答してきた杉村次郎に対する礼状と共に、喜八郎は砂鉄製錬の改良法についての質問書をも提出した。

これに対する杉村の返書は一々具体的であった。すなわち、風送器の採用と汽鎚・水車の採用も検討する価値があると述べ、いずれも装置は大阪で注文できると紹介している。しかし、装置を使いこなし、かつ砂鉄製錬を改良するためには、かなりの技術が必要で、手探りの改良に月日を費やすくらいなら、砂鉄業を行っている仏国へ子息を留学させて実学を習得させる方がよいと提案している。さらに、翌二十年になると、杉村は「仏国坑法抄訳」を喜八郎に送った。それに対する喜八郎の礼状の中から、杉村が鉱業会誌へ載せる「砂鉄業将来維持改良」の論文用として、たたらの沿革や産出高の資料の提供を喜八郎に要請したこと、かつ「鉱山用鏨鎚鋳地」の販売促進のために鉱業会誌へ広告を出すことを薦めたことを読み取ることが出来る。

小花冬吉は、明治二十年になってからも、砂鉄精錬改良は完成していないが、「鍛冶場の鞴を旧来のものからすべて西洋風之水鞴に代えた」とか、鉄滓吹きではかなりよい結果が出そうなことを喜八郎に書き送って、それに大蔵省へ出した報告書を同封したりしている。小花はその年の六月に、砂鉄精錬の技術習得のためにフランスへ出張した。小花はフランスへ渡ってから、シュナイダー社のクルゾー製鉄所、およびラボエール製鉄所において、日本から送った砂鉄を使い、高炉による砂鉄の大量生産法について試験を行った〔日本鉄鋼史編纂会 一九八一、一七二頁〕。

近藤家では明治二十二年から二十四年にかけて、「西洋風之水鞴」すなわちトロンプを採用している。喜八郎の孫に当たる壽一郎氏は、トロンプによる生産増を次のように述べている〔近藤 一九二六、二八頁〕。

> 旧式の蹈鞴は一代の産額五十五駄を最多とせしが明治二十四年より天秤風器を水力風器に更め番子を廃し又銑を鋳型に流し入る、等新式を実行する事となり近年銑押は一代百二十五駄の多額を産出するに至れり

ここでは天秤吹子による生産量が一代《ひとよ》当たり五五駄（一六五〇貫）であったものが、トロンプに換え、さらに他の新しい方法を取り入れた結果一二五駄（三七五〇貫）を生産したと言っている。

その後近藤家では、鍛冶工場で使用されている普通の大型の差鞴《さしふいご》（吹差吹子）四台を水車で運転する方式を採用して、トロンプと並んで稼動させている〔近藤 一九二六、一〇頁〕。また、明治の中ごろには先に高木村下への「預書」の(五)で述べた蒸気機関による汽鎚を導入した。汽鎚の代金八〇〇〇円の設備投資には、相当の決断を必要としたことが察せられる。当時の近藤家は生産・販売の一貫体制を整え、かつ大阪では洋鉄の輸入による利益もあげ、それをたたら製鉄業につぎ込んでいたという〔影山 一九八九、九頁〕。しかし、この汽鎚については、壽一郎氏が祖父の喜八郎に「製鉄業改良意見書」を提出して反対したという。すなわち、燃料の石炭の運賃が高く、汽鎚が便利だといっても経済上は失うものが大きいという意見であった。そして蒸気の代りに水車動力を採用することを提案したという〔高橋・野原 一九八七、五六頁〕。しかし、壽一郎氏は自著の中でも、汽鎚については何も述べていない。

近藤家が角炉を建設したのは明治四十年になってからであるが、これは黒田式の角炉ではなく、在来のたたら炉の背を高くした旧式角炉で、砂鉄をそのまま原料としたようである。大橋周治氏は、この炉について『明治工業史・鉄鋼編』から次のように引用している〔大橋 一九七五、三〇四頁〕。

従来の製銑炉に高さを加え、且煉瓦を以て炉壁を築き、熱風を用いる等、洋式の製錬法に則り、其の操業日数も普通二十日間、或は二個月に達する事ありて、爾来砂鉄吹には概ねこの炉を使用するに至れり。

ほかに、出雲の桜井家でも角炉を建設したがこれも従来のたたら炉の基礎上に築造された旧式の角炉であった。ただし、第七章で述べたように、桜井家では大正時代になってから「槇原角炉」を建設しているが、これは新式角炉であった。

山陰の在来砂鉄製錬業者が広島鉄山から導入したのは、概ね旧式角炉で、これは、小花技師が広島に着任直後に行った改良試験の情報をもとに工夫がなされた範囲のものと推察される。それらの旧式角炉は、第一次大戦後の不況期にたたら業者達が次々と廃業したとき、在来のたたら炉と共に消滅していった。これに対して、落合の黒田式角炉および丸炉は、新しい企業家の手で継承され、近代的木炭銑工場へと発展し、第二次大戦後まで生き続けたのである。

二　砂鉄とハガネ——日立金属安来工場の歴史

大正末期に殆どのたたら製鉄はその火を消して、近代製鉄の波に飲み込まれていった。そしてごく僅かに、そのたたら吹きを改良した角炉製鉄だけが昭和期に引き継がれた。

現在、山陰本線の安来駅に近づくと、山側に接して日立金属安来工場が見えてくる。駅からすぐに港へ向かうことが出来るが、その昔たたら鉄の積出港として賑わったという安来港は、昔時の隆盛を偲ぶよすがさえなく、ただ静かなたたずまいを見せている。港の対岸には、こんもりと十神山《とがみやま》が見える。港を抜けて、海岸沿いに約一キロほど行くと、「和鋼博物館」があり、更に一キロほど先に日立安来の海岸工場がある。現在の海岸工場敷地内には、多くの新鋭設備を持った工場群と研究所がある。砂鉄を原鉱とする海綿鉄の製造設備は、その海岸工場で一九九〇年まで稼動していたという。

そして、安来の市街はひっそりと、あくまでも静かに佇まい、地場産業の勢いが街にみなぎっている様子はみられない。

ここでは、昭和四十年（一九六五）まで角炉製鉄を操業して「たたらの原点」を守るために技術開発を継続し、現在では独自の高度技術製品を市場に送り続けている日立金属工業株式会社安来工場の歴史を述べる。そしてその「たたらの原点」が、どのような意義を持って近代的な製鉄産業の中で生き続けたのかを明らかにする。なお、日立安来の歴史に関しては、『日立やすぎ』という同社の社内報にのせられていた「安来工場五十年史」の記事と、同社の加藤隆爾氏が日本海新聞に毎週金曜日に掲載した「やすぎ日立の足どり」という資料に依拠して述べる。

1　明治時代――雲伯鉄鋼合資会社から安来製鋼合資会社まで

明治三十二年（一八九九）三月、松浦弥太郎を中心とする四人の出雲人と一人の伯耆人が安来に雲伯鉄鋼合資会社を設立した。松浦をはじめとして四人がたたら経営者であった。彼らはこの地方の何百年来の大鉄山師ではなく、新規に参入した人々であった。藩政時代、既存大鉄山師の支配秩序の中で新規参入が許されなかった。廃藩とともにその制約もなくなると、たたら製鉄業は志をもつ人々の事業意欲の対象となり、主に鉄鋼製品を取り扱っていた商人達が将来の伸びを見込んで参入した。しかし現実は厳しくかった。鉄穴場、炭木山は既存の大鉄山師が支配していたし、たたら操業の技術は門外不出の秘伝とされていて、新規参入者の事業はなかなか軌道に乗らなかったのである。一方先述のように洋鉄の輸入が急増し、それを扱う商社の活躍が活発化したので、彼らは一層追いつめられていった。このような二重の窮状の打開をはかり、売上確保のために問屋を特約制または直営にするなど販路の整備と確保に努力し、商業組織の近代化を図ろうとして、新しい合資会社が設立されたのである。

会社登記の営業内容は「錬鉄、鋼鉄製造及び販売兼委託販売」とあるが、具体的には経営者所有のたたらを中心に、出雲や伯耆の他のたたら、そして後には田部、桜井、絲原、近藤の各大家のたたらで生産した鉧塊を集荷し、砕いて握りこぶし大の小塊にして販売した。すなわち、創業当初は製鋼原料となるたたら製品だけを取り扱う販売業を営んだのであった。製品は剃刀刃、鉋、鑿、鎌、斧など刃物の材料として販売されていた。主な需要先は、三木（兵庫）、堺（大阪）、伏見（京都）、貴生川（滋賀）、武生（福井）、高知などの刃物町であった。もちろん軍関係も、重要な需要先であった。

この頃各地の軍工廠では、製鋼技術の進歩が著しく、原料の品質の要求度も高くなっていた。明治三十五年頃に雲伯合資社が納入した包丁鉄（錬鉄）が、納入先の呉海軍工廠から品質についてクレームをつけられた。その品質改良と量産の対策として、雲伯合資会社ではスチームハンマー（汽鎚）の導入を決めた。

明治三十七年（一九〇四）、日露戦争が勃発した。鉄鋼の需要は急上昇し、関係業界は活気を呈するようになった。この時期に雲伯合資会社は、やがて技術分野で最初の業績を残す人物となる伊部喜作を迎えた。伊部は包丁鉄の新しい製造法の研究を始めた。それはたたらの銑に市販のスクラップを混ぜ、火窪《ほど》（小型の炉）で融かして精錬、鍛造する方法に関するものであり、明治三十八年、日露戦争が終わる直前に特許が認可された。伊部の包丁鉄の造り方は、その技術的内容から見て低燐の素材をめざしたことが窺われる。先に挙げた日立安来の資料には「この研究に着手した頃、工廠など軍関係では、坩堝炉法を特殊鋼製造に採用していた。その坩堝炉法は純度の高い原料を必要とし、包丁鉄が重用されていた」とある。そして、第七章の表32に示したように、明治三十八年には「安来会社」が包丁鉄を八〇トン、次いで頃鋼を六トン呉海軍工廠へ納入している。つまり単に小規模の坩堝炉法のみならず、実際は酸性平炉用の原料の一部も納入していたことがわかる。

日露戦争後、経済は恐慌に見舞われた。雲伯合資社も創業以来の苦境に直面した。その上金融が引き締められて、資金繰りが極度に難しくなった。明治四十二年（一九〇九）社名を安来鉄鋼合資会社と改めて再出発することになり、伊部が社長に就任した。登記記載の会社目的は「鉄鋼の製造販売及び雑品の委託販売」とあった。この「鉄鋼」とは伊部式製造法による包丁鉄で、「雑品」とはたたら場で作られた製品を意味した。同じ明治四十二年に、八幡製鉄では坩堝炉を増設して特殊鋼生産に入り、呉海軍工廠でも製鋼が盛んになり、需要も少しずつ増え始めた。

伊部社長は事業の内容を、雲伯特産の真砂を原料としてその特性を生かすことを大原則にしながらも、将来の発展のためには、鉧、頃鋼、包丁鉄などの単なる素材生産という段階から一歩進んで、いわゆる「精鋼」生産に移行していくべきであると、考えるようになった。そして明治四十三～四十四年頃漸く市場が再び活況を呈するようになったが、それによって得られた僅かな余剰金も、製鋼とか化学分析など新たに金のかかる装置のために、思い切ってつぎ込んだのである。

以上この会社の明治時代をまとめると、販売会社からスタートして、製鋼原料素材としての高品質包丁鉄の製造へと進み、さらに一歩進めて精鋼そのものを生産する将来計画をまさに実行しようとする段階にまでに至ったといえる。

2　大正時代――安来鉄鋼合資会社から安来製鋼所まで

伊部は自分でも坩堝製鋼について研究をしていたが、大正元年（一九一二）に、当時米子製鋼所にいた黒沢裕を、技術指導のために迎え入れた。米子製鋼所は、第七章で述べた通り明治三十七年に官行広島鉄山の払い下げを受けて設立された会社である。そして、広島鉄山で開発された製品を有効に活かすために、翌三十八年に坩堝鋼とその精錬鍛冶工場を野呂景義博士の設計で新設したのである。

大正元年に、伊部と黒沢の共同設計による坩堝炉が完成し、これによって銑や鉧などを原料として、まず刃物鋼をつくった。坩堝製鋼が軌道に乗ると、これをさらに進めて、合金を配合した「特殊鋼」をつくることを計画した。当時、鉄鋼生産量が増えるにつれて機械加工分野も幅を広げつつあり、これに伴って工具の需要も確実に増加して行くことが予想されたので、「特殊鋼」の中でも工具鋼に取り組んだ。しかし、配合するための特殊金属合金（希金属類）はすべて海外に依存していたので、その高価な輸入代価を確保するには大きな資金を要した。しかし、何はともあれ、この時点で安来鉄鋼の方向付けは明確となった。

次いで、安来鉄鋼は電気炉製鋼に着手した。同じ大正元年、松江電灯株式会社が斐伊川上流に水力発電所を完成して電力を供給するようになって、鉄溶解実験のための電気実験炉が同社の松江発電所内に設置された。そこでは、電気利用のほかガスの利用実験もおこわれ、両方とも技術上の重要な経験となった。

大正三年（一九一四）、第一次世界大戦が始まった。その頃諸外国から日本に対して鉄製品の注文が多くなり、普通鋼材や特殊鋼材の需要も見込まれるようになってきた。伊部社長は生産増強対策に取り組むべく、資金調達を安来銀行に働きかけた。その結果、積極的賛同を得て、並河理二郎はじめ安来銀行を中心とする町の有力者達から資本と経営への参加を得ることができた。このことは、幕末から商業資本的性格の強かった安来地域に、新しく産業的要素を付け加えることになったという点において、時代を画する意味があったといえる。まさに、伝統的な和鋼・和鉄の流れを汲む地場産業が、安来の経済力とはじめて全面的に結びついたのである。伊部は資本金の増資に踏み切ると同時に、設備計画を急遽進めた。また電気炉製鋼を実用化するための企画も進めて、大正四年に松江電灯株式会社の敷地を借りて松江工場電気製鋼部をスタートさせた。

大正四年（一九一五）の後半から、わが国は好景気に恵まれ、とくに造船、鉄鋼の景気がよく、この時期の鉄鋼業界での設備規模の増大や、技術の発達はとくに著しかった。翌五年、英国で鉄鋼輸出禁止令が出て品不足に拍車がかかった。さらに大正六年には米国鉄鋼輸出禁止令出て、国内では製鉄事業奨励法が発令された。この環境のもと、同年、安来鉄鋼合資会社は社名を株式会社安来製鋼所に改め、製品の増産計画の実施に踏み切った。電気炉やスチームハンマーの増設、圧延機の完成などの設備計画も相次いで実施されたのである。一連の計画には、かなり思い切った投資が必要だったので、大正八年には、資本金が一気に一〇〇万円に増資された。大正三年には一万円であったから、五年間で一〇〇倍になったことになる。

松江工場では、大正五年後半に初めて電気炉で高速度鋼を熔解することになった。それまでは安来工場の坩堝炉でのみ熔解作業をしていたのだから、これは画期的なことであった。

大正六年、鳥上分工場の新設が決定された。この工場が後の株式会社安来製作所鳥上木炭銑工場の前身である。安来製鋼所で、坩堝炉から電気炉へと製鋼技術が進んでくると、品質的に均一な原料鉄をより安い価格で入手出来ることが必要となってきた。卓越した技術を駆使して他社がやれないような高級特殊鋼工場としての道を歩もうとする以上、将来にわたって砂鉄を確保していくことは必要不可欠なことであった。とくに良質の真砂を多量に産出し、木炭の入手が容易な場所として鳥上の地が選ばれた。

優秀な木炭銑を得るために、鳥上分工場に設置した炉は角炉で、広島鉄山上野作業所（広島県比婆郡高野町）ではじめてつくられたものと同じであった。大正七年（一九一八）一一月、火入れ式が挙行された。作業は地元鳥上村の人はもちろん、隣の鳥取県日野郡からもたたら操業の熟練者が集まり、これに農閑期で手すきの村人達が手伝って始められた。今も鳥上に保存されている角炉は、後年造り替えられたものだが、ほかには実物が現存しない今、産業技術史的にも貴重な存在となっている。実際、一九九七年に文化財保護審議会で文化財建造物に登録されている。

大正七年（一九一八）十一月、第一次大戦は終戦を迎えた。大戦期にわが国の鉄鋼業は著しい発達を遂げたのであるが、さらなる発展の基盤となる諸条件の整備は不完全なままだったから、終戦により内外の需要が激減すると、反動によって大きな混乱を招くことは当然であった。商品価格は下落し、投げ売りを生むなど、恐慌の嵐は次第に深刻の度を強めていった。この時、安来製鋼所はタイミング悪く、量産をめざした第二次拡張工事が完成したばかりであった。大正九年に、伊部喜作は大きな設備投資とそのタイミングがずれた責任をとって、社長を辞任した。ただしその前年、伊部が得た発明特許「高速度刃物鋼」は経営苦境の中で開発したものであり、安来の技術系譜を打ち立てる基礎になったものとされている。

伊部の辞任後、資本投資によって会社を支えていた安来銀行の頭取、並河理二郎が社長となった。しかし、安来製鋼所の経営は、大正十三年になると挽回の方策にいよいよ窮し、富田慶之介らを通じて当時共立企業株式会社社長で後に日産コンツェルンの創始者となった鮎川義介に、経営維持のための救済を依頼することになった。その話に鮎川は大いに難色を示したものの、とりあえず実状視察に応じ、同時に唯一操業していた福岡山たたら（鳥取県日野郡二部村）を視察した。そして鮎川が初めてたたら操業を見たことが、瀕死の安来製鋼所を救うきっかけとなったという。共立企業が安来製鋼所に対して資本投下する形ではあったが、実際の資金は共立の子会社戸畑鋳物の名義で出資された。鮎川は、安来を引き受けるにあたり、技術・生産面の責任者として工藤治人を着任させた。工藤は住友製鋼に勤務していた経験もある冶金学者で、共立企業の関連会社の社長をしていた。彼は安来に赴任する直前に、鮎川の指示によって、当時最新の特殊鋼製造技術研究のために欧米を視察している。

安来製鋼の大正時代とは、原料鉄（包丁鉄）提供者から脱却して、伊部喜作が自ら製鋼業者として坩堝製鋼から電気製鋼まで手がけた時代であった。さらに、伊部は将来特殊鋼製造業者となる方針を打ち出した。しかし、地方資本による安来製鋼が大正末期の経済不況期を乗り切ることは出来なかった。そして安来製鋼は共立企業株式会社の資金援助による建て直しを経て、昭和時代を迎えたのである。

3　昭 和 時 代――安来製鋼所再建から日立金属安来工場まで

まず、昭和十二年株式会社日立製作所に合併されるまでを、会社の再建と基盤固めの時代として述べる。それはいわゆる鮎川義介の時代であった。

資本的にいえば大正時代までは地元資本のみであったのが、経営危機救済の結果、昭和の初めからは中央資本が取って代わることになった。新会社としてスタートとしたものの、昭和の初めは、まだ一次大戦後のどん底不況の時代であり、原料はあっても製品は売れないという大変な時であった。

この中にあって、新社長鮎川の指導の大方針は次の二項目であった。

（一）　製品は量よりも質に重点を置き、和鋼（砂鉄）を原料とした近代製鋼法を確立すること。

（二）　会社をつぶしてはいけない。経理の安全性を保て。

これを受けての工藤治人の経営方針は、あくまでもまず古来からの和鋼・和鉄の科学的究明をおこない、その成果の上に立って、これに劣らない良質の鉄鋼を新しい技術で生み出すことであった。「量」を追うのは二の次として、まず内にあっては緊縮財政策をとり、外に対しては販路拡充に意を用いた。

工藤は「安来の生命とする和鋼と同様な刃物を作る」という命題の実現に取りかかった。まず、内面的には従業員一人一人の真心こそがよい鋼を作り出すと考え、「誠実生美鋼」という言葉を残した。彼自身がこの言葉を書いた扁額がのこされており、元和鋼博物副館長で、かって日立金属に勤務しておられた佐藤豊氏が「安来の技術マインドは、誠実美鋼を生むという工藤イズムが原点です」と語っておられた。また、設備や技術の改良ばかりか、販売活動にも熱心に取り組んだ結果、刃物鋼は売れ出した。とはいえ刃物鋼の量は少なかったので、高速度鋼（金属切削工具用の高級鋼）をはじめ飛行機や自動車、船舶用の高級特殊鋼も手がける必要があった。

高級特殊鋼に製品の幅を広げていくとなれば、原鉄としての鳥上の銑鉄は炭素量を下げることが必要だった。何とか砂鉄から一気に低炭素の鉄をつくろうとして、工藤は新和鋼ともいうべき独特の海綿鉄と浄精鉄を生み出した。海綿鉄は、当時スウェーデンで研究的につくられたサンプルのみがあった。清浄鉄は粒状の鉄でショットと呼ばれた。

鳥上の角炉銑の特徴は、粒のおおよそ整った細粒の砂鉄を木炭で吹いているので、よい白銑が生まれてくる条件は整っていた。けれどもこの銑鉄を安来刃物鋼の原料とするには、一旦炭素量を下げたものをインゴット（熔解した銑鉄を取鍋の中で固めたもの）にしてから精錬するか、または他の低炭素の原料を多量に混入するかしないと目的を達成することは出来なかった。

昭和二年から三年にかけて、工藤は砂鉄と木炭を回転炉に入れて、単相電極を装入し、炉の内壁を焼いて熱することで砂鉄から半熔融の鋼を得る技術を完成させた。その鋼がスポンジ状になっていたので海綿鉄とよんだ。この連続回転炉を十神炉と名付けたが、現在この炉は和鋼博物館（島根県安来市安来町）に展示されている。十神炉で製造されたスポンジ玉のような鋼を電気炉で融かして鉱滓を分離した後、急激に流水中に入れることによって豆粒状のショット（精浄鉄）としたのである。この十神炉と電気炉による方法が、その後のペレタイジング法（砂鉄をペレット状、つまり団塊状にする方法）と低温還元法を組み合わせた新海綿鉄製造法の母体となる技術であった。工藤がショットにした理由は、カーボンの低い鉄をつくるためであると同時に、粒状であれば熔解しやすく、塊状の鉄のように「取鍋」や「鋳型」を必要としないので原価安につながると考えたからであった。

昭和三年鮎川は自ら相談役に退き、工藤治人を後継の社長とした。昭和四年から六年へかけての不況のなかで、安来製鋼所は工藤社長を中心に、新和鋼ともいうべき海綿鉄やショットの開発を軸として、原料自給体制の確立と徹底的コストダウンを追求していった。

そして、すでに工藤が予測していたとおり軍規格が変わり、坩堝炉ではなく、電気炉による精鋼を納入しても良いことになった。軍工廠では、製鋼技術を坩堝鋼から着手したこともあって、長い間民間から納入する精鋼は坩堝鋼に限定していた。しかし工藤は、技術進歩の方向として、坩堝から電気炉鋼でも軍の規格が受け入れるものと予測して、はじめから電気炉の改良に取り組んでいた。安来製鋼所でもこの頃から設備増強がはじめられた。昭和七年、陸海軍双方の航空本部指定工場となり、昭和八年からは軍の監督官が常駐するところとなった。同じ頃安来の高速度鋼は、わが国の切削工具界での地位を確立した。高速度鋼の研究は明治の頃から伊部喜作によって行われていたが、本格的に商品として世に出たのは昭和三年で、その後相次いで新商品を開発して、昭和七年には安来の高速度鋼として体系ができあがっていたのである。

昭和八年、安来製鋼所の戸畑鋳物株式会社への合併が決まった年に、陸軍の外郭団体である財団法人日本刀鍛錬会から依頼され、安来製鋼は鳥上分工場にたたら炉を建設して、たたら製鉄を復元することになった。折からの、軍用日本刀作成のための復元であった。そして、この靖国たたらの操業を通じて、冶金学的理論を支える基礎的な技術データを得た。

昭和九年、戸畑鋳物に付属していた冶金研究所が安来に移された。後年、工場が高級特殊鋼生産面で幾多の技術的成功を収めたのも、この研究所の活動に負うところが大きかった。

昭和十一年（一九三六）工藤治人が転勤で安来を去った。昭和十二年（一九三七）には、経営的に鮎川の手をはなれて株式会社日立製作所と合併し、その安来工場となった。

日立との合併後、ほどなく国家総動員法、工場事業場管理令に基づき、工場が陸海軍の管理下におかれることになった。昭和十五年（一九四〇）には米国が対日屑鉄禁輸に踏み切り、翌十六年に太平洋戦争が始まった。昭和十八年以降、軍需としての特殊鋼の生産割り当ては月三三〇〇トンに達した。

昭和二十年（一九四五）八月、終戦とともに安来工場は保安警備要員と整理事務要員を一部残して閉鎖された。同年十一月には工場を再開することができたが、製品は各種の工具類や利器刃物、磁石、農機具などであった。この時安来工場は、創業以来の素材専門工場から脱皮し、その素材を使って機械加工をする、いわゆる加工品分野へ進出する方針を強く打ち出したのである。また工具鋼を生産の重点におく方針も明確にしていった。

昭和二十四年頃、安来工場の中でヤスキハガネにいろいろと新生面が開拓されていった。すなわち新鋼種がいくつか完成し、高加工度製品分野へも進出した。新鋼種の代表的なものとして、時計用のゼンマイ鋼と安全かみそり替刃鋼を生み出した。さらに通信機器に用いられる電磁軟鋼も完成して、その後の通信機器の性能向上に大きく役立てることが出来た。ほかにもいくつもの新鋼種を完成し、民需拡大に活路を見いだす基礎を築くことができ、安来工場は製鋼より冷間圧延までの一貫生産体制を確立した。純度の高い鋼種を生み出した機会に、製品加工度を上げるという基本方針に則して、高級帯鋼の生産分野に進出した。そのため、小型圧延機を改造して棒鋼と高級帯鋼と両方の圧延作業ができるようにしたほか、小型冷間圧延機も整備した。

昭和二十六年には景気回復の曙光が見え始めた。砂鉄のペレタイジング法が完成されて鳥上分工場にペレタイジング設備を設置したのは昭和二十七年のことであった。この設備は、鳥上木炭銑工場の角炉と共に現存している。同二十八年にはドイツ製六段冷間圧延機を新設して厚さ〇・六ミリのかみそり替刃材とゼンマイ材の試作に成功し、翌二十九年には四段小型冷間圧延機を新設して磨帯鋼の生産は次第に態勢を整えていった。昭和三十一年分離独立により日立金属の安来工場となり、今日に及んでいる。

　右記ペレタイジング法は、砂鉄をたたら炉に用いていた時代のような粉体のまま装入する不合理性を廃し、一種の団鉱法（砂鉄から磁鉄鉱を選鉱し、それに水と木炭を加えて低温で処理して粒状にする）によって角炉に装入する原鉄材料を作る方法である。

　昭和三十一年当時、鳥上分工場には二基の角炉が稼働しており、そのうちの一基を砂鉄ペレタイジング用に改良し、試験が繰り返された。その目的は木炭の使用量を減らすことであり、次第に効果を上げていって、砂鉄と木炭の比率が一対一まで木炭の使用量を減ずることができたという。このペレタイジング法の開発に技術者として従事した木原明氏は、のちに株式会社安来製作所（ワイエスエス）鳥上木炭銑工場の工場長となり、そして同社付属の日刀保たたらの村下として、文化庁の選定保存技術保持者となった。

　昭和四十（一九六五）年に角炉による木炭銑は製造中止となった。日立金属安来工場では新海綿鉄を開発して、角炉による木炭銑を置き換えたのである。これは上述の工藤治人の考案によるショット化をさらに進化させた方法といえる。まず、砂鉄をペレタイジング法によって直径三センチほどの玉状に固める。それを焙焼炉で酸化第二鉄へと酸化させる。次に還元炉で摂氏千度以下のガス還元をして海綿鉄に仕上げるものである。このように砂鉄ペレット材を一酸化炭素と水素ガスを使って還元したものが新海綿鉄である。この低温還元法の確立により、たたら製鉄で得られた優秀な和鋼を凌ぐ清浄地鉄をうることができた。さらに、その優れた地鉄の価値を電気炉などによる二次精錬で半減しないために、真空溶解や真空鋳造法の開発が引き続き行われた。

しかし、砂鉄起源の低温ガス還元法による海綿鉄も、平成二年（一九九〇）でその使命を殆ど終え、その海綿鉄の製造設備だけが日立安来の海岸工場に今も残っている。現在では、世界一の技術を誇る日本国内の鉄源を用いて、ヤスキハガネを生産している。

4　砂鉄とハガネの伝統

最後に、日立金属安来工場の現在を確認しておこう。

現在の日立金属の製品は、エレクトロニクスから自動車、機械、建設、環境などきわめて広範な分野に進出している。しかも、現代の工業製品の分野でも先端技術分野が主体となっているようであるが、ここではたたら製鉄と関わりの深い高級刃物鋼についてみていこう。その総合カタログの冒頭にも、「和鋼の伝統は今日のヤスキハガネの中に新しい形で受け継がれている」と記述されている。

「ヤスキハガネ」は、家庭で使う刃物のブランドとしても有名であるが、日立金属は、安全かみそりの刃のマーケットシェアが世界で六〇％以上を占めているという。それが、砂鉄起源の替刃鋼とどのようにつながり、そして国際ブランドとしてのヤスキハガネがどのように発展したのかを確かめよう。*

＊以後の記述内容は、元日立金属冶金研究所長の清永欣吾氏はじめ、日立金属に関係のある方々からのご教授による。また、安来工場海岸工場の見学の機会も与えて頂いた。

日立金属安来工場で生産されている安全かみそりの替刃は、古くは炭素鋼であったが、現在はステンレス系である。つまりクロムが約一二％含まれている特殊鋼で、錆びにくい性質をもっている。かみそりの替刃に関しては、かってはスウェーデンやイギリスのメーカが世界市場を席巻しており、日本も輸入していた。日立金属は、はじめ昭和二十年代に開発された替え刃鋼をもって、ジレット社と組んで世界展開を図った。しかし最初にジレット側からの要請でサンプルを提出したときは散々の評価であった。“the dirtiest steel in the world”と言われたという。日立安来の自慢の鋼がなぜ「世界で最も汚いスチール」といわれたのか。それは、顕微鏡で鋼の組織を観察すると、鉄粒子が不揃いなことと、その間に不定形のシリコン、アルミ、マグネシウムなどの酸化物が介在していたからだという。つまりこれらの酸化物は、鉄粒子の間に不純物として存在していたのである。

日立金属がその状況を脱してから、現在の誰にも真似の出来ない品質を達成することが出来た秘密は、一言で言えばあくまでも清浄な鋼をつくる技術を極めたからだと云える。しかも、それを安いコストで生産できる技術をも併せて開発したからである。たとえば、介在物の中にもいろいろな性質のものがあって、それらを完全に除去するには真空溶解などの方法によらなければならない。しかし、そのような高度な方法を採らずに、比較的廉価で溶解する方法を日立金属は見つけた。そして、あくまでも高級特殊鋼を目指すという伝統に添って製品開発に努力を集中した。たとえば、刃先（ブレード）の幅が一ミクロン程度であるので、鋼中に同じ一ミクロンの大きさの介在物があって、もしそれが刃先に位置すれば、刃こぼれの原因となる。従って、存在する不純物粒子の大きさを〇・五〜〇・七ミクロンまでにコントロールする技術を達成する必要があった。このファインスティール、またはクリーンスティールといわれる清浄鋼を作る技術が日立安来の基盤技術となった。その後、この替刃製造からスタートした技術が先端技術分野の高級特殊鋼製品を次々と生み出す原動力となった。

この生産技術と並んで重要なのは不純物に対する考え方である。不純物が少なく、刃物鋼をつくるのに最も適した原鉱は奥出雲の真砂砂鉄である。つまり銅、硫黄、燐、砒素などの不純物は鋼を脆くする。だから、まずこれらの含有量が少ないということは、すぐれた鋼が出来る条件を本質的に備えていることになる。更にシリコン（珪素）、マンガンなどの不純物は、鋼を脆くする性質はないけれども、鍛接し難くする性質がある。真砂砂鉄はその含有量も少ないので、鍛接の際にフラックス（融剤）を用いる必要のない鋼が出来るのである。そもそも利器刃物とは、靭性（粘り強さ）があってしかも堅い性質を必要とし、そのためには不純物の少ないよい原料砂鉄が必要となるわけである。しかもたたら製鉄では洋鉄の高炉や熔鋼炉に比べて炉内温度が低く、本来少ない不純物が一層鋼の中へ取り込まれにくい。もちろん、コークスに比べて木炭も不純物が少ない。だからたたら炉で出来た和鋼は高級特殊鋼の原料としての品質がすぐれているということになる。但し、炭素の含量分布は和鋼の方が不均一で、丹念な折り返し鍛錬が必要となる。もしも鍛錬の手抜をすれば鉱滓を含み込むことになり、炭素の分布の不均一性のゆえに、面積の広いものを作る場合などにとくに問題を生ずる。

以上、あくまでも清浄鋼をつくる製鋼技術と不純物を含まない原料を使うという二点が、最良の品質を達成できた原因であると結論することが出来る。

現在では同じ技術思想に基づいて、基盤技術である清浄鋼の技術を応用し、さらに発展させた技術によってＩＣ用リードフレームや、ブラウン管のシャドウマスクなどの材料が日立金属安来工場の主製品となっている。これらの製品は、自動車用ピストンリングの一つであるスチールリングと共に、世界中で圧倒的に高い市場占有率を有しているという。もちろんこれらは替刃の売上をはるかに凌ぐ販売高を確保し、日立安来の主製品となっているのである。

鉄鋼業の主軸である粗鋼の生産は、大型コンピュータ制御で稼働させる平準化した技術が主体となっている。それに対して、清浄鋼をつくるというあくまでもファインな技術分野は、人の知恵の結晶として日本でなければ実現できないものであり、この分野で長く世界のトップを走っていたいというのが、日立安来の考え方である。要するに、自らの得意とする技術の粋を極め、世界市場でトップの座を確保しなければ、これからの日本企業は生きてはいけないというのである。実際、安来工場の現場で働く人達がすぐれた鋼をつくることに、心から誇りと喜びを感じている。今でも生きている「たたらの原点」に根差す技術の伝統と現場職員の心意気。優れた地場産業の意義がここにある。

本章ではたたら製鉄の生存をかけた最後の奮闘と転身を論じた。官営広島鉄山で行われた、たたら製法の生産性向上を目的とした改良は、洋式製鉄技術の理論と技術を取り入れようとする意図のもとに行われた。洋式送風器（トロンプ）の開発、原料砂鉄の団鉱化、鉄滓吹き、高炉になぞらえた角炉の開発などがそれである。しかし、それらの技術はすべて革新的な効果をもたらすには到らず、洋式製鉄技術との差異を埋めることは出来なかった。

この間、大鉄山師系のたたら製鉄業者の中には、少しでも新しい技術を取り入れて、たたら場を合理化しようと努力を傾けた者もあった。その結果、上記角炉の考え方を取り入れた改良たたら炉（旧式角炉）と洋式送風器が、広島から雲伯地方へ伝播した。

一方、中国地方の新興製鉄業者は角炉を引き継ぎ、さらにその改良を重ねて昭和期まで砂鉄製錬を行った。とくに、日立金属安来工場では、昭和四十年まで角炉を操業しながら、特殊鋼の製造に集中した。角炉法がガス還元法へと製錬技術が近代化された後、砂鉄製錬は平成の始めまで継続された。極限性能を追及する特殊鋼の原料鉄として、生産が継続されたのである。その原料鉄も、遂に現代の製鉄法の発達によって鉄鉱石起源の清浄鉄へとおきかえられた。そして生産の現場から砂鉄が消え去った。しかしながら、あくまでも清浄な鋼の製造を追求して来たたたら製鉄の精神的遺産は、平準化された粗鋼生産を超えて、高級特殊鋼の開発と生産と言う先尖的な目標を経営方針とする日立金属安来工場に受け継がれて生き延びていると言えるだろう。

終章　現代につながるたたら製鉄

一　要約

まず、各章の概要を、本研究の大きな流れに沿って整理し要約する。

「第一章　たたら製鉄とは」では、たたら製鉄の全体的な工程と技術の内容をあらかじめ明示することを目的とし、明治時代の奥出雲のたたら製鉄を例にとって原材料、製鉄作業、製造工程などの概要を述べた。この場所を選んだ理由は、近世たたらの全貌を今に伝える「たたら場」が国の重要民俗文化財として保存されており、現時点で確実な情報が最も多く残されているからである。

たたら製鉄とは、粘土で構築した製鉄炉に砂鉄と木炭を交互に投入しながら、送風装置（吹子）から絶えず風を送ることによって最高一二〇〇度位の高温を保持し、砂鉄を熔融して銑や鉧をつくり、さらにそれらを大鍛冶屋で鍛錬して錬鉄とし、鋼とともに市場に送り出すまでの作業の全体をいう。このとき「赤目砂鉄」を使って銑をつくる方法を銑押（四日押し）といい、「真砂砂鉄」を使い鉧塊を大きく育てて、中に鋼を直接つくる方法を鉧押（三日押し）という。奥出雲は真砂砂鉄の産地であり、明治時代には鉧押が多く行われた。

生産工程は、およそ、①砂鉄の採取、②木炭生産、③たたら場での製鉄作業、④鍛冶場の鍛錬作業の四工程に大別することが出来る。
たたら製鉄で最も重要なものは原鉱の砂鉄であり、また吹子の効率をあげることは生産性を高めるために最も効果があった。

「第二章　砂鉄」では、まず砂鉄の地域的な分布と各種砂鉄の基本的な性状および採取方法を確認した上で、砂鉄製錬技術と製品および生産性を明らかにすることを目的とした。

古来より砂鉄はたたら製鉄の立地条件として最も重要視されてきた要素であった。熔解しやすさあるいは還元しやすさなど、製鉄反応にとって大切な性状を備えている化学的組成をもつ砂鉄は、中国地方と東北地方（特に太平洋側）に分布しており、これらの地域が近世中期から明治・大正時代まで、たたら鉄の産地として特化される基本的な要因となった。砂鉄は、採取される場所によって、山砂鉄、川砂鉄、浜（海）砂鉄と分類されるが、中心的に使われていたのは山砂鉄である。山砂鉄は花崗岩類が風化して堆積した表層砂鉄であり、中国地方では「赤目」と「真砂」があるとされてきた。そして、真砂は「玉鋼」の必須原料として優れた砂鉄であるとの説明もよく行われてきた。しかし、この山砂鉄は全く同じ性状のものが東北地方の盛岡南部領および仙台領北部にも存在していたのである。つまり、中国地方では山陽側（備後）に多く産出した赤目と山陰側の雲伯地方の一部で産出した真砂とを区分していたが、東北地方ではそれらを区分せずに「マサ」（柾と表記した）、あるいは単に「砂」と称していた。さらに東北地方、それも北部の久慈地区を中心に層状砂鉄が存在し、江戸時代にはこれも山砂鉄としてたたら製鉄に用いられていた。層状砂鉄とは、一万年以上前に浜砂鉄が堆積している洪積台地からとれ、熔解性がよく製錬しやすい砂鉄で、東北では「ドバ」（土場と表記した）と称した。東北地方の砂鉄はチタン量が多いので生産量が少ないばかりでなく品質もよくないとする説もある。だが、そのチタン含有量は熔解性を損なうどころか逆に砂鉄を熔けやすくする範囲の量であり、この説は当たらない。古代あるいは中世の製鉄地で採れる砂鉄のチタン量が多く、近世になって製鉄をせずに他領から地鉄を購入して加工専門になった他の産地の場合とは事情が大きく異なるのである。

次のような山砂鉄の採取方法および洗浄方法を古文書などの古い資料および明治時代の記録から明らかにした。まず、砂鉄山に流水を導いて砂鉄を含む砂および泥を切り崩し、導水溝へ落とす。井手、走り、堰などと呼ばれる導水溝は下流に設けた選鉱場まで数里も続き、砂鉄はここで比重選鉱によって本格的に砂類と分離される。ここまでの方法を中国地方では「鉄穴流し」、東北地方では「切流し」といった。両者は基本的には同じものではあるが、装置は東北地方の方がはるかに簡単であった。洗い上げた砂鉄はたたら場に運んで精洗した。この際、伯耆では精洗度をいろいろ変えて製錬炉での反応過程に適した砂鉄を得るなどの工夫が行われていたこともわかった。

以上は山砂鉄でも花崗岩を原石とする表層砂鉄の場合である。その砂鉄量は採取された土砂の僅かに〇・三〜〇・四%に過ぎず、残りの土砂はすべて谷川へ放流された。一方、層状砂鉄（「土場」）は本来三〇%程度の鉄分含有量があった。採取方法も露天掘りのほかに坑内掘り（もしくは坑道掘り）が行われ、しかも性状が微粉の塊であったので、もっと簡便な洗浄方法がとられたようである。

「第三章　たたら製鉄の生産技術」では、史料から直接、間接に窺い知れる操業状況を詳細に解析しようと試み、明治時代の観察記録との比較を通じて全体像を明らかにすることが出来た。

中国地方では赤目砂鉄を使って銑押を、真砂砂鉄を使って鉧押を行っていたというこれまでの説明は、基本的に正しいものの、解明されるべき問題の要点はそのどちらが主体であったかということである。量的に銑の生産量が多いことは、特に銑押主体の産地であった備後と石見が全鉄生産高で群を抜いている一事をもってしても明らかである。次いで全生産高の大きかったのは雲伯である。しかも鉧押主体とされ、その結果鋼（あるいは釼）の特産地とされてきた雲伯でさえも、鉧押における銑の生成比率は四〇％を超えるのが普通であった。ただし、その一方で銑押においても鉧の生成は避けられなかったことも事実であった。だが、その生成比率は鉧押における銑生成比率よりはるかに低かったのである。確かに明治以降の雲伯の鉧押法では、銑の生成を抑えて上質の鉧や鋼を多く生成するように工夫されたことが認められる。しかしこれをもって「真砂と玉鋼」に重点をおいてたたら鉄の説明を覆い尽くそうとすることは、その製品構成のイメージを大きく誤らせかねない危険をはらんでいると言わざるを得ない。

近世中期、あるいは少なくとも十八世紀末頃、雲伯における、たたら製鉄の操業は、はじめは流せるだけ銑を流しきってから「釼造り」を行っていた。工程の最初に銑を作るために、同地で入手しにくかった「篭り砂鉄」の使用を特に重視したのである。「篭り砂鉄」は純粋な真砂よりもむしろ赤目砂鉄に近い成分であったらしい。要するに熔融し易い材料の配合が銑作りの要諦であった。それゆえ、中国地方の銑押では、浜砂鉄や砂鉄洗浄の洗い滓などを配合する知恵を働かせていたのである。このことを翻ってみれば、熔融し易い材料である層状砂鉄（土場）を産出した東北地方、とくに八戸地区では銑（東北では鉏）の生産に向いていたことを意味している。一方、盛岡地区では土場が少なく、雲伯の真砂と同様の柾が多かった。そして、この地での製錬操作は、近世中期の雲伯で行われていた方法に則して、まず鉏（銑）を流しきり、その後の「釼造り」工程に移る前に操作を中止した形とみられる。したがって、中国地方の銑押や、八戸南部領の「鉏吹」に比べて熔解しない鉄塊（鉧、東北地方では鍻）の生成率が高かったのである。

最後に、たたら製鉄の一工程における生産性を比較することによって、生産の直接の目当てとする製品の生成比率を高めて生産高を上げる要因は、砂鉄の種類の選定とその使い方にあることを明らかに出来た。また、製錬炉を高温に保持するには送風装置が重要であり、砂鉄と共に吹子が決定的な寄与を示す要素であることが明確となった。

「第四章　製鉄用吹子の変遷」は、近世から明治に至る製鉄用吹子の全国的な変遷過程を明らかにした。とくにこれまで包括的に論じられていなかった東北地方の吹子を重点的に解析した。

中国地方では十七世紀末（元禄以前）に踏吹子の改良によって天秤吹子が発明された。十八世紀に入ると天秤吹子が中国地方全体に広がり、それと共にたたら場も高殿鑪として定着し、たたら鉄の生産は急増した。この天秤吹子は明治二十年代まで中国地方のたたら鉄の生産を支えた。

仙台北部へ中国地方から踏吹子が伝わった時期は永禄年間（一五五八～一五七〇）と推定される。さらに踏吹子が仙台藩から南部藩領に伝えられたのは承応年間（一六五二～一六五五）で、これが南部鉄山開設の契機となった。それ以来、仙台藩と南部領（盛岡藩、八戸藩）の吹子の変遷は明らかに違うみちを辿った。仙台藩では踏吹子がそのまま幕末まで使い続けられた。これに対し、南部は元禄六年（一六九三）頃、出雲から製鉄用の大型差吹子を導入した。南部の鉄山は元文年間（一七三六～一七四一）には仙台藩の商人に替わって領内資本による経営に移行した。南部領では天秤吹子の中国地方と同じ操業形態を採用することなく、吹差吹子の台数を増やすことによってたたら鉄の生産性をあげた。この理由としては、藩の鉄山政策が鉄山経営からの税収入増のみを目的としていたがゆえに、鉄山の経営継続期間が短く、資本の蓄積が十分でなかったこともあげられる。また大飢饉に苦しんだ東北では、その後の労働力不足に対処して生産性を上げるために吹子が強化されていた。つまり、吹子の台数を増やして労働力を一鉄山に集中することによって生産高を上げた。吹差吹子であれば移動することも台数を増やすことも簡単である。たとえば台数も一炉に対して四台吹子を設置する形式を四合吹と称したが、最盛期の化政期（一八〇四～一八三〇）には四合吹二炉を並設する八合吹で増産を図った。八合吹は中国地方の天秤吹子にほぼ匹敵する生産量を上げることが出来たが、吹子職人（番子）の数は天秤吹子に比べて四～五倍を要する、極めて労働集約的な操業形態だった。したがって、米の準備に多額の資金を要した八合吹は長くは続かなかった。

東北地方で吹差吹子が使われ続けていたことが、それに水車動力を結びつけて駆動する水車吹子の発明につながった。安政五年（一八五八）以前から、大正期に到るまで水車吹子が利用された。さらにこの技術が釜石洋式高炉の立ち上げに役立ったものと考えられる。

以上述べてきた近世たたらの製鉄技術は、明治維新後わが国の近代化の波に直接さらされることとなった。「第五章　製鉄技術の近代化とたたら鉄」では、西洋の近代製鉄の製品と技術がどのようにして日本に導入されたのか、また、それがたたら鉄にどのような影響を与えたのかを明らかにすることを目的としている。そこで、まず西洋の近代製鉄の歴史を簡単に辿った。

ヨーロッパでは、西ドイツで、十五世紀頃までに炉内温度が高く熔融銑鉄が大量に得られる「高炉」と呼ばれる熔鋼炉が出現し、その原料鉱には鉄鉱石、燃料には木炭、送風装置には水車吹子が用いられた。近代製鉄技術の出発点となったこの高炉技術がオランダの文献を通して幕末の釜石鉄山に導入されたのである。

銑鉄から鋼を製造することを精錬というが、それにはまず精錬炉で銑鉄を加熱し、鉄内部の炭素を酸素で燃やして二％以下に脱炭し、鋼を含む可鍛鉄をつくる。この脱炭工程は、第一章で述べた近世のたたら製鉄の大鍛冶工程に対応するものだが、たたら製鉄では鉧押法によって鋼を直接造るのが鋼を得る主要な技法となっていた。

ドイツから高炉法が伝わったイギリス製鉄業は、十七世紀に発展を続け、それが一八世紀の産業革命を準備した。その間に、木炭から石炭へのエネルギー転換が起こり、コークス高炉法がイギリスで確立する。一方銑鉄から鋼を造る精錬技術も反射炉を使ったパドル法という新しい方法への進歩が見られた。反射炉はもともと青銅や鉄の熔解炉であったのだが、幕末の日本もこれを導入して、鋳鉄砲の材料を造ろうとし、一部では成功している。

パドル法（熔融）と圧延（鍛造）という製鋼工程がさらに発展して完全に機械化されたのは、一八五六年にベッセマーが転炉《てんろ》を発明した結果である。その後一八六四年に、熔鋼を製造する炉へと反射炉を転化した平炉《へいろ》法の発明が続いた。こうしてヨーロッパでは「鉄の時代」から「鋼の時代」へと移り、現在に到っている。近代製鉄・製鋼法が確立したこの時期は、日本では安政から文久にかけて一〇年間（一八五四～一八六四）の時代にほぼ相当する。そして、日本がこの十九世紀半ば過ぎに確立された「製銑―熔鋼」という一連の近代製鉄法の導入を計画したのは、明治維新（一九六八）以降のことであった。

ヨーロッパにおける製鉄近代化は、十四～十五世紀の高炉出現から一九世紀半ば過ぎの近代熔鋼生産法の開発に到るまでの四〇〇年を要している。これに比べて、日本の製鉄近代化過程は約五〇年に圧縮されている。すなわち、幕末の一八五〇年代に佐賀藩の反射炉で銑鉄砲が鋳造され、釜石で高炉製鉄を成功させてから、一九〇一年に官営八幡製鉄所が操業を開始するまでの五〇年がそれである。とくに明治維新後には、西洋の最も新しい技術を次々と取り入れていった。

明治八年（一八七五）、官営釜石製鉄所への導入を決定した製鉄技術体系は、イギリス産業革命を通して形成された「鉄の時代」の古い技術で、動力は水車から蒸気へ、送風は冷風から熱風への進歩が見られた。しかし燃料は木炭のままであり、一方規模は幕末の高炉より大型であった。ただし官営釜石製鉄所は、明治十三年に操業開始したものの高炉作業は成功せず、燃料不足の問題もあって十五年十二月には早々に廃止の決定が下された。その後民営田中製鉄所が官営釜石の後を受けて操業し、高炉を小規模のものから次第に大型化する方式をとって成功し、遂にコークス高炉を稼働するまでになった。こうして明治二七年（一八九四）には、それまで中国地方のたたら鉄が低い鉄価に悩まされつつも頑張って生産していた全生産量を凌駕する約一万三〇〇〇トンの生産量を達成した。これこそがまさに、わが国の近代製鉄のはじまりを告げる一幕であった。しかし、釜石鉱山田中製鉄所では銑鉄生産が精一杯で、高炉銑を鋼に変える製鋼技術を同時に開発出来なかったのである。

陸海軍両工廠は欧米でも開発途上の近代熔鋼技術を明治十年代に導入しようと計画した。とくに海軍は、鋳鋼砲を製造する必要に迫られて、積極的に熔鋼技術を探索し始めた。まず産業革命前の「坩堝製鋼」を持ち込んだが、その国産原料として在来の砂鉄製錬法による鋼を採用することに興味を示したのである。その後一八九〇年以降、陸海軍両工廠ともに酸性平炉を設けて「鋼の時代」の技術移植に取り組んだ。したがって、日本の近代製鉄のうちでも、銑鉄製錬技術は民間の釜石鉱山田中製鉄所が立ち上げ、一方製鋼技術は軍工廠が開発の先鞭を付けるという、二本立ての道筋を辿ることになったわけである。

この時期、明治政府は西洋の鉄製品を大量に輸入した。たたら製鉄は、不公平関税率のもとでその輸入鉄の低価格に苦しみながらも、官営八幡製鉄所の操業開始（明治三十四年）によって日本に近代製鉄が本格的に着地するまで、まがりなりにも繋ぎの役目を果たしたのである。

八幡製鉄は当初から製銑―製鋼一貫工場を確立する設備拡充が計画されていた。しかし、陸海軍が必要としていた軍器用鋼材を供給する計画は中止され、一般鋼の生産に力を注ぐ方針に転換された。海軍は工廠での製鋼を確保する必要に迫られた結果、呉製鋼所を創設して、装甲鈑などの自給を図る計画を決定したのは明治三四年であった。その頃、雲伯のたたら製鉄業者が海軍への原料鉄納入に生き残りをかけて、必死の努力を重ねていたのである。

そこで次に、たたら製鉄が明治三十年代までどのような経営を続けてきたのかを確認することとした。

「第六章　たたら製鉄の衰退」では、明治以降も盛んに経営を続けようとした中国地方、とくに雲伯地区のたたら鉄が、時代の波に押されて衰退していった過程を追求した。

明治初期から三十年代にかけて、日本の近代化が急速に進むに伴って、鉄鋼需要は確実に増大した。その需要を満たしたのは圧倒的に輸入材であったが、明治二十七年から三十五年には、国策による釜石、八幡の国産洋式鉄鋼業の産鉄量がこれに次ぐことになった。在来のたたら製鉄はこの両者に圧迫されながら、生き残るみちを、軍需用特殊鋼材の原料を供給することに見出さなければならなかった。

この間の事情を探るために、田部家資料の数値を解析し、たたら経営が明治十年代には既に成り立たない状況にまで追い込まれていたことを明らかにした。しかしこの地区の代表的な鉄山師達は、裾野の広いたたら製鉄業に大きく生活を依存する地域の人口を養うために、資本を消耗し続けながらも経営を続け、明治三十年代に軍需に活路を見出すまでどうにか持ちこたえたのである。この間、鉄山師達は組合を結成して業界の共同性を高めて、生産や経営の合理化に努力する一方、資本援助などによる救済を県に求めた。しかし県や国家はほとんど救済策を講じなかった。これに見られるように、幕藩時代の藩の手厚い保護があった時代とは全く違う苛酷な経営環境にさらされながら、それでも鉄山師がたたらを閉山せずに、どうにか地区の人口を支えることが出来たのは、やはり幕藩時代に得た山林を保ち続けていたからに他ならない。従業員救済のために、明治政府が零細の鉄山の集まりであった広島鉄山を官営としながらも、結局明治三十七年に閉山した。それは、原料砂鉄や燃料の供給山林がままならない国有林であったことが、原因の一つであったと考えられる。

「第七章　明治の軍拡と山陰のたたら鉄――特殊鋼へのみち」では、たたら鉄の用途が特殊鋼原料へと特化されていった道筋を、具体的に明らかにした。第六章で述べたように、たたら鉄は衰退の一途をたどり、資本を消耗しながら何とか経営を続ける状態であったが、これに対して軍需物資として採用するという救いの手が差しのべられた訳ではなかった。単純に海軍工廠がたたら鉄を必要としたのである。その事情を理解するには、まず軍器用には特殊鋼が必要であること、またその品質要求とたたら鉄製品の品質との関係を技術的に明かにする必要がある。そして、さらに海軍が呉工廠に製鋼所を設立するまでの政治的、国際的、経済的背景を明らかにする必要があり、加えて特殊鋼の原料鉄入手状況を解明しなければならない。それらの複合的な要因が需給関係を現実に左右するからである。

特殊鋼は、坩堝炉や酸性平炉によって精錬される酸性鋼であり、特に不純物としての燐および硫黄の含有率が低い（〇・〇三％以下）ことを品質管理の必須条件とする。この条件を満たすには、原料鉄の不純物の含有量自体も低く抑えられていなければならない。特殊鋼の原料は、低燐銑と屑鉄であって、いずれも海外からの輸入に頼っていた。なかでも、世界的に品質の良さが認められていたのはスウェーデンの木炭低燐銑で、日本も早くからこれを輸入していたが、「軍器独立」を目指す軍部としては国産化が急務だった。幸いたたら鉄の原鉱である砂鉄は、本質的に含有する不純物が少なく、使用燃料も木炭なので、硫黄の含量も問題にならない好材料だった。したがって、たたら鉄製品採用の方針はある意味で当然の帰結だった。

次に明治三十年代以降たたら鉄製品が海軍工廠の製品材料に採用された経過を明らかにして、海軍工廠の要請に対応した製鉄業者の努力を具体的に述べた。海軍は当初から鋼製兵器採用の方針をとっていた。明治十六年頃には既にたたら鉄を原料とする製鋼技術の開発に成功し、その結果、たたら鉄製品を開発試験用、もしくは小型鋼製兵器の試作用の材料として採用した。

明治十年代の中国地区のたたら製鉄経営は、鉄価の変動に翻弄されて、すでに経営が成り立たない状況に陥っていたので、この軍需という新しい可能性に大きな期待を寄せた。しかし、海軍からのまとまった貢納要請を受けるのは明治三十年まで待たなければならなかった。それまでの明治二十年代は、海軍が製鋼技術と兵器製造技術を蓄積する期間だったのである。

一方海軍は、国際的環境の変化に対応するために、軍備拡張計画を次々と政府に提出した。海軍は軍艦国産化をも見据えていたにもかかわらず、技術開発が間に合わず、主力艦をすべて海外からの輸入に頼らざるを得なかった。政府は主力艦の輸入財源として日清戦争の賠償金を当て、さらに増大する拡張計画には、地租増徴をはじめとする増税と公債発行などの政策で応えて、これを乗り切った。

こうして、明治三十六年には呉海軍工廠に製鋼所が創設され、本格的な特殊鋼の生産が開始された。海軍が独自に製鋼所を設置した主要な背景としては、すでに操業を開始していた八幡製鉄所が一般鋼の製造に集中して兵器用の特殊鋼を作らない営業方針をとっていたことがあった。

海軍の政府委員は、議会での製鋼所設立予算の説明の中で、低燐銑に配合する屑鉄の代わりにたたら鉄製品を採用しているのだと明言している。さらに海軍は大倉鉱業と契約を結んだ。その内容は、海外からの輸入ではなしにわが国の「勢力圏」から原鉱を調達して、国産の低燐木炭銑を生産するというものだった。

では、たたら製鉄業者は海軍の要請にどのように対応したのか。たたら製鉄業者が海軍と交わした製品賣納契約の内実は、大きく三つに区分される。第一期は、明治十六年頃から始まった海軍の製鋼実験用あるいは兵器試作用の材料についての少量契約である。次の二期は、海軍造兵廠が軍艦搭載用大口径砲を制作するに至った造兵拡大期の明治三十年から三十五年までの契約であり、約三七五〇トン（一〇〇万貫）というかなりの量がその総納入量であった。最後の三期は、呉海軍工廠の製鋼所で鋼生産が順調に立ち上がった時期の契約に当る。この時期のものとしては、明治三十六年から四十五年までの契約文書が残されていて、明治三十七年が最大契約量、つまり年間二一五〇トンを示している。これは、日露戦争による鉄需要増加の影響もあったと見られる。

右の第二期と第三期に当たる明治三十年以降四十五年までの賣納契約の内容を、出雲の絲原家文書によって分析すると、およそ次のような事柄が明らかになる。

海軍の兵器製造拡大期を迎える直前の明治二十八年に、伯耆の近藤、出雲の櫻井および絲原の三家の間で「賣納同盟契約」が結ばれると共に、一定の納入分担率を取り決めて海軍に製品を賣納すること、ならびに呉の代理店を通じて製品納入を行うことを決めた。絲原家当主と海軍工廠責任者との間で締結された賣納契約書は合計二七枚におよび、その各々には厳しい納入条件が記載されている。最も特筆すべきことは、海軍が何よりも燐含有量の少ない製品の納入を求めて、後に明らかとなった海軍規格（燐＝〇・〇二五〜〇・〇三五％以下）やスウェーデン銑規格（同〇・〇二五％以下）よりもさらに厳しい（同〇・〇二％以下）条件を提示していたことである。もっとも、海軍は現実的には値引きを条件として燐含有量〇・〇三％までの納入を認めていた。契約品種は、包丁鉄、鋼、銑鉄である。そのうちでも包丁鉄の契約量が最も多い。当時は包丁鉄がたたら鉄の主力製品であったことから考えて、自然な契約製品の構成内容であったろう。

次は、造艦拡大期、すなわち明治三十五年〜四十五年の賣納契約内容である。この時期には、上記三家に出雲の田部家を加えた四家が相互に納入分担の取り決めをして海軍の要請に応えることとして、呉海軍製鋼所発足前年の明治三十五年に海軍用鉄材の「賣納組合契約」を締結した。この時期の契約量の品種構成をみると、鋼類が最も多く、銑鉄も年度によっては包丁鉄を上回る量が契約されている。価格は、日露戦後不況期の明治四十年以降、すべての品種で低く抑えられているが、最も特徴的なのは包丁鉄が鋼よりも低い価格で契約されていることである。

このように包丁鉄の量も価格も抑えられていることの意味は重大である。包丁鉄は原料の銑鉄を大鍛冶場で加工して作るので、本来なら付加価値のある主力製品として、市場では鋼よりも高値で取引される製品である。ところが、海軍が求める品質要求が「低燐性」の一点に絞り込まれた結果、比較的燐含有比率の高い包丁鉄が買い叩かれる結果を招いたのであろう。そして、たたら鉄は不純物が少なく、本質的に低燐・低硫黄の性質を備えてはいたものの、それでもすべての製品が海軍の品質要求に合格するほど燐含有比率が低いわけではなかったのである。

たたら製鉄業者は、海軍の「低燐性」要求に対応するために、まず包丁鉄の原料である銑自体の燐含有量を下げる工夫に成功した。その結果、スウェーデン木炭銑に匹敵する品質の低燐銑を生産することができるようになり、しかもその生産量が鋼や包丁鉄を凌いだので、低燐銑そのものを主力製品として販売する経営方針をとったのである。また、山陰地方の製鉄業者は広島鉄山で開発された角炉の技術を導入し、大正年間には角炉による銑鉄の生産を盛んに行った。中には角炉低燐銑が実現した例もあり、その低燐銑の海軍工廠による分析結果も優れていたという記録がある。

日露戦争後に、不況に悩まされた製鉄業者は、第一次世界大戦を迎えて息を吹き返した。大正四年から七年まで、たたら製鉄業者が最後の炎をかき立てるように生産高を上げ、多大の利益を得たのであった。

ところが、当時、海軍が世界の造艦競争に突入しようとしていた矢先の、大正十一年二月に、ワシントン海軍軍縮条約が調印された。この結果、軍需は潮が引くように一気に後退し、たたら製鉄業者はもちろんのこと、民間製鋼企業も一斉に大きな不利益を蒙った。

たたら製鉄業者は、これを直接のきっかけとして、ほとんど一斉に製鉄業から撤退し、一般家庭向けの製炭業へと転進した。たたら用の特殊な木炭製造からいわゆる市場炭製造に切り替えるには技術そのものの転換が必要であり、たたら製鉄業者は数年前から各々でその準備を進めていた。また、幕藩時代以来の広大な炭木山と製鉄労働者を引き継いでいて、そうした産業基盤をそのまま活用できたことが、製炭業への転進に非常に有利な条件となった。それと共に、地域産業として雲伯地方で長らく重要な役割を果たし続けた製鉄業が、たたら製鉄の破綻を迎えながら、再び地域の重要産業として製炭業を起こしたことに大きな社会的、経済的な意義を見いだすことができるであろう。

最後の「第八章　現代につながるたたら鉄の技術」では、たたら製鉄の技術がどのように現代の先端技術につながっているのかを明らかにした。第七章で、特殊鋼の原料としてたたら鉄がその生きる場所を与えられたにもかかわらず、国際的、政治的そして経済的な理由から消滅せざるを得なかったことを述べた。しかしその本質的な技術的性質をあくまでも追求した結果として、現代の先端技術の開発につながった事実を見逃すことは出来ない。ここでは、まず近代的製鉄技術を取り入れるたたら業者の努力を掘り起こすことから始めた。

伝統的なたたら製鉄法に新しい洋式製鉄技術の理論と技術を適用し、いささかでもこれを近代化して在来の多数の砂鉄労働者を救おうと、広島鉄山に農商務省技師小花冬吉が派遣された。小花の手がけた技術開発は、洋式送風器（トロンプ）、粒子状の原料砂鉄の団鉱化、鉄滓吹き、高炉になぞらえた角炉などである。しかし、それらの技術はすべて画期的な効果をもたらすには到らず、洋式製鉄技術との差を埋めることは出来なかった。

しかし、山陰の鉄山師の多くは、少しでも新しい技術を取り入れて、たたら場の合理化に努力を傾けた。職人を広島に送って新技術を習得させようとし、新しい鍛造機の導入をはかり、中央の学者との情報交換に努力した記録が残されている。その結果、角炉の考え方を取り入れて、たたら炉を嵩上げして改良することを手始めに取り組んだようである。この「旧式角炉」とトロンプが広島から雲伯へ伝播した。トロンプはともかく、黒田正暉によって完成された角炉は大正時代には爆発的に広がって、木炭銑の製造が一時的に盛んに行われたようである。

一方、新興のたたら鉄製造業者は角炉を引き継ぎ、さらにその改良を重ねて昭和期まで砂鉄製錬を行った。とくに、日立金属安来工場では、昭和四十年まで角炉を操業しながら、特殊鋼の製造に集中した。角炉法がガス還元法へと移って製錬技術が近代化された後、極限性能を追求する特殊鋼の原料鉄として、砂鉄製錬そのものは平成のはじめまで継続されていた。その原料鉄も、その後遂に現代の先端的製鉄法の発達によって鉄鉱石を原鉱とする清浄鉄へと置き換えられた。

現日立金属安来工場は、たたら鉄製品の販売を目的とした合資会社から出発した。その後安来銀行という地場資本の参加を得て発展し、さらに大正末から昭和の初めにかけての大不況期を中央資本の救済によって乗り切った。経済の近代化の方向に沿って生き延びたと言えるであろう。また、早くから「製鋼」分野への進出を目標として、そのための資本調達と人材の確保を行ったことも、技術の近代化への見通しと対応が着実であったことを示すものであった。日立安来は、和鋼の基質を「清浄鋼」とみて「たたらの原点」を生かし、砂鉄起源の原料を平成時代まで生産し続け、あくまでも清浄な鋼の製造を追求してきた。そして遂にその生産現場から砂鉄が消え去った後も、たたら製鉄の精神的遺産が残された。清浄の極みを追求する技術思想だけは、極限の性能を発揮する特殊鋼メーカー、日立安来の中に今も生き続けているといえる。

二　結　論

以上の要約をうけて、結論を述べる。

本研究の第一の目的は、近世たたら製鉄の技術を明らかにし、その技術が大正時代まで生き残った理由を解明し、さらに現代につながる技術の本質を究明することにあった。

まず、近世たたら製鉄についての結論である。たたら製鉄にとって最も重要な要素は砂鉄である。砂鉄は、その種類と品質が製品の種類と歩留に直接結びつく点でかけがえのない要素である。生産量の拡大に最も大きく寄与するのは送風装置である。つまり吹子は炉温を高く保持して鉄の生産性を高めるための必須の手段である。

国内東西のたたら鉄の生産性は、砂鉄の違いではなく天秤吹子と吹差吹子の差で説明でき、中国地方の方が優れていたと判断される。全地域において銑（鉏）の生産量が最も多く、それを直接鋳物屋へ販売することもあったが、ほとんど大鍛冶場（鍛冶屋）へ回して錬鉄《ねりかね》（包丁鉄・延鉄）にして商品化した。大鍛冶場はたたら場に付属している場合と独立して経営される場合があった。中国地方では真砂砂鉄のとれる山陰の一部で鉧押法（三日押・鉧押）が行われ、直接に鋼を造った。同じ種類の柾砂鉄のとれる東北地方は鉧押をせずに、もっぱら鉏を流しとることに努力を傾注した。

日本全体をみると、生産量は銑（鉏）、錬鉄、鋼の順で、価格は錬鉄、鋼、銑（鉏）の順になる。錬鉄（包丁鉄または延鉄）は農具を始めとする生活具の材料として最も需要が多く、価格も高く、付加価値は大きかった。鋼は利器刃物の制作にとって必需品であり、とくに山陰地方のたたら製鉄ではその生産が重要視されていたことは確かである。しかし、たたらといえば「玉鋼と日本刀」の印象が強いのは、明治期から流布されてきた情報の偏りの結果と考えられる。つまり、鋼の生産量は明治三十年代に軍需用として急上昇し、その結果として「玉鋼」の呼称もその頃から定着したのである。鋼を直接つくる製鋼法は、たたら独特の方法として誇るに足る技術には違いない。しかし、日本の社会を支えてきたたたら鉄の製品は、銑（鉏）から鍛錬過程を経る、ごく一般的な間接製鉄法による包丁鉄または延鉄が中心であったといえる。

次には、近世たたら鉄が明治・大正時代まで生き残った理由を明らかにして、現代につながる技術の本質を考究した。

明治政府の製鉄の近代化政策がほぼ完成したのは明治三十年代で、それまで、たたら鉄は国産鉄としてつなぎの役目を果たし、現実的に生き残った。

また、明治三十年以降、海軍が特殊鋼の原料を確保するためにたたら鉄を必要としたことは、たしかにたたら製鉄がさらに生き残ることを可能にした理由の一つともなった。砂鉄を原鉱とするたたら鉄は、低燐・低硫黄という特殊鋼の原料品質規定に基本的には合致していた。しかしその「低燐」という品質要求は厳しく、それが満たされないときには異常な低価格での納入を余儀なくされ、たたら製鉄が本来指向していた付加価値は認められなかった。それでも納入業者に指定された雲伯の製鉄業者は組合を結成するなどして経営の合理化を図り、品質と納入量の確保に懸命の努力を続けた。あわせて、製品の低燐化を目指した技術開発もおこなった。最後はワシントン軍縮条約に伴ってたたら製鉄は終焉を迎えざるを得なかった。

一方、この砂鉄製錬による材料が特殊鋼の原料に適していることを認め、その特殊鋼技術の蓄積に専念した企業があった。そこでは砂鉄原鉱から離れた後も、たたら鉄の本質は「清浄鋼にあり」という創業期の技術理念が現代の先端技術へと確実につながっていったのである。

第二の目的は、たたら製鉄業に関わる人々が、そのときどきにどのような問題を抱え、それにいかに対応してきたかを詳かにすることであった。

農業にとって不利な環境である山間部に多くの人口を集めて操業する製鉄業は、江戸時代以来当地の人々の生活に大きな影響を与え続けてきた。農民にとっては、砂鉄採取や炭焼き、資材や製品の駄送など、農業以外の雇用機会が与えられた。その一方、鉄穴流しによる土砂の流出は、農地や生活水を損なうなど、直接の被害を与えることも多かった。鉄山経営者は、藩による保護によって経営基盤を確保しながら、一方では藩の収奪に苦しんだ。特に東北地方では、鉄山経営の資本を蓄積することも出来ないほど藩の鉄山支配が厳しく、それが明治以降経営がほとんど続けられなかった原因の一つとなったと考えられる。

雲伯の大鉄山師達は、幸いにも、明治以降も原料砂鉄や燃料の炭木を取ることの出来る山林を確保していた。彼らは低価格の輸入鉄によって経営を極度に圧迫されたが、地域の広範な人々の生活を支えるため、資本を消耗しながらも可能な限りたたらを続けた。同時に彼らは新しい技術の開発にも挑戦し続けて軍需に対応し、しばらくは生き残ることが出来た。しかも、その終焉を迎えるまでの間に、山林を基盤として製炭業へと再び転身するための準備も着実に整えていた。たたら製鉄に従事していた人々はその製炭業に就業した者、新しい製鉄業の現場に採用された者、あるいは同じ山でも炭坑夫となった者など、様々な転身のみちをたどったようである。また、企業の中にあって砂鉄原料による製鉄技術を着実に蓄積し、日本の特殊鋼生産に関する先端技術の開発へと繋げ、今日世界市場で大きなシェアの製品を持ち続ける人々もいたのである。

あとがき

私がたたら製鉄を研究テーマにしようと考え、それに辿り着いたのは偶然であった。子供の頃の夢を一筋に追って、晩年になってからそれを達成したという話はよく聞く。しかし、私にはごく慎ましい目前の目標しかなく、いつも出合った環境を受け入れながら、少しずつ前へ進んできたような気がする。

やはり一つの偶然から、私は大学で学んだ薬学分野とは異なる企業で金属表面処理の技術者として長い時間を過ごした。そして退職後、生涯学習のために近所にあった女子大のキャンパスへ通い出した。今度は今までとは全く違う人文系の勉強を始めたのである。ある日社会学の調査実習で岩手県の農村に滞在し、岩手県立博物館へ出かけたとき、図録『北の鉄文化』を手にしたのである。そこで「鉄にまつわる信仰」に興味を持ち、卒論のテーマにすることに決めた。その後、神奈川大学大学院へ進学し、研究の方向は再び長期におよんだ技術的経験に軸足を置くようになった。たたら製鉄の技術や生産の歴史を追究しているうちに、一つの傾向があるような気がしてきた。それは中国地方の、それも出雲の「玉鋼」と「日本刀」の話が突出して取り上げられていることである。しかし、たたら製鉄はもっと人々の生活に密着した裾野の広い事業であり、東北地方にも同じような技術があったはずだと考えるようになった。そこで私は、全国的視野でたたら鉄の技術や生産に関する歴史を取り上げてみたいという目標を持つようになった。

一方、たたら製鉄は明治時代になると西洋鉄とその技術導入によって消滅したといわれているが、そのようにあっさりと消え去ったとも思われず、私は衰亡の過程をしっかり追いたいと考えた。現代につながる技術やその思想の存在を確かめたかったのである。また東北地方の鉄を追っているうちに、たたら鉄に関する近世文書に出合う機会に次々と恵まれた。文書には技術や生産に関する情報が多く含まれており、その結果、私はそれまで苦手としていた古文書解読訓練からも逃れることができなくなったのである。

本書は、右に述べた研究意図を十分に尽せたとは思えず、不足の点は諸氏からご指導を賜ることを願ってやまない。

なお、本書の一部は左記の発表論文に加筆したものである。

(1)「たたら製鉄の衰退—奥出雲の火が消えた—」(『歴史民俗資料学研究』第五号、神奈川大学大学院歴史民俗資料学研究科紀要、二〇〇〇年)

(2)「明治一〇年代のたたら経営—出雲、田部家の事例を中心として—」(『たたら研究』四二号、たたら研究会、二〇〇二年)

(3)「明治期の海軍工廠における特殊鋼製造とたたら鉄」(『鉄と鋼』九一巻一号、日本鉄鋼協会、二〇〇五年)

また、本研究を進める上で多くの方々のお世話になったことに深く感謝申し上げる。貴重な文書の閲覧を許可して下さった早野家(岩手県下閉伊郡岩泉町村木)、絲原家(島根県仁多郡横田町雨川)、研究を直接ご指導下さった神奈川大学小馬徹教授、佐々木稔講師、そして当時在職されていた福田豊彦教授に厚く御礼申し上げる。

最後になるが、本書の刊行に際しては吉川弘文館にお世話になった。記して感謝申し上げる。

二〇〇五年十二月

渡辺ともみ

参考文献

有馬成甫「海軍製鋼作業沿革」『銃砲史研究』一二号、一九六九年
飯田賢一「洋式高炉の移植と釜石鉄山」地方史研究協議会編『日本産業史大系　3東北地方編』東京大学出版会、一九六〇年
『鉄の語る日本の歴史　上』そしえて、一九七六年
『日本鉄鋼技術史』東洋経済新報社、一九七九年
今井育雄編集責任者『日本名所圖會全集　日本山海名産圖會、日本山海名物圖會』名著普及会、一九七五年
今井泰男「鞴（ふいご）」『講座・日本技術の社会史　第五巻　採鉱と冶金』日本評論社、一九八三年
岩手県立博物館編『北の鉄文化』財団法人岩手県文化振興事業団、一九九〇年
岩本由輝「近世後期東北地方における鉄取引についての一考察」『社会経済史の諸問題森嘉兵衛教授退官記念論文集Ⅰ』法政大学出版局、一九六九年
大内兵衛・土屋喬雄『工部省沿革報告』明治文献資料刊行会、一九六四年
大橋周治『幕末明治製鉄史』アグネ、一九七五年
岡田廣吉「岩手県戸呂町小学校所蔵の水車式製鉄法の模型について」『日本鉱業会誌』九四　一〇八六　八号、一九七八年
「陸中閉伊郡室場鉄山関係資料―とくに東屋文書を中心として」『たたら研究』二四号、一九八一年
「幕末から明治の北上山地における製鉄法の2、3について」『ふぇらむ』一四号、日本鉄鋼協会、一九九九年
荻慎一郎「東北地方における鉄山支配とたたら製鉄」（岡田廣吉篇『叢書近代日本の技術と社会2たたらから近代製鉄へ』収録）平凡社、一九九〇年
尾崎保博「文書から見た仙台藩製鉄史」田口　勇、尾崎保博編『みちのくの鉄―仙台藩炯屋製鉄の歴史と科学―』アグネ技術センター、一九九四年
影山　猛『たたらの里・近藤家文書にみる日野郡鉄山資料』今井書店〈米子市〉、一九八九年
「明治中期の鉄山経営―近藤家鑪手代の伺書より―」『たたら研究』四〇号、二〇〇〇年

鯨井千佐登「南部鉄山と商人資本—宝永~安永期を中心に—」『宮城工業高等専門学校研究紀要』巻二〇号、一九八四年
工藤治人『和鋼に就いて』国産工業株式会社安来製鋼所、一九三五年
窪田藏郎「史料紹介　巴里府萬國大博覧会陳鑛物ニ関スル報告書」『たたら研究』二一号、一九七七年
呉海軍工廠『呉海軍工廠造船部沿革誌』あき書房〈広島〉、一九八一年
黒岩俊郎「たたらと高炉の距離」黒岩俊郎編『技術の文化史』アグネ、一九九三年
小塚寿吉「日本古来の製鉄法〝たたら〟について」『鉄と鋼』第五二年第一二号、日本鉄鋼協会、一九六六年
近藤壽一郎『日野郡に於ける砂鐵精錬業一班』自家出版、一九二六年、鳥取県立米子図書館蔵
斎藤　潔「八戸藩日記の鉄関係の記事」『たたら研究』二六号、一九八四年
『鉄の社会史』雄山閣出版、一九九〇年a
「八戸鉄の流通について」『たたら研究』三一号、一九九〇年b
「八戸地方のたたら製鉄」『金属』一九九三年2月号、アグネ、一九九三年
三枝博音解説・校訂「鑛山至寶録」『日本科学古典全書』一〇巻、朝日新聞社、一九四四年b
「西洋鉄熕鋳造編解説」『日本科学古典全書』九巻、朝日新聞社、一九四二年
佐々川清「装甲鈑製造についての回顧録」『鉄と鋼』第五三年九号、日本鉄鋼協会、一九六七年
佐藤昌一郎「国家資本」大石嘉一郎編『日本産業革命の研究』上、東京大学出版会、一九七五年
佐藤興二郎「仙台藩製鉄史」『岩手史学研究』第三七号、一九六一年
庄司久孝「たたら（鑪）の経営形態より見たる出雲、石見の地域性」『島根大学論集』1号、一九五一年
島津邦弘『山陽・山陰鉄学の旅』中国新聞社、一九九四年
島根県『新修島根県史』史料篇2　近代上、一九六五年
島根県『新修島根県史』史料篇6　近代下、一九六六年
島根県教育委員会『菅谷鑪』一九六八年
島根木炭史編集委員会『島根の木炭産業史』島根県木炭協会、一九八二年
平船圭子校訂『三閉伊日記』岩手古文書学会、一九八八年
高橋一郎・野原建一「文書からみた山陰地方のたたら製鉄業」『金属』五七巻二月号、アグネ、一九八七年

武井博明『近世製鉄史論』三一書房、一九七二年

武信謙治「中国砂鐵製煉事業一班」『日本鉱業会誌』第二一四号、一九〇二年

渓　友一「南部鉄鉱業秘録」『地学雑誌』第四〇年第四七一号、一九二八年

田村栄一郎『みちのくの砂鉄・いまいずこ』久慈郷土史刊行会、一九八七年

俵　国一『鐵と鋼-製造法及性質』丸善、一九一六年

　『古来の砂鐵製錬法』（『鉄山秘書』収録）丸善、一九三三年

土井作治「近世たたら製鉄の技術」『講座・日本技術の社会史　第五巻　採鉱と冶金』、日本評論社、一九八三年

東城町史編纂委員会『東城町史　第三巻　備後鉄山資料編』東城町、一九九一年

東北歴史博物館『仙台藩の金と鉄』二〇〇三年

奈倉文二「日本鉄鋼業と大倉財閥」大倉財閥研究会編『大倉財閥の研究』近藤出版社、一九八二年

　『日本鉄鋼業史の研究』近藤出版社、一九八四年

錦織清治『特殊鋼』ダイヤモンド社、一九三九年

日本科学史学会編「洋式製鉄技術への移行」『日本科学技術史大系・鉱冶金技術』第一法規出版社、一九六〇年

日本学士院日本科学史刊行会編『明治前　日本鉱業技術発達史』新訂版、野間科学医学研究資料館、一九八二年

日本工学会『明治工業史7　火兵編・鉄鋼編』原書房、一九九五年

日本鉄鋼史編纂会『日本鉄鋼史　明治篇』五月書房、一九八一年

野呂景義「本邦製鐵事業の過去及将来」『鐵と鋼』第一年二号、日本鉄鋼協会、一九一五年

長谷部宏一「明治期陸海軍工廠における特殊鋼生産体制の確立」『経済学研究』三三巻三号、北海道大学経済学部、一九八三年

畠山次郎「鉄価格の推移に見る中国山地砂鉄たたら体制の破綻」『製鉄史論文集——たたら研究会創立四〇周年記念——』たたら研究会、二〇〇〇年

原口　清『日本近代国家の形成』岩波書店、一九六八年

福田　連『砂鐵』（岩波講座　地質学及び古生物学、鉱物学及び岩石学）岩波書店、一九三二年

ベック・L『鉄の歴史』中沢護人訳　第五巻第四冊分、たたら書房、一九七三年

堀切善雄『日本鉄鋼史研究——鉄鋼生産構造の分析を中心として——』早大出版部、一九八七年

向井義郎「中国山脈の鉄」地方史研究協議会編『日本産業史大系』7、東京出版会、一九六〇年
「東北地方における中国流製鉄法導入についての一考察」『鈴峰女子短大人文社会科学研究集報』一一集、一九六四年a
「近世東北地方における製鉄法――仙台藩を中心に――」『たたら研究』一一号、一九六四年b
室山義正『近代日本の軍事と財政――海軍拡張をめぐる政策形成過程』東大出版部、一九八四年
森嘉兵衛「南部の鉄工業」地方史研究協議会編『日本産業史大系』3東北地方篇、東京大学出版会、一九六〇年
『日本僻地の史的研究』下、法政大学出版局、一九七〇年（主として「第十章　鉄産業の成立と展開」参照。本書は後に『九戸地方史』と改題された）
柳浦文夫『島根の山林』今井書店〈松江〉、一九七一年
山田　朗『軍備拡張の近代史――日本軍の膨張と崩壊』吉川弘文館、一九九七年
山田賀一「中国に於ける砂鐵精錬」『鐵と鋼』第四年四号、日本鉄鋼協会、一九一八年
吉野　裕『風土記』平凡社、一九六九年
横田町誌編纂委員会『横田町誌』横田町、一九六八年
渡邊三郎「特殊鋼に就いて」『日本鉱業会誌』三七巻四三六号、一九二一年
渡邉ともみ「前川文書にみる野田瀧沢鉄山記事について」『たたら研究』四一号、二〇〇一年

主に参照した史料について

『鉄山秘書』　伯耆の鉄山師、下原重仲が天明四年（一七八四）に世に出した近世たたら製鉄の古典である。砂鉄精錬技術の具体的な様相を詳細にわたって記述してあるが、たたらに関する信仰や、習慣についても窺うことが出来る史料である。現在二種の写本が東京大学と筑波大学に存在する。東大に所蔵されている写本は、大阪の鉄商中川某によって筆写され、『鉄山秘書』と名付けられたものを、さらに江戸の中楯文右衛門が一八〇三年に筆写したものである。俵国一氏が解読したのはこの東大本であり、著書『古来の砂鐵製錬法』に収められて公刊された。ついで三枝博音氏もこの東大本を底本として、題名を『鉄山必要記事』として『日本科学古典全書』一〇巻（朝日新聞社、一九四四年）に収めた。さらに、館充氏は東大本と筑波本とを対照しながら現代語に訳出した（『現代語訳　鉄山必要記事』丸善、二〇〇一年）。

『萬帳』（文政三年、岩手県下閉伊郡岩泉町村木　早野隆三家所蔵）　この史料は、岩泉地区で大規模な鉄山経営を行っていた岩泉村中村家の下で、鉄山経営の手代をつとめていたと思われる小松貫平（のちに早野貫平）によって記されたものである。ところどころに「小松貫平義尚手扣」とある。中村家経営の割沢鉄山、松倉両鉄山における鉄山経営の実態と技術を知る上で貴重な史料である。なお、本資料の解読が東北大学日本文化研究所研究報告に発表されている。

渡辺信夫・荻慎一郎・築島順公編
「陸中国下閉伊郡岩泉村早野家文書　上」『日本文化研究所研究報告』別巻二二号、東北大学、一九八五年
「陸中国下閉伊郡岩泉村早野家文書　下」『日本文化研究所研究報告』別巻二三号、東北大学、一九八六年

『三閉伊日記』　この史料は、盛岡藩士（氏名は不明）が、御目付大森佐左右衛門より野田通に出張を命じられた際の出張旅行記であって、絵図入りの記録である。平船家（岩手県九戸郡軽米町仲町）所蔵。

な 行

は 行

ま 行

や 行

ら 行

わ 行

さ 行

た 行

索　　引

あ　行

か　行

著者略歴

一九三二年　千葉県に生まれる

一九五四年　千葉大学薬学部卒業、日本ペイント株式会社入社（一九九四年退職）

二〇〇四年　神奈川大学大学院歴史民俗資料学研究科単位取得退学

現在　神奈川大学日本常民文化研究所研究員・博士（歴史民俗資料学）

たたら製鉄の近代史

二〇〇六年（平成十八）三月一日　第一刷発行

著　者　渡辺《わたなべ》とも　み

発行者　林　英　男

発行所　株式会社　吉川弘文館

郵便番号一一三―〇〇三三

東京都文京区本郷七丁目二番八号

電話〇三―三八一三―九一五一〈代〉

振替口座〇〇一〇〇―五―二四四番

http://www.yoshikawa-k.co.jp/

印刷＝株式会社　三秀舎

製本＝株式会社　ブックアート

装幀＝山崎　登

たたら製鉄の近代史（オンデマンド版）

2018年10月1日　発行

著　者　渡辺《わたなべ》ともみ

発行者　吉川道郎

発行所　株式会社 吉川弘文館
〒113-0033 東京都文京区本郷7丁目2番8号
TEL 03(3813)9151(代表)
URL http://www.yoshikawa-k.co.jp/

印刷・製本　株式会社 デジタルパブリッシングサービス
URL http://www.d-pub.co.jp/

渡辺ともみ（1932～）
ISBN978-4-642-73775-3